AF570205

# La vie à la lumière du bouddhisme

5-7, rue de l'École-Polytechnique, 75005 Paris
http://www.librairieharmattan.com
diffusion.harmattan@wanadoo.fr
harmattan1@wanadoo.fr

ISBN : 978-2-343-08254-7

Cet ouvrage a été publié à l'origine en japonais
par Ushio Shuppansha en 1973 sous le titre
*Seimei o Kataru.*
Et en anglais par Kodansha International en 1982 sous le titre
*Life, an enigma, a precious jewel.*
Une première édition en français a été publiée
par les Éditions du Rocher en 1985 sous le titre
*La vie à la lumière du bouddhisme.*
Traduit de l'anglais par Paul Couturiau.


Couverture : Geneviève Boschel, *Le jardin féérique*, huile sur toile, 130 x 97 cm.
Photo : Gilles Plagnol.

Daisaku Ikeda

# La vie à la lumière du bouddhisme

CHEZ LE MÊME ÉDITEUR

DIALOGUES

- *Pour l'épanouissement d'une culture de paix*, avec Elise Boulding, 2014.

- *Une voie vers la paix*, avec Nur Yalman, 2014.

- *Les Droits humains au XXI^e^ siècle*, avec Austregésilo de Athayde, 2013.

- *Persistance de la religion, perspectives comparées sur la spiritualité moderne*, avec Harvey G. Cox, 2012.

- *Bouddhisme et science*, avec Chandra Wickramasinghe, 2011.

- *Un dialogue entre Orient et Occident, vers une révolution humaine*, avec Ricardo Díez-Hochleitner, 2010.

- *Choisis la vie*, avec Arnold J. Toynbee, 2009.

- *Bouddhisme et islam, le choix du dialogue*, avec Majid Tehranian, 2008.

- *Pour une citoyenneté planétaire*, avec Hazel Henderson, 2005.

ESSAIS

- *S'ouvrir à l'avenir*, 2013.

- *Le cycle de la vie, une perspective bouddhique*, 2006.

# Sommaire

# Préface

La question la plus complexe que se posent nombre d'êtres humains est : quelle est la signification de ma vie ? Les scientifiques ont étudié la matière et découvert le monde des atomes et des électrons ; leur quête de l'infini les amène à repousser toujours plus loin les limites du Cosmos. Or, la vie – ce concept qui nous est en fait le plus proche et qui devrait donc être le plus simple à comprendre – n'en demeure pas moins une énigme, en dépit des énormes progrès enregistrés au cours des dernières décennies par les sciences dites de la vie.

Comment expliquer ce paradoxe ? Est-il imputable au fait que la vie est en mutation constante, au fait qu'elle compte une infinité de niveaux complexes, ou encore au fait que sa compréhension requiert une sérénité et une sagesse parfaites ? Maints philosophes en sont conscients : comprendre la vie est le problème fondamental de l'être humain, mais les questions soulevées sont d'une telle complexité que la majorité des spéculations philosophiques ne contribuent qu'à épaissir le mystère. La raison en est, selon moi, que la purification de la vie et que l'approfondissement de la sagesse n'ont pas évolué aussi rapidement que l'érudition.

En Orient, un homme a abordé de face le mystère de la vie et en a découvert la solution parfaite. Il s'agit du fondateur du bouddhisme, Shakyamuni – le Sage d'entre les Shakya, Gautama Siddhartha, connu sous le nom de Bouddha, l'Éveillé. La vie n'est pas un concept abstrait. Elle implique le fait de vivre et d'être dans le monde immédiat, d'accéder à l'Éveil au milieu de la réalité, et d'accepter les rires et les larmes, les plaisirs et les peines du monde actuel. Shakyamuni a consacré la majeure partie de sa vie non à dispenser une explication abstraite du mystère de la vie, mais à enseigner aux êtres humains le moyen de surmonter la souffrance et de trouver une voie vers le bonheur.

Il est nécessaire pour accéder à l'Éveil que connut Shakyamuni de purifier sa vie et de développer la forme de sagesse la plus élevée et la plus énergique. C'est en cela que consiste la pratique du bouddhisme. Shakyamuni s'employa vaillamment, durant les quarante années de son ministère après l'Éveil, à l'enseigner à ses disciples, de sorte qu'ils soient à même de transmettre les principes de sa compréhension aux générations à venir. Il prêcha l'Éveil même dans le Sûtra du Lotus.

Ce livre a pour objectif de mettre en évidence la relation existant entre les réponses du bouddhisme au mystère de la vie et les solutions empiriques que la science moderne apporte aux mêmes questions. Nous n'entendons pas fournir la preuve scientifique du bien-fondé du bouddhisme, qui transcende la science, mais simplement suggérer des moyens d'illustrer sa vérité en termes scientifiques modernes.

Loin de nous la prétention d'affirmer que nous avons accédé au même stade d'Éveil que Shakyamuni. Nous pouvons toutefois tirer avantage des théories bouddhiques traditionnelles développées par des génies tels que Nagarjuna, Vasubandhu et Zhiyi (le grand maître Tiantai). Nous sommes en outre familier du bouddhisme de Nichiren Daishonin, qui expliqua les énigmes de la vie de manière encore plus claire que Shakyamuni et qui établit une méthode permettant d'atteindre l'Éveil, tout en découvrant les solutions aux problèmes auxquels nous sommes confrontés dans ce monde.

Les scientifiques du monde entier comprennent de mieux en mieux les phénomènes qui sont à l'origine de la vie. Ils découvrent sans cesse des informations importantes relatives aux diverses qualités particulières de la vie. Il est permis d'affirmer que les progrès de la science confirment dans l'ensemble les enseignements que nous ont transmis les penseurs bouddhistes du passé. En fait, la théorie moderne se rapproche toujours plus du bouddhisme, en cette fin de XXe siècle.

Le bouddhisme est un précieux trésor, d'une richesse infinie, qui apporte à l'humanité les réponses aux questions éternelles de la vie tout en lui suggérant des objectifs dignes d'être poursuivis. Hélas ! le bouddhisme, dont la profondeur et l'ampleur sont prodigieuses, a rarement été expliqué en termes applicables à la réalité quotidienne ; en conséquence, il est devenu, même en Orient, un trésor occulte que menace l'oubli.

C'est mon maître spirituel, Josei Toda, le deuxième président de la Soka Gakkai, qui m'a aidé à prendre conscience de la richesse immense du bouddhisme. Il m'incomba, après son décès, de protéger les principes de la Soka Gakkai, de veiller à ses activités religieuses et de transmettre largement les enseignements du bouddhisme de Nichiren, sources de paix dans le monde et de bonheur universel. Mon objectif était de convaincre une audience aussi vaste que possible des splendeurs de la Loi du Bouddha. J'ai étudié, j'ai médité et je me suis efforcé de parler aux gens, à chaque fois que l'occasion s'offrait à moi – en particulier aux jeunes et aux étudiants. Cet ouvrage est en quelque sorte l'un des fruits de cet effort.

Le thème central est, bien sûr, la vision bouddhique de la vie. J'ai discuté, dans la première partie intitulée *Le cosmos et la vie*, des aspects spatiaux et temporels de la vie et de sa propagation à travers l'univers. Une telle approche ne devrait pas poser de problème à l'être humain moderne étant donné qu'il est souvent possible de l'illustrer à l'aide d'informations scientifiques. Maintes théories actuelles sont en accord avec les concepts bouddhiques traditionnels.

Dans la deuxième partie, *La vision bouddhique de la vie*, j'ai abordé la question de l'épanouissement des individus, par rapport à divers degrés de liberté et aux différences correspondantes sur le plan du bonheur. L'idée capitale développée dans cette partie est que chaque vie est en mutation constante et qu'elle est par conséquent susceptible de connaître une révolution intérieure, qui permettra à l'individu d'accéder au bonheur et à l'épanouissement.

La troisième partie, *La vie et la mort*, interroge sur le devenir de notre moi après la mort. Retournons-nous au néant ? Continuons-nous à exister dans un état imperceptible à la vie ordinaire ? Renaissons-nous sous une forme ou une autre ? Les questions évoquées ici sont celles que des êtres humains, Orientaux ou Occidentaux, ne peuvent manquer de se poser. C'est pourquoi les réponses fournies se sont souvent révélées simplistes et superficielles. Or, la science – en particulier la science médicale – s'intéresse avec de plus en plus de sérieux, depuis quelques années, aux questions relatives à la vie et à la mort. J'aborderai quelques théories récentes, puis m'efforcerai d'expliquer l'interprétation bouddhique de la mort et de ce qu'il advient après.

La première partie est donc consacrée à l'examen de concepts tels que le temps vital, l'espace vital et la force vitale, tandis que la troisième traite essentiellement de la continuité temporelle, ou, de manière plus spécifique, de l'absence de discontinuité entre la vie et la mort. La deuxième partie se concentre, elle, sur divers aspects de notre vie intérieure et de nos activités. Son titre est le seul à renfermer une allusion au bouddhisme, néanmoins les première et troisième parties se fondent également sur des modes de pensée bouddhiques.

La version japonaise de ce livre, intitulée *Seimei o Kataru* (« Dialogue sur la vie ») parut pour la première fois en 1973. Les scientifiques ont publié maintes nouvelles découvertes au cours de cette dernière décennie ; d'aucunes auraient mérité de figurer dans cet ouvrage. Une telle entreprise aurait toutefois retardé de manière considérable la publication de la version française. J'ai donc jugé préférable de faire paraître ce livre sous sa forme actuelle, d'autant qu'aucune découverte récente n'est venue infirmer mon propos – en fait, plus nos connaissances scientifiques s'enrichissent, plus la science moderne se révèle en harmonie avec la théorie bouddhique.

PARTIE I

# Le Cosmos et la vie

**CHAPITRE PREMIER**

# Le corps et l'esprit

## *Un phénomène étrange : la vie*

Un livre publié en 1956 sous le titre *The Physics and Chemistry of Life*[1] (La physique et la chimie de la vie) s'ouvre sur cette déclaration : « Il y a trois énigmes fondamentales dans le monde. La première : qu'est-ce que l'univers ? La deuxième : qu'est-ce que la matière ? Et la troisième : Qu'est-ce que la vie ? » L'ouvrage, œuvre de l'équipe de la revue *Scientific American*, s'attaquait à la troisième : « Qu'est-ce que la vie ? » Il déployait pour ce faire tout l'arsenal de la science contemporaine et les auteurs n'hésitaient pas à affirmer avec confiance : « Les scientifiques de la seconde moitié du XXe siècle déclarent que le "mystère" de la vie et les mythes y afférents sont désormais de l'histoire ancienne. » Ils n'en reconnaissaient pas moins peu après que « même aujourd'hui le mystère de la vie, quoiqu'affectant des formes nouvelles, demeure profond ».

Je ne désire nullement déprécier les travaux des savants modernes, mais il me semble que, plus on découvre d'éléments caractéristiques de la vie, plus le nombre d'énigmes s'accroît. On serait presque en droit de supposer que le progrès scientifique ne vise pas à résoudre les mystères, mais à en chercher de nouveaux. Un dicton populaire ne dit-il pas que, plus on en sait, plus on s'aperçoit qu'on ne sait rien du tout. Je doute que la science ne réussisse jamais à soulever totalement le voile du mystère qui entoure la vie.

Nous connaissons désormais des formes de vie qui auraient été considérées inimaginables il y a à peine quelques décennies. Ainsi, les microbiologistes de l'université de Tokyo ont-ils découvert dans des puits de pétrole des organismes se nourrissant de cette huile minérale

1. Scientific American Magazine Editors, *The Physics and Chemistry of Life*, Simon & Shuster, 1956.

naturelle. Ils vivent à deux mille mètres sous le sol, à une profondeur où n'existe pas d'oxygène libre et sont constitués de manière à être capables de s'en procurer en détruisant des molécules d'acide nitrique, qui est bien entendu hautement corrosif et un poison mortel pour ce que nous considérons normalement comme des êtres vivants. Le géophysicien soviétique Chudinov a réussi à redonner vie à un type de micro-organismes contenus dans des roches potassiques formées il y a quelque deux cent cinquante millions d'années. Après avoir sommeillé pendant des millénaires, ces minuscules éléments vivants commencèrent à se mouvoir et à se reproduire dès qu'ils furent placés dans leur biotope naturel.

Le docteur Kenzo Tonomura a découvert une bactérie, baptisée K 62, qui s'alimente de mercure, et d'autres organismes, de fer ou de manganèse. Des phénomènes encore plus curieux sont observés chez les virus – des microbes plus petits que des bactéries ; certains semblent osciller entre des états organiques et inorganiques. Cette remarque s'applique par exemple au virus de la mosaïque du tabac, responsable des plus graves maladies des feuilles de tabac. Ce virus fut isolé par W.M. Stanley, qui s'imaginait se trouver en présence d'une substance cristalline semblable au sel ou à la glace. Il fut surpris de constater que, dans certaines circonstances, les « cristaux » se mettaient à bouger. Il dut se rendre à l'évidence : le virus alternait entre des formes vivante et non vivante.

En vérité, les formes sous lesquelles se manifeste la vie sont infinies. Je suis persuadé que, plus la science progresse, plus elle en découvrira des manifestations complexes, certaines explicables par des lois physiques et biologiques connues, d'autres non. Il est plus que probable qu'elle découvrira également de nouveaux modes de fonctionnement d'une nature spirituelle, qui à ce jour sont relégués dans le domaine du surnaturel. Il est clair désormais que maints aspects de la vie dépassent les limites de ce que nous considérions autrefois comme étant le bon sens. Il en résulte que ce dernier n'est pas une source d'information très sûre en matière de principe de vie.

Il suffit de réfléchir un instant pour comprendre combien la vie est variée et complexe. Elle est photosynthèse – ce processus merveilleux par lequel les végétaux absorbent l'énergie du soleil et l'utilisent pour transformer l'eau et le dioxyde de carbone en oxygène et en divers composés organiques. Elle est le cycle de l'azote – des parasites microscopiques tirant leur énergie des racines des végétaux, fixant l'azote atmosphérique et le convertissant en composés nourrissants. Elle est l'éclosion des fleurs au printemps, la maturation des fruits en automne, le rythme de la terre et de la nature. Elle est le chant des cigales annonçant la fin de l'été, les oiseaux migrateurs volant vers le sud dans un ciel d'automne transparent, les poissons s'ébattant dans un cours d'eau. Elle est la joie que distille en nous une musique superbe, la vision émouvante d'un sommet montagneux dans le soleil levant, les combinaisons et permutations innombrables de phénomènes visibles et invisibles. La vie est tout.

On s'imaginait autrefois que les étoiles occupaient une place fixe dans les cieux et qu'elles diffusaient leur propre lumière à travers l'éternité. Nous savons désormais qu'elles partagent le destin des hommes et des créatures vivantes en général – vie et mort. Les astronomes nous assurent que notre Soleil lui-même s'éteindra et mourra dans cinq milliards d'années. Une nouvelle étoile naît en ce moment, quelque part dans l'univers ; ailleurs une ancienne se désintègre en un éclair de lumière aveuglant. Et l'Univers – ce corpus de vie regroupant tout, des étoiles géantes aux micro-organismes les plus minuscules – est en expansion constante à un rythme rapide, chaque élément le constituant suivant sa propre destinée. Le Cosmos dans son ensemble joue un drame incessant mêlant la vie et la mort.

L'Univers s'étend, dans un sens spatial, des électrons et des protons à l'immensité inconnue au-delà des galaxies, en passant par les atomes, les microbes et les étoiles. Il englobe, dans un sens temporel, la durée de vie infinitésimale des particules subatomiques aussi bien que le cycle de vie de plusieurs milliards d'années des grandes galaxies. Ce que nous nommons la vie inclut l'infinité de mouvements de ce vaste continuum spatio-temporel.

Les énigmes de l'Univers, de la matière et de la vie sont prodigieusement vastes et profondes. Il n'est pas étonnant que les penseurs du passé comme ceux d'aujourd'hui se soient sentis désemparés face à leur ampleur. Pas étonnant non plus que les scientifiques aient connu découragement et frustration. Confrontés aux variations de la vie, certains scientifiques ont essayé de les faire entrer dans le cadre des lois de la physique ; d'autres recherchaient quant à eux la solution de leurs problèmes dans la physiologie ou la psychologie. Nous sommes, à juste titre, émerveillés par leurs réalisations, car il est important d'examiner le fonctionnement de la vie de manière objective en recourant aux techniques scientifiques les plus modernes que nous ayons développées. Nous devons toutefois, dans notre quête du secret de la vie, dépasser les découvertes de la science, car cette dernière ne peut nous enseigner le principe fondamental sous-jacent qui est à l'origine de la myriade de phénomènes existants.

Qu'est-ce qui produit la vie ? Quelle réalité fondamentale l'incite-t-elle à se manifester en tant que telle ? Je crois que nous serons en mesure de résoudre les énigmes de l'Univers, de la matière et de la vie, dès que nous aurons répondu à ces questions – ou plutôt à cette question, les deux ne faisant qu'une en fait. Qui plus est, les trois énigmes elles-mêmes ne sont pas distinctes les unes des autres, mais étroitement liées.

La religion et la philosophie ont pour objectif de découvrir le principe qui sous-tend toute existence et de le refléter dans tous les aspects de la vie humaine afin d'apporter aux hommes le bonheur et la créativité. Nous ne devons pas ignorer les nombreuses contributions intellectuelles importantes du passé. Nous devons cependant les dépasser et étudier la source vraie et fondamentale de la vie et de l'Univers.

### *Le corps humain*

Où réside la vie humaine ? Cette question, en apparence simple et directe, est en vérité complexe. Tout enfant est capable de dire où se trouvent son cœur et son cerveau, mais, si vous lui demandez où se situe la vie, il réfléchira et sera incapable de vous répondre ; les adultes auront d'ailleurs la même réaction. C'est pourtant l'un des éléments les plus fondamentaux de la vie, l'un des plus étroitement liés à notre sens de la réalité.

Alexis Carrel (1873-1944), prix Nobel de médecine en 1912, écrit dans son ouvrage *L'homme, cet inconnu*[2] : « Notre ignorance est en fait profonde. La majorité des questions que se posent ceux qui étudient les êtres humains demeurent sans réponse. D'immenses régions de notre monde intérieur sont toujours inconnues. » Il ajoute : « Si Galilée, Newton ou Lavoisier avaient consacré leurs facultés intellectuelles à l'étude du corps ou de la conscience, notre monde serait probablement différent aujourd'hui. »

Nous caressons, dans l'ensemble, l'illusion de nous connaître, mais Carrel a raison en prétendant que ce que nous connaissons le moins bien c'est en fait nous-même. Rares sont ceux d'entre nous qui comprennent l'équilibre délicat de nos organismes, ou encore la source de nos sentiments et de nos désirs. Or, l'ignorance de ces détails nous empêche de fournir une réponse satisfaisante à la question : « Où réside la vie humaine ? » En conséquence, c'est folie que d'envisager des impondérables tels que la vie après la mort.

Il est permis de se demander, au vu de ce qui précède, si nous sommes en mesure de vivre pleinement notre existence ou de nous engager dans la voie du bonheur au sens où l'entend Carrel. Selon moi, comprendre

2. Alexis Carrel, *L'homme, cet inconnu*, Plon, 1935.

où réside l'essence de sa vie est le point de départ d'une véritable philosophie de la vie. Ce pourrait être également son objectif ultime. Tout au moins, une compréhension de sa vie est une condition nécessaire à une existence épanouie et heureuse.

Si nous essayons d'analyser la vie humaine en termes concrets, nous pouvons commencer avec le fait que le corps, qui exprime les actions de la vie, est composé de matière. Les analyses chimiques révèlent qu'il est constitué de cellules, elles-mêmes formées de composants tels que les molécules d'ADN et les protéines. Celles-ci sont divisibles en azote, en carbone et en d'autres éléments présents partout dans l'Univers. Il n'est pas un seul élément chimique de l'organisme humain qui n'existe ailleurs. Il importe pourtant de savoir que, même si les constituants du corps humain ne diffèrent pas de ceux de la matière inorganique, les fonctions qu'ils exercent sont entièrement différentes de celles remplies par des ordinateurs ou par les machines de précision les plus sophistiquées.

Le corps humain était assimilé, vers la fin du XVIIIe et au début du XIXe siècle, à une machine. Il convient de préciser qu'à cette époque on ne comprenait pas encore la complexité de ses opérations. Il y a plus de deux siècles, Julien de La Mettrie (1709-1751), considéré comme un disciple de Descartes, allait jusqu'à affirmer que le corps humain était une machine. Selon lui, le cœur était une pompe, les dents des ciseaux, les poumons un soufflet, etc. Descartes lui-même avait reconnu la nature particulière de l'esprit humain et s'était contenté d'affirmer que les animaux étaient des machines. La Mettrie allait plus loin, disant que l'esprit était une émanation de la chair et qu'en conséquence les humains eux aussi étaient des machines.

Peu après la publication de ses théories dans son ouvrage *L'homme machine* (1747) en Hollande, un livre exposant une vision totalement opposée et intitulé *L'homme plante* parut à Londres. Son auteur : Julien de La Mettrie ! Il semble que, après avoir développé une théorie logique du corps humain considéré comme une machine, son doute ait été suffisant pour l'inciter à écrire une réfutation de sa propre analyse.

Quelle différence y a-t-il entre un organisme humain et une machine ? N'est-ce pas cette nuance qui constitue la vie ? J'ai tendance à le croire. Les machines d'aujourd'hui sont beaucoup plus complexes qu'à l'époque de Descartes. Certains ordinateurs et robots fonctionnent d'une manière presque semblable au corps humain ; et ce sera de plus en plus vrai. Il n'en demeure pas moins que, même si la machinerie devient de plus en plus complexe, elle diffère toujours des êtres humains sur certains points fondamentaux.

Une machine, tout d'abord, doit être conçue par des êtres humains ; son fonctionnement dépend d'une source d'énergie extérieure ; il est hors de question qu'elle crée elle-même toute l'énergie dont elle a besoin. Il n'existe après tout aucun instrument réalisant un mouvement perpétuel. En revanche, un être humain est capable d'utiliser sa force personnelle pour rassembler de l'énergie et créer ses propres mouvements. La force et l'intelligence nécessaires pour ce faire sont inhérentes à ce que nous nommons la vie. Celle-ci est donc à la fois créatrice et créature.

Le second point fondamental est qu'une machine ne fonctionne pas tant qu'elle n'est pas assemblée. Ce n'est que dans la science-fiction que l'on voit une montre inachevée donner l'heure exacte ou une automobile rouler sans moteur.

Le corps humain est tout différent. Chacune de ses cellules minuscules est une entité vivante ; elles œuvrent ensemble et avec les organes selon un rythme complexe pour produire un tout unifié plus grand. C'est dans l'harmonie des parties individuelles et de l'ensemble du corps que nous trouvons le rythme fondamental de la vie. Un corps humain, contrairement aux machines, est d'une certaine manière dans un état d'incomplétude, toujours en développement et en mutation. Il est toutefois, à chaque instant, un tout complet dans son fonctionnement.

Le corps humain adulte est composé d'environ cent mille milliards de cellules, réalisant une multitude de fonctions qui défient l'imagination. Nous ne sommes, normalement, conscients que d'une infime fraction du processus se déroulant en nous. Plus de deux cents types d'activités métaboliques et de désintoxication interviennent dans le seul foie, et, si ses cellules ne remplissaient pas leurs fonctions en souplesse, le corps mais également l'esprit en seraient perturbés. Ainsi, un métabolisme manquant de cuivre ou d'un acide aminé risque de causer du somnambulisme ou des hallucinations. Un scientifique japonais a calculé qu'une usine qui voudrait fabriquer toutes les substances chimiques produites par le foie humain devrait être dix fois plus grande que l'ensemble du complexe industriel de Tokyo-Yokohama.

Le foie n'est encore rien comparé avec le cerveau, où quelque vingt milliards de cellules[3] sont en permanence actives, nous permettant de calculer, de nous souvenir, de penser, de prendre des décisions, etc. Toutes ces activités se déroulent chez l'adulte moyen au sein d'une masse de tissu nerveux pesant à peine 1 500 grammes. Si on souhaitait réaliser un ordinateur capable de reproduire toutes les fonctions du cerveau, il

3. À l'époque de la rédaction de ce livre. On estime aujourd'hui que le cerveau humain compte entre 85 et 100 milliards de neurones (NDLR).

faudrait recourir à chacune des techniques disponibles et l'engin réalisé couvrirait toute la surface de la Terre. Nous ne serions toutefois pas encore assurés de son fonctionnement.

Le corps humain est une source étonnante de merveilles statistiques. La longueur totale des vaisseaux sanguins d'un adulte est d'environ 96 000 kilomètres, soit plus de deux fois la circonférence de la Terre. Nous utilisons, pour respirer, trois cents millions de cellules pulmonaires. L'aspect le plus prodigieux de tout cela est l'harmonie avec laquelle ces cellules et ces organes œuvrent ensemble pour produire un être vivant doté d'un esprit créatif propre. Il ne fait aucun doute que c'est ce mystérieux pouvoir unificateur qui a amené la majorité des penseurs à rejeter l'idée que le corps humain était une machine et à s'en tenir à la théorie de quelque force vitale inconnue.

Les anciens Grecs la nommaient pneuma : un élément dont la présence dans le corps donne la vie et dont l'absence est synonyme de mort. Le concept populaire de l'être humain assimilé à une espèce de machine complexe n'étant pas satisfaisant, la théorie du pneuma retrouva droit de cité dans la science moderne. Un de ses principaux partisans modernes fut l'embryologue allemand Hans Driesch (1867-1941). Ses expériences sur la blastula de l'oursin l'ont amené à croire en un principe propre à la vie et qui n'existe pas chez les objets non vivants. Driesch le nomma entéléchie. Que l'on parle de pneuma ou d'entéléchie, on suppose l'existence d'un élément extérieur qui est en théorie indépendant de la matière et de l'espace. Je crois que c'est une erreur.

Je suis convaincu que le principe ou la loi qui unit les cellules et les organes pour en faire un être vivant existe au sein même de la vie et du corps. Il me paraît inutile de faire appel à une déité ou à un pneuma extérieurs à l'existence de l'être humain. Si celui-ci dépendait de quelque force extérieure, son organisme ne serait qu'une machine et lui une simple marionnette. Les partisans de la théorie du pneuma se sont opposés aux mécanistes, mais, en supposant l'existence d'une force vitale supra-matérialiste, ils ont commis la même erreur que leurs adversaires.

Nous devons, pour éviter ce cercle vicieux, considérer le corps comme étant la manifestation de la vie, car la force vitale lui est inhérente. C'est elle, entre autres, qui harmonise ses parties et qui permet à l'être humain d'absorber des éléments extérieurs nécessaires au maintien de la vie. Cette force vitale active et positive est l'essence fondamentale de la vie, elle ne fait qu'une avec la force vitale de l'Univers.

Deux phénomènes physiologiques offrent une confirmation frappante de cette idée. Le premier est l'aptitude de l'organisme humain à se régénérer et à se guérir, dans certaines circonstances. Le second est le processus d'immunisation.

La capacité auto-régénératrice du corps n'est nullement le propre de l'être humain. Elle semble même plus spectaculaire chez les formes de vie inférieures. Coupez la queue d'un lézard, elle repoussera. Il va de soi que les humains ne produisent pas de nouveaux organes pour remplacer ceux qui auraient été détruits, mais, si on procède à l'ablation d'un tiers du foie, celui-ci sera à même de se régénérer. Par ailleurs, si vous vous coupez, de nouveaux groupes de cellules se formeront pour guérir la blessure. La pratique même de la chirurgie se fonde sur ce phénomène.

Lorsque je parle d'immunisation, je songe en particulier à celle d'origine naturelle plutôt qu'artificielle. Le sang contient des leucocytes polynucléaires (globules blancs) capables d'attaquer et d'ingérer des germes d'autres substances nocives qui pénètrent notre organisme. Ils sont capables, dans le cas d'un germe nuisible unique, de le rechercher et de le détruire en l'espace d'une minute. Nous avons également, dans notre système, des cellules qui produisent des quantités importantes d'anticorps. Ces substances, composées essentiellement de protéines, attaquent et annihilent des bactéries nocives spécifiques. Elles furent découvertes par Paul Ehrlich (1854-1915), qui les expliqua à l'aide de l'analogie souvent répétée de la serrure et de la clé. L'anticorps est la serrure, construite de telle manière qu'elle s'adapte à un germe particulier qui est la clé, afin de le désarmer.

La caractéristique vraiment intéressante de l'immunisation est la capacité du corps à distinguer entre ce qui lui est propre et ce qui ne l'est pas. Lorsque des germes pénètrent l'organisme, des anticorps se forment pour les attaquer, mais ceux-ci ne s'en prennent pas aux cellules normales, qui sont pourtant, à l'instar des germes, de nature protéique. Ce point est bien entendu crucial car, si des anticorps agressaient les globules rouges, la vie serait bientôt détruite. Le mécanisme cellulaire du corps a donc une forme d'intelligence propre puisqu'il ne crée que des anticorps hostiles aux cellules nocives.

La force vitale s'exprime chez les êtres. Elle renferme l'intelligence innée du corps humain. Mais pour qu'elle – qui est essence de la vie – opère, elle doit rassembler de la matière physique du Cosmos et se manifester sous la forme d'un organisme vivant. Ce dernier est donc le lieu où s'exprime la force vitale sous son aspect phénoménal terrestre.

Nichiren Daishonin explique dans son commentaire du Sûtra du Lotus intitulé *Les enseignements oraux* (*Ongi kuden*) la signification du mot *kimyō*, se consacrer au Bouddha et à sa Loi. Il dit : « "Consacrer sa vie" s'applique à la loi physique et à la loi spirituelle de la vie. Le principe ultime révèle que ces deux lois sont en fait un aspect inséparable de chaque vie. » Cela signifie en définitive que la dévotion au Bouddha et à la Loi se résume en une foi en sa propre vie, qui est unité parfaite des lois physique et spirituelle de la vie. Je reviendrai sur cette déclaration de Nichiren Daishonin, mais pour l'instant ce qui m'intéresse c'est le *shikihō*, la loi physique de la vie. Cette dernière et son complément, *shimpō*, la loi spirituelle de la vie, sont des termes techniques propres à la philosophie bouddhique et nous devons avoir une idée assez précise de leur signification.

Notre monde est constitué de matière. Nos corps ne font pas exception à la règle, mais je ne crois pas que Nichiren Daishonin appliquait la « loi physique de la vie » à la matière physique. Le corps humain n'est pas simplement, ainsi que nous l'avons vu, un assemblement d'éléments physiques, mais un complexe vital bien ordonné et rythmique qui se crée et se recrée. En fait, chaque cellule minuscule du corps est une particule de vie. Chacune a son individualité propre et fonctionne selon une harmonie rythmique par rapport aux autres cellules.

La force vitale fondamentale, qui se meut avec le rythme miraculeux du Cosmos, se manifeste sous une infinité de formes mystérieuses. Elle existe dans des objets insensibles aussi bien que dans la vie des oiseaux et des papillons. Le corps humain en est simplement la manifestation la plus délicate et la plus merveilleuse, mais ce que nous nommons la « loi physique de la vie » inclut non seulement le corps humain et son fonctionnement, mais encore l'ensemble de ce monde dynamique immédiat dans lequel se manifeste la force vitale sous une forme perceptible.

On discerne, en étudiant le monde des phénomènes perceptibles, non seulement la force vitale, mais encore la loi inhérente qui gouverne son fonctionnement, et cela est une partie essentielle de la loi physique de la vie. Les chimistes réalisent des expériences sur la matière inorganique et découvrent des lois chimiques ; les physiologistes étudient les êtres vivants et découvrent des lois organiques. Il importe de se souvenir que ces lois ne sont que des manifestations spécifiques de la loi physique de la vie. L'élément physique lui-même est l'ensemble du monde perceptible, dans lequel la force vitale se manifeste à la fois sous forme de loi et de pouvoir générateur.

Il convient de concevoir l'élément physique non comme une matière passive et statique, mais comme la totalité de la matière et le dynamisme qui la garde en flux constant. Nichiren Daishonin écrit dans une explication des dix facteurs que le premier, l'apparence, est la couleur et la forme de notre corps. Cela implique selon moi, dans un sens très large, le fonctionnement physique de notre organisme, mais aussi notre corps en tant que lieu où se déroulent les activités spirituelles.

En d'autres termes, la loi physique de la vie dans ce qu'elle a de plus évident chez l'être humain est le corps, mais nous devons nous rappeler qu'il est le lieu de l'activité spirituelle, du fonctionnement de l'intelligence, de l'exercice de la conscience et du choix entre le bien et le mal. Nous pouvons voir des manifestations de l'élément spirituel en observant l'élément physique. Il n'en découle pas toutefois que l'on puisse accéder aux racines de la loi spirituelle de la vie simplement en analysant le fonctionnement du cerveau.

Il n'y aurait pas de phénomènes spirituels en l'absence des cellules cérébrales, mais celles-ci ne sont pas pour autant la vie. Ce sont les manifestations de la force vitale qui régissent l'activité spirituelle. Il est capital, pour comprendre la nature véritable de la loi spirituelle de la vie qui fait partie intégrante de la vie, de s'intéresser plus en profondeur à l'essence de la force vitale.

### *En sondant les profondeurs de l'esprit*

Un intellect brillant trouvera souvent des vérités importantes et surprenantes dans les faits les plus banals de la vie quotidienne. Ce fut, par exemple, le cas de Sigmund Freud, le père de la psychanalyse. Pur produit du XIXe siècle, il voulait obtenir des réponses à toutes les questions. Ainsi en arriva-t-il à se demander si les actes que les individus commettent par hasard étaient vraiment fortuits. N'existait-il pas de cause profonde aux lapsus ou aux oublis, bref aux actes manqués ? Freud ne pouvait y croire. Après tout, l'étude des sciences naturelles avait démontré l'universalité du principe de cause et d'effet dans la nature : il y a des raisons logiques au fait que la Terre tourne autour du Soleil ou qu'une pierre lancée vers le haut retombe. Pourquoi en irait-il autrement des actions des hommes ?

Freud conclut qu'il n'en allait pas autrement. Les actes manqués avaient systématiquement des causes psychologiques ! Une personne commettant un oubli n'en est peut-être pas consciente mais, au tréfonds de son esprit, le désir de ne pas faire quelque chose est tel qu'il obscurcit sa mémoire. Si l'on commet une erreur en écrivant un mot, c'est qu'au fond de soi on a un besoin pressant de mal l'orthographier. D'aucuns jugèrent pervers le mode de pensée de Freud. Il convient toutefois de reconnaître que ses découvertes ont conféré une profondeur nouvelle à l'étude du comportement humain.

Ses conclusions principales ont été corroborées au fil du temps, même si certains scientifiques ont marqué leur désaccord sur certains points. Sa découverte d'un esprit subconscient tapi sous la conscience, que je considère comme sa contribution majeure, devint en particulier la pierre de touche de toute étude ultérieure de l'esprit humain. Selon l'analogie de Freud, l'esprit est semblable à un iceberg flottant dans l'océan. Ce dernier représente la vie et l'esprit est, à l'instar des icebergs, submergé et invisible en majeure partie ; en d'autres termes, son activité est essentiellement inconsciente.

Cette analogie, aussi simple soit-elle, me séduit. Nous sommes en droit d'affirmer, si nous la poussons un peu plus loin, que, dans la mer profonde qui entoure notre activité mentale, existent une multitude de visions merveilleuses qui attendent toujours d'être découvertes. Même dans le monde physique, plus nous plongeons profondément dans l'océan, plus les créatures que nous rencontrons sont étranges. Il ne fait aucun doute qu'il subsiste d'innombrables forêts de corail habitées par des créatures marines que nous n'avons jamais vues.

Maintes forces cachées vivent dans la mer de la vie, nous incitant à faire des actions conscientes ou inconscientes et soutenant par d'autres façons le fonctionnement du corps. D'aucunes, tels la faim et le besoin sexuel, sont des instincts et nous les partageons avec les animaux inférieurs ; d'autres, tels la peur, le doute et la joie sont ce que nous appelons des émotions. À un niveau plus complexe se trouvent l'intelligence, la conscience, le goût du pouvoir et l'envie de l'argent. Il y a aussi des pulsions grotesques créant des tempêtes émotionnelles dont nous n'avons aucune conscience. Que nous en soyons ou non conscients, il existe une galaxie de forces formant une entité, qui est la substance de notre vie intérieure. C'est ce que nous nommons, dans la philosophie bouddhique, *shimpō* (la loi spirituelle de la vie). C'est cet élément intérieur qui se manifeste constamment dans les mouvements de la loi physique de la vie (*shikihō*), créant ce faisant la vie.

Nichiren Daishonin dit dans son écrit *Sur les dix facteurs* (*Jūnyoze-ji*) : « Le (deuxième) facteur, la nature, est la nature de notre âme. » On considère, en général, qu'il fait là allusion à notre personnalité ou à notre caractère individuel, mais je crois que nous sommes en droit d'aller plus loin et d'avancer que la nature est l'unité créée par la fusion de toutes activités mentales et spirituelles.

Chaque être humain forme son propre monde de l'âme. Certains semblent être nés avec de puissants besoins instinctifs ; d'autres souffrent constamment de désordres émotionnels. D'autres encore sont emplis d'amour et de compassion, qui sont des formes de désir spirituel.

Un médecin me rapporta un jour une anecdote qui illustre à merveille comment un stimulus mental peut affecter non seulement les actions d'un être humain, mais encore son état physiologique.

Deux femmes soignaient un enfant malade dans un hôpital. L'une était la mère, l'autre une infirmière. Après avoir soumis les deux femmes à une série d'examens sanguins, le médecin constata que lorsque l'état de l'enfant était satisfaisant toutes deux avaient un pH normal. En revanche, si l'enfant approchait d'un état critique, le sang de la mère révélait un taux acide plus élevé. En d'autres termes, son anxiété affectait la composition même de son sang. Une telle modification ne fut pas enregistrée chez l'infirmière, or on ne pouvait l'accuser d'être insensible ni de ne pas faire tout ce qui était en son pouvoir pour aider à la guérison de l'enfant. Il est normal que la mère soit plus profondément affectée par la maladie de son fils, mais il est très intéressant de constater que son état mental engendra une modification aussi remarquable de son état physique. Cet exemple montre comment le fonctionnement de l'esprit peut se manifester dans le monde physique.

Un autre exemple intéressant nous est fourni par le « training des enfants » de Médard Boss, un spécialiste de la médecine psychosomatique.

Un petit garçon de sept ans en parfaite santé et très malicieux était fou de chocolat. Sa mère désireuse d'éviter les excès plaça les tablettes sur une étagère élevée, mais, profitant d'un moment d'inattention de sa part, l'enfant monta sur une chaise et s'empara des friandises défendues. Sa mère découvrit le forfait et punit le gamin en lui attachant les mains et en l'installant sur une table d'où il pouvait voir les chocolats, mais pas les atteindre. Cette punition fut répétée à plusieurs reprises et le garçon commença à trahir des signes d'instabilité émotionnelle. Une sorte d'eczéma ressemblant à la rougeole apparut sur toute la surface de son corps. Sa mère, qui manquait pour le moins de sensibilité, ne devinait pas l'origine de ce désordre. Un médecin lui expliqua que le besoin instinctif de chocolat, s'additionnant à des sentiments de colère, de peur, de frustration et de doute, exerçait un puissant effet négatif sur l'esprit et sur le corps du gamin. La punition fut suspendue et l'enfant recouvra son état normal.

Voilà une bien triste histoire. Elle nous rappelle combien nous pouvons, sans le vouloir, provoquer une blessure mentale chez de très jeunes enfants. Il est certain que la mère aurait pu trouver un moyen plus humain d'enseigner à son fils à contrôler son appétit. Demandons-nous toutefois, avant de la condamner, si nous possédons une bonne compréhension du fonctionnement inconscient de l'esprit. Si nous ne comprenons pas la vie, comment pouvons-nous enseigner aux jeunes la maîtrise de soi nécessaire pour devenir des adultes sains et équilibrés ?

Le monde de l'esprit ne se limite pas à des sujets tels que l'intelligence, le jugement et le désir. Il existe également une activité mentale à un niveau inférieur, dans le subconscient et l'inconscient. Si ce n'était pas le cas, les actions de l'intelligence, de la conscience, du jugement et des émotions seraient en fait accidentelles et la source fondamentale qui leur donne naissance demeurerait obscure.

Les opinions divergent quant à la nature de ces niveaux inférieurs d'activité mentale. Freud pensait que le désir instinctif était à l'origine de tout. Nietzsche et Adler croyaient que c'était la soif de pouvoir ou de perfection. Herbert Marcuse affirmait qu'il s'agissait d'un désir de vie ou d'un désir de mort. Quoi qu'il en soit, tous ces hommes s'accordaient sur un point : cette source était présente chez les êtres humains dès l'instant de la naissance. Il ne fait désormais plus aucun doute que ces pulsions, ces instincts et la soif du pouvoir exercent une forte influence sur l'intelligence ou sur le jugement. Je crois toutefois qu'il existe, à un niveau encore plus profond de l'inconscient humain, une source plus fondamentale d'où émanent ces besoins instinctifs.

Jung qui est considéré, à l'instar de Freud, comme l'un des géants de la psychologie des profondeurs, considérait que toutes les vies humaines partageaient un fondement commun. Il le nomma l'inconscient collectif. Celui-ci renfermait selon lui un héritage remontant à l'origine de l'humanité. Jung est considéré comme étant le scientifique qui établit un pont entre la psychologie et la religion, et il faut reconnaître qu'il y a une connotation nettement religieuse à l'idée selon laquelle 3,7 milliards d'individus[4] partagent en quelque sorte une mémoire commune.

Plus la science progresse, plus elle se rapproche des idées bouddhiques ; mais il faut selon moi rechercher encore plus profondément la source de toute activité mentale humaine. Les êtres vivants reçoivent leur force vitale de l'existence cosmique fondamentale, qui fournit l'énergie aux mouvements rythmiques de la vie à travers le Cosmos. La sagesse du bouddhisme reconnut il y a bien longtemps déjà l'existence de cette force vitale.

La force vitale primale se situe au plus profond des êtres humains ; c'est grâce à elle qu'ils vivent. Elle supporte en outre la matière inorganique et l'intègre aux harmonies et aux rythmes de la grande existence cosmique. Cette force, qui supporte tout, a différents noms dans le

---

4. La population mondiale est de 7,3 milliards en 2015.

bouddhisme, mais le mieux approprié est *Myōhō*, la « Loi merveilleuse ». C'est la force active nécessaire à toute vie, celle qui crée et recrée toute existence, spirituelle et physique.

Lorsqu'elle se manifeste dans le monde physique, c'est sous la forme des lois gouvernant le monde inorganique, qui permettent les composés chimiques et contrôlent les pulsations physiques de l'Univers. En d'autres termes, les lois de la physique, de la chimie et de l'astronomie ne sont que des manifestations phénoménales particulières de la Loi merveilleuse du Cosmos. De même, la force vitale construit le monde de l'âme, crée l'intelligence, donne naissance à la conscience et force aux besoins et aux instincts, et suscite toutes les variations de l'activité mentale et spirituelle. C'est ce que d'autres religions nomment Dieu, mais elle se différencie de Dieu en ceci qu'elle est parfaitement immanente au Cosmos et à la vie humaine. Ce n'est pas une force extérieure au Cosmos. C'est le Cosmos lui-même. La véritable nature du Cosmos et de la vie est la fusion en une entité de la loi physique et de la loi spirituelle de la vie. Cette fusion est le processus par lequel la vie est créée et peut se propager à l'infini.

Nichiren Daishonin écrit dans *Les enseignements oraux* (*Ongi kuden*) : « La Terre est comparable à *shikihō*, la loi physique de la vie ; l'espace cosmique à *shimpō*, la loi spirituelle de la vie. Les deux sont inséparables. » L'espace cosmique, le concept bouddhique exprimé en sanscrit par le terme shunyata et en japonais par *kū*, a été traduit par « vacuité » ; c'est en réalité la loi spirituelle de la vie cosmique considérée comme un tout. Le meilleur moyen de comprendre cette interprétation consiste peut-être à considérer que rien n'existe si ce n'est en relation avec tout autre chose, c'est-à-dire avec la totalité du Cosmos. La loi spirituelle de la vie ne fait alors qu'un avec la loi spirituelle du Cosmos.

Nichiren Daishonin signifiait ainsi que l'Univers accomplit les mouvements rythmiques dans lesquels le monde physique et l'esprit cosmique sont un.

L'Univers semble être une existence purement matérielle, pourtant il existe en lui le monde de la force vitale inhérente à toutes les merveilles physiques du Cosmos. Si nous considérons la Loi merveilleuse comme étant la source fondamentale de tout phénomène universel, je pense que nous sommes à même de comprendre la fusion des lois physique et spirituelle de la vie.

La vie d'un être humain est une forme d'action vitale cosmique et est liée à la source la plus profonde de l'être cosmique. La vie est formée de l'entité inséparable des éléments physique et spirituel, dans la vie des êtres humains comme dans celle du Cosmos. C'est à cela que fait allusion

Nichiren Daishonin lorsqu'il explique la signification du terme *kimyō*, « se consacrer au Bouddha et à la Loi » : « *Ki* se réfère à la loi physique de la vie et *myō*, à la loi spirituelle de la vie. »

Ce commentaire se rapporte directement à la relation fondamentale existant entre le Cosmos et les êtres humains. L'élément physique formant le corps de la vie se compose de tout ce que contient l'Univers, mais tout revient en définitive à la vie cosmique. Le processus est un métabolisme cosmique continu. Le *ki* dans *kimyō* est le processus par lequel l'élément physique en nous retourne au corps cosmique.

En revanche, tant que l'élément spirituel réside dans l'élément physique en mutation constante, il demeure l'harmonie unifiée continue de la vie, dans laquelle brûle à jamais la force vitale qui crée la vie. La force qui provoque le déplacement et la transformation constante de la matière se situe au tréfonds de la loi spirituelle de la vie et est la force vitale fondamentale du cosmos. En conséquence, *myō* dans *kimyō* est la vie inhérente à l'Univers.

La loi spirituelle de tout être vivant se fonde sur la vie cosmique elle-même. La vie de l'univers et celle d'un être humain renferment dans leur noyau la force vitale fondamentale et toutes deux participent à la fusion et aux mouvements rythmiques de cette force de vie. On note dans chacune un changement continu et constant.

Il a été prouvé que les éléments matériels du corps humain se renouvellent constamment. Si on injecte à un homme l'isotope radioactif de sodium, $^{24}$Na, il se répand en cinq secondes jusqu'au cœur, aux poumons et à travers l'ensemble du système circulatoire, et, après soixante-quinze secondes à peine, il émerge dans la transpiration. Un mois plus tard, la partie de la substance chimique qui a pénétré les os et les dents est elle aussi éjectée. Près de la moitié des protéines du foie se renouvellent en deux semaines ; celles des tissus musculaires se régénèrent complètement en quatre mois.

La matière est en permanence en flux et en mouvement. Il en va de même de l'activité spirituelle ou mentale. Nous savons tous qu'une pensée ou une sensation flottera un instant dans notre esprit conscient, puis disparaîtra dans notre inconscient. La matière et l'esprit deviennent, dans nos organismes, deux aspects de la même entité, fonctionnant ensemble et exprimant notre propre forme de fusion et d'échange entre la loi physique et la loi spirituelle de la vie. Si nous parvenons à comprendre comment cette fusion et cette interaction s'effectuent au sein de notre organisme, il nous sera plus facile de concevoir la vie de l'Univers en termes semblables.

Après avoir dit que *kimyō* signifie « se consacrer au Bouddha et à la Loi », Nichiren Daishonin déclare que les deux lois « sont un aspect inséparable de chaque vie ». Si nous envisageons cela d'un point de vue pratique, il devient évident que nous sommes, en tant qu'êtres humains, des manifestations particulières de la force vitale fondamentale du Cosmos. Nous sommes tous différents les uns des autres, mais nous devrions tous tendre à attirer en nous de plus en plus d'énergie puisée dans la force vitale cosmique qui sous-tend tout.

Par « principe ultime », Nichiren Daishonin entend l'essence vitale du Cosmos, en d'autres termes, l'incarnation de la Loi merveilleuse. Fonder notre vie sur cette dernière est la voie fondamentale vers la réalisation d'une vie heureuse et épanouie. Il y a trop d'individus dans le monde qui souffrent d'un manque d'énergie vitale et qui, par conséquent, sombrent dans la résignation et le malheur. Je tiens à préciser que la signification fondamentale de la pratique du bouddhisme consiste à provoquer une révolution humaine chez ces personnes.

CHAPITRE 2

# L'être humain et la nature

## *Un seul Cosmos*

Il est un poème de Walt Whitman intitulé « Miracles »[5] qui exprime en termes simples et néanmoins superbes la beauté et le mystère de la nature :

*Mais qui accorde importance à un miracle ?*
*Quant à moi je ne connais rien de plus beau que des miracles.*
*Que je déambule dans les rues de Manhattan,*
*Ou que je dirige mon regard par-dessus les toits des maisons vers le ciel,*
*Ou que je marche les pieds nus sur la plage là où sable et eau se marient,*
*Ou que je me promène sous les arbres dans les bois,*
*Ou que je passe mes journées à parler avec l'être aimé, ou mes nuits à dormir à ses côtés,*
*Ou que je sois attablé mangeant avec mes amis,*
*Ou que je regarde des étrangers face à moi dans le wagon,*
*Ou que j'observe les abeilles affairées autour de la ruche par une matinée d'été*
*Ou les animaux se nourrissant dans les champs,*
*Ou les oiseaux, ou les merveilleux insectes voletant dans les airs,*
*Ou la merveille d'un coucher de soleil, ou des étoiles scintillant si calmes et si éclatantes,*
*Ou la courbe fine d'une délicatesse exquise de la nouvelle lune au printemps ;*
*Tout cela et le reste, l'un et le tout, sont des miracles à mes yeux,*
*L'ensemble imbriqué, et pourtant chacun distinct et à sa place.*

---

5. Walt Whitman, *Leaves of Grass and Selected Prose*, Random House, 1950, p. 306.

Whitman ne fut pas le seul auteur à chanter les merveilles du jeune continent américain. Emerson, Mark Twain, Thoreau, Melville, etc., consacrèrent des pages remarquables au miracle de la grande harmonie dynamique de la nature. Il me semble pourtant que c'est Whitman qui traduisit le mieux l'idée d'une force vitale vibrant non seulement en lui, mais encore dans tout ce qu'il voyait. Je crois qu'il ressentait profondément le pouvoir d'une sorte de force holistique à travers laquelle toute vie est intégrée en une immense totalité. Le rythme de l'ordre universel trouva un écho en lui. Il percevait avec finesse le lien mystérieux qui l'unissait à ses contemporains, aux oiseaux, aux insectes, au Soleil, à la Lune et aux étoiles.

Nulle forme de vie n'est capable d'exister dans un isolement total. Même si la connexion entre les êtres vivants et leur environnement naturel n'est pas évidente, elle le deviendra à la suite d'un examen minutieux, car un lien vital unit tous les objets et tous les êtres dans l'Univers. Il est essentiel, si l'on veut élaborer un concept moderne viable de ce lien, de lui trouver un fondement quelconque dans la théorie scientifique. La compréhension théorique fournie par la science s'accorde de manière remarquable au concept bouddhique de l'Univers.

La majorité d'entre nous connaissent mal les bactéries qui vivent dans le sol et dans le plancton de la mer, pourtant ces organismes minuscules jouent un rôle important dans la préservation de la vie humaine. Les écologistes considèrent comme un fait scientifique établi que tous les êtres humains sont reliés à tous les êtres vivants ; un concept qui confirme la validité de ce que j'ai nommé le lien vital.

D'innombrables créatures vivent dans les forêts et dans les bois : les oiseaux qui pépient dans les arbres, les insectes qui butinent entre les herbes et les fleurs, sans parler des vers, des parasites et des bactéries qui grouillent dans la terre. Certains insectes sont nuisibles pour les récoltes ; d'autres remplissent des fonctions utiles à l'être humain. Selon les calculs d'un biologiste japonais, à chaque fois que nous posons le pied sur le sol d'une forêt, quelque quarante mille micro-organismes s'agitent sous lui. Tous sont unis par le lien vital et participent à un processus complexe d'existence commune. Les insectes se nourrissent des végétaux, les oiseaux et les animaux mangent les insectes et, lorsque oiseaux et animaux meurent, les microbes convertissent leurs corps en décomposition en aliments pour les végétaux. Dans le schème complexe de la nature, végétaux, animaux et insectes mènent à bien leurs cycles de vie et leurs fonctions et dans un sens très large tous les êtres vivants, y compris les humains, assurent la préservation de la vie.

Le cycle alimentaire de l'océan nous offre une autre illustration de ce principe. Là, tout devient nourriture pour autre chose. C'est une forme de coexistence curieuse car chaque organisme lutte en permanence contre les autres. S'ils renonçaient à ce combat, tous mourraient. Le plancton végétal absorbe la lumière du Soleil et devient nourriture pour le plancton animal, qui est mangé par les petits poissons, qui nourrissent à leur tour les plus gros. Ces derniers se décomposent après leur mort et nourrissent le plancton végétal. Mais répandez une quantité importante de pétrole à la surface de l'océan, comme cela se produit désormais par accident, et la chaîne est rompue.

D'autres substances plus insidieuses que le pétrole n'attaquent pas de manière directe le cycle alimentaire marin, mais l'utilisent, pour ainsi dire, jusqu'à s'assimiler à des aliments qui deviennent alors nocifs, voire mortels, pour l'être humain. Citons parmi ces composés toxiques le mercure de méthyle, responsable de la maladie de Minamata[6].

Nous avons rejeté, au cours de l'ère industrielle, ces produits chimiques dans les fleuves ou les océans en quantités que nous jugions inoffensives, or il s'avère que même des quantités infimes sont dangereuses. En fait, de petites doses le sont beaucoup plus pour les êtres humains que de grandes, car il leur est d'autant plus facile de pénétrer le cycle alimentaire marin et de s'y accumuler progressivement en quantités pathogènes. Dans l'eau, les particules toxiques sont tout d'abord ingérées par le plancton végétal, et, au fur et à mesure qu'elles progressent le long du cycle alimentaire, la quantité de poison s'additionne. Elle peut être, chez un gros poisson, de dix à cent mille fois supérieure à la concentration initiale dans l'eau.

L'ensemble de la nature vit : c'est un complexe de flux et de mouvements interdépendants aussi merveilleux que le système biologique d'un être humain. La nature est un vaste mouvement organique dirigé par une force vitale unique et fonctionnant au moyen d'un système nerveux gigantesque unique ; un ordre majestueux et harmonieux dans lequel d'innombrables organismes vivants coexistent et coopèrent, mais se dévorent également pour préserver la vie du système.

6. « Intoxication par l'absorption de poissons et de coquillages pêchés près de la ville côtière de ce nom, au Japon, et contaminés par des déchets industriels riches en mercure rejetés dans la mer. Elle se traduit par des troubles neurologiques d'évolution subaiguë et souvent mortels : paralysies, douleurs violentes, cécité, troubles psychiques ; également par la naissance d'enfants anormaux. Les premiers cas sont apparus en 1953 ; la responsabilité de la pollution a été connue en 1959, mais reconnue officiellement en 1965 seulement. » *Dictionnaire des termes techniques de médecine.*

Le biologiste moléculaire Itaru Watanabe déclara dans un article consacré à l'origine de la vie dans l'Univers : « Il est possible désormais de considérer la Terre entière comme un vaste organisme – ou, tout au moins, je crois que le jour est proche où nous devrons la considérer ainsi. » Je n'ai qu'un reproche à faire au docteur Watanabe : il fait montre d'un trop grand conservatisme. Il me paraît évident, même sans données scientifiques supplémentaires, que la planète Terre est un organisme unique, doté d'une vie propre.

Et quel merveilleux organisme qui, depuis des temps immémoriaux, tourne sur son axe autour du Soleil, bâtissant ses continents, formant ses océans aux eaux génératrices de vie, et fournissant l'air aux créatures qui peuplent sa surface. Songeons aussi à ses périodes troublées où typhons et ouragans s'en prennent aux forêts et aux êtres vivants, où le sol tremble et se fracture, où les volcans crachent leur lave incandescente.

La Terre a vécu bien des cataclysmes, Il est permis de se demander comment elle y a survécu. Durant la période glaciaire qui commença il y a près d'un million d'années jusqu'à la fin de la période diluvienne, il y a à peine dix mille ans, les océans, les fleuves et la Terre étaient gelés. Au cours des trois cent vingt mille dernières années, le champ magnétique de la Terre s'est inversé au moins cinq fois ; le pôle nord magnétique devenant le pôle sud, et vice versa. La Terre a pourtant poursuivi sa course à travers l'espace infini, son noyau brûlant à une température supérieure à 40 000 °C alors que sa surface se refroidissait assez au cours de ces trois milliards d'années pour supporter l'une ou l'autre forme de vie organique.

Une conférence sur l'environnement humain se tint à Stockholm en juin 1972. Son objectif : discuter des moyens de protéger le monde de la pollution. Cette initiative des Nations unies rassembla des écologistes et des chercheurs du monde entier. Elle se clôtura par l'adoption d'une résolution formelle comprenant plusieurs articles, mais le thème de cette rencontre et le sentiment qui la domina sont résumés à merveille par le slogan qui fut adopté : « Une seule Terre. » Que cette formule soit le reflet d'une réalité ou non est une question d'opinion. Il est en effet possible qu'il existe dans l'immensité du Cosmos d'autres planètes semblables à la Terre et sur lesquelles existe une vie organique. Toujours est-il qu'en ce qui nous concerne – nous, nos enfants et probablement les enfants de nos enfants – notre planète est la seule Terre dont nous disposions.

Nous ne devrions pas laisser le slogan « Une seule Terre » nous faire oublier que notre planète fait partie d'une entité plus vaste. Ainsi, il ne fait aucun doute que nous devrions considérer le Soleil comme participant à notre existence organique, car il prodigue lumière et énergie à tout ce qui évolue à la surface de la Terre. Il suffirait que sa température subisse une légère variation pour que l'ordre de la vie soit totalement affecté. Une augmentation appréciable élèverait la température de la Terre, entraînant la fonte des calottes glaciaires et transformant notre monde en un vaste océan. En revanche, un refroidissement annoncerait une nouvelle glaciation. En fait, l'existence humaine dépend du Soleil à un point tel qu'une modification infime de son état mettrait un terme à la vie telle que nous la connaissons.

La Terre est également, quoi que cela soit moins évident, liée aux étoiles, qui contribuent à l'instar du Soleil à la formation de l'Univers. L'astrophysicien anglais, Dennis Sciama, illustre l'étroitesse de cette relation en ces termes : « Si vous lancez une balle en l'air, vous sentez la résistance de la balle dans votre main. La raison en est que toutes les étoiles du firmament s'emploient à vous empêcher d'accomplir votre geste. Elles exercent la force de gravité. »

Plus de cent milliards de systèmes stellaires composent la seule Voie lactée ; ils sont unis par un lien cosmique invisible que nous nommons : loi de la gravité universelle de Newton. L'ensemble du grand Univers (les étoiles entre elles et les systèmes solaires entre eux), qui a donné naissance à la Terre, est relié par des lois physiques complexes. L'ensemble du Cosmos est pour le physicien moderne un magnifique complexe d'harmonies, semblable au concept bouddhique du Cosmos.

Considérez l'Univers comme une progression ordonnée allant de l'être humain individuel aux galaxies en passant par des groupes de personnes, la Terre, le Soleil et le système solaire. Songez ensuite à la taille d'un être humain par rapport à la Galaxie tout entière. Notre organisme contient quelque cent mille milliards de cellules qui composent nos organes, notre musculature, nos nerfs et nos glandes lymphatiques. Si vous considérez chaque personne ou chaque animal comme étant une cellule, des groupes d'individus deviennent des groupes cellulaires et la Terre et le système solaire peuvent être comparés au cœur, au foie, aux reins, au nez, aux yeux, aux oreilles, ou aux dents du Cosmos. Les lois physiques formant le lien vital cosmique sont alors semblables au système nerveux et aux vaisseaux sanguins qui préservent l'harmonie et l'ordre dans l'organisme humain.

De même que la rupture d'un vaisseau sanguin ou un désordre du système nerveux sont susceptibles de paralyser le corps, la rupture du lien vital cosmique aurait des répercussions immédiates dans l'ensemble de l'Univers. Aussi minuscule ou lointain que soit le dommage, aucune des cellules vivantes que nous avons nommées êtres humains ne demeurerait à l'abri des effets.

Mon sentiment est qu'en raison de cette universalité, la Conférence sur l'environnement humain aurait dû adopter comme slogan : « Un seul Cosmos ». Cette remarque ne vise nullement à dénigrer les principes ayant contribué à l'adoption de « Une seule Terre », mais à leur donner une signification encore plus vaste. « Un seul Cosmos » s'accorde avec ma théorie de la vie et a un accent de vérité, car, si la paix et le bonheur de l'humanité ne se fondent pas sur l'harmonie – avec le rythme de l'Univers –, ce ne seront rien de plus que des châteaux de sable. Nous devons nous garder, si nous désirons sauvegarder le respect de la vie – non seulement des êtres humains mais encore de toute chose vivante – d'interférer avec le fonctionnement de l'ordre terrestre et cosmique. Toute existence dans l'Univers forme un grand système de vie unifié.

Nous ne devons pas oublier, dans notre comparaison, de mentionner les cancers et les substances cancérigènes capables de détruire l'Univers aussi bien que l'être humain. Un cancer est une cellule perfide. Elle œuvre pour elle seule, repoussant ou tuant d'autres cellules et se développant à une vitesse anormale. Elle s'efforce de monopoliser notre alimentation, elle distille des substances toxiques et détruit nos organes vitaux. Le cancer n'a d'autre solution, une fois qu'il nous a tué, que de mourir. C'est la raison pour laquelle les scientifiques parlent de « cellules démentes ». Si nous désirons sauver l'Univers et sa complexité subtile, nous, êtres humains, devons éviter de devenir des tumeurs cancéreuses dans le corps de l'Univers. Certains individus sont aussi égoïstes que des cellules démentes et nous devons prendre garde de ne pas nous joindre à eux. N'oublions jamais que l'Univers, avec tous ses mouvements systémiques et rythmiques, est le seul que nous possédions. Il est donc capital que nous ne négligions aucun effort pour empêcher les êtres humains de devenir des cellules démentes.

### *Environnement et adaptation*

Tsunesaburo Makiguchi, le premier président de la Soka Gakkai, fournit, dans son ouvrage *Géographie de la vie humaine*, une vision pertinente de l'influence de l'environnement sur l'esprit humain[7]. Makiguchi traite en détail de l'ensemble de la nature et de la société, mais il consacre un passage aux montagnes et celui-ci me séduit tout particulièrement :

---

7. In *Makiguchi Tsunesaburo Zenshū* (Œuvres complètes de T. Makiguchi), vol. III et IV,1965.

« Les montagnes sont des professeurs naturels qui réconfortent l'esprit de l'être humain et illuminent son cœur. Les personnes qui sont aimées et protégées des montagnes les respectent au même titre qu'un enfant respecte ses parents. Se peut-il qu'il existe un être humain qui n'aime pas les montagnes ? Cet amour est tel que l'être humain qui se trouve confronté à une montagne l'accepte comme s'il s'agissait d'un membre de sa propre société, bien qu'elle soit différente de lui. Il établit une relation personnelle avec elle et la transforme en un être sensible. »

Makiguchi écrit à propos des végétaux : « Les plantes éveillent en nous le sentiment esthétique, modèrent nos tendances meurtrières, nous inspirent des poèmes et nourrissent notre cœur et notre esprit. »

Intrigué par le fonctionnement de l'esprit social, Makiguchi dit : « Les hommes redoutent les reproches de la société et se réjouissent de son approbation, ce qui implique qu'ils lui reconnaissent un esprit propre [...] Il convient d'admettre que la société, au même titre qu'un individu, possède des activités mentales : sagesse, émotion, pensée. » Il poursuit en précisant que le fondement de toute pensée sociale est l'esprit individuel : « Le cerveau de chaque individu est une cellule qui fait partie d'un grand cerveau organique : celui de la société. Les cellules individuelles doivent se stimuler les unes les autres et communiquer jusqu'à ce que tous les membres œuvrent ensemble pour engendrer un esprit social. »

Les commentaires du président Makiguchi sur la relation entre l'esprit des êtres humains et leur environnement naturel, social et culturel, mettent en évidence le fait que le lien vital n'est pas formé uniquement de phénomènes physiques, mais encore d'éléments spirituels et émotionnels. Il est capital que nous soyons attentifs aux influences spirituelles de notre environnement, car, même si elles ne nous occasionnent pas de souffrance physique, elles risquent de susciter une pollution spirituelle qui culminera dans la confusion sociale.

Nous devrions envisager la relation entre l'être humain et son environnement à la lumière de ce merveilleux extrait de *Sur les présages*, de Nichiren Daishonin : « Les dix directions [le monde] sont l'"environnement", et les êtres vivants la "vie [qui en est inséparable]". À titre d'illustration, l'environnement est comme l'ombre et la vie comme le corps. Sans corps, il ne peut y avoir d'ombre et, sans vie, il n'y a pas d'environnement. De la même façon, la vie est façonnée par son environnement[8]. »

---

8. *Les Écrits de Nichiren*, éditions Soka Gakkai, 2012, p. 649. Abrégé dans ce livre par « Écrits », suivi du numéro de page.

Ici, « le monde » signifie notre environnement ou l'ensemble de l'espace. « Environnement » (*ehō*) est un terme bouddhique qui désigne les éléments de l'environnement visible. « Vie » (ou existence subjective, *shōhō*) désigne la totalité des entités vivantes, nommées dans le bouddhisme *shujō* (êtres vivants). Si nous considérons que l'existence subjective représente les êtres humains, l'environnement est l'environnement humain.

Nichiren Daishonin illustre sa pensée à l'aide de l'analogie du corps et de l'ombre. Le corps se déplace et modifie l'ombre, mais, en même temps, il est en quelque sorte créé par celle-ci, car s'il n'en projetait pas une, il ne serait pas un corps. En d'autres termes, ce dernier reçoit l'existence et l'identité de l'environnement, et vice versa. Nous ne parviendrons, selon moi, à une pleine compréhension de la relation existant entre notre vie et notre environnement qu'en synthétisant cette dialectique.

L'entité vivante que nous nommons être humain est produite et nourrie par l'harmonie et l'unité entre des forces aussi diverses que l'attraction totale de la gravité dans l'Univers, le flux d'énergie émanant du Soleil, et le lien somatologique qui enveloppe toute la nature tel un filet.

La signification de cet extrait me paraît être la suivante : bien que la vie humaine soit créée par le monde matériel et l'activité spirituelle par la totalité des éléments de l'Univers, il est nécessaire que l'être humain recherche subsistance et support dans son environnement. Si l'être humain n'était pas capable de convertir le support et la subsistance du monde physique dans sa chair et dans son sang, s'il n'était pas capable de faire un effort actif pour l'accepter, il ne pourrait continuer à vivre.

Voici une illustration simple de ce qui précède : on peut manger un festin plantureux, mais, si on ne digère pas les aliments, ils ne contribueront pas à la croissance ni au bien-être de l'organisme. On peut lire les ouvrages les plus enrichissants jamais écrits, mais si l'on n'a pas la capacité mentale nécessaire à leur compréhension, ce ne seront rien de plus que de l'encre et du papier. L'ingestion n'est pas suffisante. Il doit encore se produire un phénomène de digestion. Les profanes considèrent le système digestif comme un organe interne, les médecins savent, eux, qu'il communique avec les grands orifices du corps. Un aliment qui n'est ni digéré ni assimilé ne fait que traverser l'organisme.

La relation des forces actives dans nos corps à l'environnement est mesurée par les médecins en termes d'adaptation. Nous ne devons pas seulement être capables de digérer et d'assimiler les aliments transitant par le système digestif, nous devons en outre être capables de respirer, d'extraire l'oxygène de l'air et de rejeter le dioxyde de carbone ; nous devons posséder une série de mécanismes de défense contre l'infection ; nous devons nous adapter aux changements saisonniers. Un corps sain réalise bien entendu toutes ces actions. En été, les glandes sudoripares ajustent la température de la peau ; en hiver, les capillaires proches de la surface de l'épiderme se contractent pour préserver la chaleur. Un organisme en bon état de fonctionnement absorbe en outre par les yeux et par les oreilles l'information nécessaire pour répondre de manière intelligente aux phénomènes se déroulant autour de lui.

Si nous analysons la force vitale au plus profond de nous, nous constatons qu'elle se manifeste sous d'innombrables formes, rendant possible le fonctionnement véritable de l'esprit et du corps indispensable à une vie créative. La force vitale est la source de toute activité, parce qu'elle répond aux stimuli environnementaux et nous incite à nous y adapter. La personne qui mène une vie active peut faire face à n'importe quel environnement et en retirer ce qu'il convient d'apprendre ou de digérer. Suivant son activité, l'environnement prendra des significations quelque peu différentes. La force vitale dans le corps humain permet non seulement la manifestation de la vie, mais encore transforme et recrée l'environnement objectif.

Kant, qui est l'auteur du système philosophique que je considère comme l'un des sommets de la pensée occidentale, a émis des observations très pertinentes relatives au pouvoir de connaissance de l'homme. Il croyait que ce dernier avait une aptitude innée à comprendre le monde qui l'entoure ; que nous sommes nés avec la capacité de voir, par exemple, qu'il y a un bureau à côté de nous, ou qu'un tiers est présent, ou que les étoiles brillent, ou qu'un avion vole au-dessus de notre tête, ou encore qu'un objet quelconque se déplace dans notre champ de vision. Cela n'implique pas que nous soyons venus au monde avec une connaissance innée de la signification de ces divers phénomènes, mais que nous avons la capacité d'apprendre à quoi ils correspondent, en termes de ce que Kant nommait des catégories.

Kant fut, sauf erreur de ma part, le premier penseur occidental de l'époque moderne à reconnaître que cette aptitude était inhérente à la vie. Cette découverte a contribué à rapprocher la pensée occidentale du bouddhisme.

Il est permis de diviser la philosophie occidentale de l'époque moderne en deux courants principaux : le rationalisme et l'empirisme.

Les rationalistes, parmi lesquels nous trouvons Descartes, Spinoza et Leibniz, croyaient que notre compréhension du monde extérieur se fondait sur certaines idées innées, ce qui revient à dire sur une intelligence innée. Les empiristes, parmi lesquels Hobbes, Locke, Berkeley et Hume, affirmaient pour leur part que cette compréhension était acquise de l'extérieur. Ainsi, Locke comparait-il l'esprit humain à une feuille de papier vierge sur laquelle des idées étaient imprimées par l'intermédiaire des sensations. Kant s'éleva au-dessus de la dichotomie en postulant l'existence d'un mécanisme vivant chez les êtres humains qui leur permet de comprendre le monde empirique qui les entoure. Si mon interprétation est correcte, notre compréhension de l'expérience est un processus intuitif se fondant sur certaines catégories, dont le temps et l'espace.

Voici un exemple simple. Il y a, au moment où j'écris ces lignes, une tasse devant moi. Sa forme m'est apparente. Je suis conscient d'un point de vue temporel qu'elle est présente depuis un certain temps déjà au même endroit. Je saurais instinctivement, selon Kant, même si personne ne m'avait jamais dit qu'il s'agissait d'une tasse, qu'elle occupait l'espace devant moi depuis quelques instants.

Supposons qu'il neige à l'extérieur. Je suis à même d'appréhender, en tant que concept spatial, la forme et la taille des flocons. Sur un plan temporel, je sais que ces flocons que j'observe à travers la fenêtre n'étaient pas présents un moment plus tôt et qu'ils reposeront sur le sol dans un instant. De telles compréhensions fondamentales, que Kant baptisa « raison pure », se développent pour former des idées et des pensées plus complexes. Kant en arriva à la conclusion que le processus par lequel nous reconnaissons intuitivement des « choses » extérieures à nous-mêmes était une fonction de l'analytique transcendantale.

Si nous définissons, d'un point de vue épistémologique, l'analytique transcendantale de Kant, qui est l'aptitude innée à comprendre, comme étant l'existence subjective, nous devons admettre que la chose comprise est l'environnement objectif. Celui-ci peut adopter une multitude de formes suivant la nature de l'existence subjective.

Les êtres humains reconnaissent les objets au moyen des organes sensoriels, mais ce qui est perçu diffère considérablement suivant la nature de l'œil ou de l'oreille concernés. Les amibes et les vers de terre ne sont sensibles qu'à la présence de la lumière et ne reçoivent qu'une impression vague de ce qui les entoure. Les insectes ont un œil composé capable de former une image cohérente, comme le fait l'œil humain, mais ils sont très sensibles au mouvement. Une guêpe, m'a-t-on dit, ne sait pas distinguer entre une mouche immobile posée sur un mur et la tête d'un clou, mais une libellule reconnaît immédiatement une mite, un repas potentiel, qui passe devant ses yeux. Si un mouvement est très rapide, l'œil humain ne distinguera pas une image nette, alors que l'œil d'un insecte en sera capable. Les chats et d'autres animaux voient mieux que les humains dans l'obscurité, car leurs pupilles se dilatent plus. Bref, la nature de ce qui est vu dépend de qui voit.

Les individus conservent en général toute leur vie durant les mêmes organes sensoriels et sensiblement la même capacité de compréhension. Ils perçoivent en conséquence le monde physique environnant de manière quasi invariable, tout au moins sur le plan de la vision. Ce qu'ils font de ce qu'ils voient dépend de la manière dont fonctionne leur force vitale.

Étant donné que les individus partagent dans une large mesure un ensemble commun de traits biologiques, leur organisme a sensiblement le même degré d'adaptabilité à divers stimuli et ils ont des capacités similaires pour construire l'environnement – ce que nous nommons société et culture. Cette aptitude à créer société et culture est une caractéristique propre aux êtres humains par opposition aux animaux et aux autres formes de vie. Tsunesaburo Makiguchi faisait remarquer dans l'extrait de *Géographie de la vie humaine* cité précédemment que l'organisme que nous nommons esprit social est composé d'esprits individuels. En d'autres termes, l'esprit de la société, qui fait partie de l'environnement dans lequel les individus vivent, est constitué par la force vitale active de ses multiples membres individuels. À l'inverse, si les êtres humains n'avaient pas la capacité de former des sociétés, il n'existerait pas ce que nous nommons un esprit social collectif.

Il y a, au cœur de l'esprit humain, un amour potentiel pour autrui et pour la nature. Il y a aussi un besoin irrésistible de résoudre les énigmes de la vie et de l'Univers, une impulsion à rechercher la beauté esthétique et la vérité scientifique. L'amour, le besoin de beauté, la soif de religion, la quête de vérité sont autant d'énergies éminemment humaines. Leur expression et leur manifestation produisent de grandes modifications dans l'environnement humain.

Dans l'extrait de *Géographie de la vie humaine* consacré aux montagnes, Makiguchi fait remarquer que celles-ci peuvent devenir des objets vivants pour l'esprit des êtres humains. Il sous-entend tout simplement que la force de l'amour humain est capable de transformer une montagne froide, inanimée en un esprit chaud, vibrant, compatissant. L'âme qui est à même d'apprécier la beauté d'une plante peut reposer dans un monde plein de richesse et de lyrisme et le monde dans lequel vivent des personnes qui aiment la nature peut avoir la même force vitale et le même sentiment qu'elles-mêmes.

L'être humain qui aime la Terre et qui est en paix avec le fonctionnement de la planète participe à la réflexion immense de la Terre-devenue-esprit. L'esprit du philosophe bercé au sein de l'Univers peut s'élargir jusqu'à englober l'Univers. L'âme qui aime la nature et l'humanité, qui poursuit les beautés infinies de la Terre et du Cosmos jusqu'à leur source fondamentale est inspirée par des sentiments poétiques, éclairée par la sagesse de la science, émue par la sagesse de la philosophie, et subjuguée par le besoin de foi religieuse.

Le docteur Akira Miyawaki, l'un des principaux écologistes japonais, a comparé les traits de la nature aux yeux et aux joues d'un visage humain. Les yeux, note-t-il, sont très vulnérables, mais les joues sont relativement insensibles à des forces extérieures telles que le vent, le froid et la pluie. Les caractéristiques naturelles correspondant aux yeux sont les bassins fluviaux, les plaines détrempées, les pentes rapides et les lignes de faîte. Essayer de construire des autoroutes en de tels lieux équivaut à mettre une allumette brûlante en contact avec l'œil humain. L'endroit indiqué pour les routes se situe sur les joues de la Terre, qui ont une puissance de résistance de beaucoup supérieure.

Le docteur Miyawaki considère la Terre comme un corps vivant et diagnostique ses maladies comme s'il s'agissait d'un être humain. Pour lui, notre planète n'est pas un objet inanimé. C'est un organisme vivant avec un flux sanguin chaud et vivant.

C'est une vérité fondamentale que d'affirmer que l'environnement objectif répond à – et est transformé par – la force vitale des êtres humains. Tous les êtres vivants, y compris les humains, possèdent la force vitale qui crée leur environnement et qui, bien entendu, les reflète. C'est la raison pour laquelle Nichiren Daishonin a écrit : « S'il n'y a pas de corps, il n'y a pas d'ombre. S'il n'y a pas d'existence subjective, il n'y a pas d'environnement objectif. » Si la force vitale chez un être vivant quitte le corps, son reflet se dissipe également. Des animaux ont des ombres animales ; les êtres humains des ombres humaines. L'environnement de chaque être vivant diffère par rapport à l'état d'existence dans lequel il vit.

Hélas, certains êtres humains jettent des ombres très semblables à celles d'animaux. Bien que leur apparence physique soit celle d'êtres humains, il nous faut conclure que le véritable état de leur vie est identique à celui de bêtes. Espérons que vienne le jour où les êtres humains mèneront des vies projetant des ombres vraiment humaines.

### *Action et réaction dans la vie*

On trouve après l'extrait de *Sur les présages* cité précédemment le commentaire suivant : « C'est pourquoi, quand les cinq organes des sens des êtres sensibles s'altéreront, les quatre points cardinaux et le centre connaîtront frayeurs et secousses et il en résultera des signes de destruction dans le pays : les montagnes s'effondreront, les herbes et les arbres se dessécheront et les rivières tariront. Quand les yeux, les oreilles et les autres organes sensoriels des gens connaîtront frayeurs et perturbations, des changements se produiront dans les cieux, et, quand leurs esprits s'agiteront, la Terre tremblera[9]. »

Les « êtres sensibles » font allusion aux animaux et aux êtres humains, mais surtout à ces derniers. Les cinq « organes sensoriels » sont le corps humain, et l'environnement est son reflet. La signification générale de ce passage est, selon moi, que la destruction du corps vivant provoque la destruction, ou tout au moins de violentes modifications de l'environnement.

Il est dit également que la destruction de l'environnement naturel (c'est-à-dire le « pays ») est précédée de signes annonciateurs. Quand l'éboulement des montagnes, l'étiolement des arbres et des végétaux, l'assèchement des rivières, plongent les êtres humains dans la consternation, ni les cieux ni la Terre ne sont épargnés. Telle est mon interprétation de cet extrait et il me semble qu'elle s'applique parfaitement au monde dans lequel nous vivons – un monde dans lequel les maux de la société et de la civilisation menacent de détruire l'humanité elle-même. Nous n'avons pas à chercher loin désormais pour trouver des montagnes chancelantes, des végétaux anémiés et des fleuves taris !

Il ne faut pas oublier que les perturbations de l'environnement qui menacent l'existence humaine sont souvent le fait même des hommes. Ceux qui se sont laissés asservir par l'envie, l'ignorance et l'égoïsme et ont en conséquence perdu leur humanité essentielle, déchirent le sol de la Terre perturbant le cycle des saisons, les mouvements normaux de la mer et détruisant progressivement le fondement même de la vie sur notre planète. C'est ce qu'impliquait Nichiren Daishonin en disant : « Quand les cinq organes des sens des êtres humains s'altéreront, les quatre points cardinaux et le centre connaîtront frayeurs et secousses. »

Que penser de la suite : « Quand les yeux, les oreilles et les autres organes sensoriels des gens connaîtront frayeurs et perturbations, des

9. Écrits, 649.

changements se produiront dans les cieux, et, quand leurs esprits s'agiteront, la Terre tremblera. » Nous avons déjà connaissance de la relation étroite existant dans le monde physique entre les activités des êtres humains et l'environnement naturel. Faut-il voir dans ce dernier commentaire une indication du fait qu'il existe au plus profond de l'être humain une interaction similaire entre le physique et le spirituel ? Si tel est le cas, quelle est sa nature ?

Ces questions sont complexes. Il est relativement simple d'imaginer de quelle manière l'attitude de l'être humain à l'égard de la nature affecte l'environnement physique, car elle s'exprime au moyen d'actions concrètes, conscientes. Les phénomènes spirituels ne sont pas d'une compréhension aussi facile, quoique la force vitale qui se manifeste dans nos attitudes à l'égard de la nature et de la société soit la même que celle motivant notre activité spirituelle intérieure. Il est en conséquence impossible d'arriver à une explication complète de la vie humaine en relation avec son environnement sans prendre en considération la connexion entre l'existence subjective et l'environnement objectif dans le monde de l'esprit.

Il me paraît intéressant, à ce stade, de nous référer à une vision moderne de la nature exprimée par Martin Heidegger. Sa théorie de l'existence est difficile en soi, en partie parce qu'il inventa une terminologie personnelle. Il est toutefois assez simple d'expliquer son idée générale de la nature. Nous nous émerveillons toujours devant l'harmonie de la nature, mais la plupart d'entre nous ne prennent pas la peine de regarder sous la surface des choses. Heidegger acquit la conviction que l'ensemble du Cosmos devait être une entité vivante unique, si ce n'était pas le cas les mouvements de l'Univers ne seraient pas ordonnés. Il imagina une existence fondamentale et rudimentaire engendrant l'interaction harmonieuse de toutes les choses et la nomma *Urnatur* (nature primordiale).

Heidegger étant un existentialiste, élaborer un tel concept dut lui coûter. Je considère que l'*Urnatur* est une idée d'une profondeur exceptionnelle, mais s'il ne s'agit pas d'une existence éternelle englobant toutes nos vies individuelles, je ne pense pas qu'elle puisse être considérée comme étant l'essence ultime de l'Univers.

Heidegger semble considérer qu'à leur mort les êtres humains retournent au néant. Par conséquent, bien que son *Urnatur* soit le fondement de l'existence de la nature et de l'être humain, il ne croit pas que leur vie et celle des autres êtres soient de nature éternelle.

L'*Urnatur* est situé, du point de vue bouddhique, quelque part entre la nature et la réalité ultime, qui est la Loi merveilleuse. Cette dernière est la vie cosmique à jamais indestructible qui doit sous-tendre l'*Umatur*.

L'idée selon laquelle l'ensemble du Cosmos serait un organisme vivant unique risque de déconcerter le profane, mais, si nous considérons que la Loi merveilleuse est immanente à chaque phase de la vie, il n'est pas difficile de penser que toute chose dans le Cosmos en est une manifestation.

La raison pour laquelle je propose d'échanger le slogan « Une seule Terre » contre « Un seul Cosmos » est que ce dernier est plus proche de la vérité absolue : l'Univers est l'incarnation de la Loi merveilleuse, qui imprègne toute existence.

Nichiren Daishonin écrit dans une lettre adressée à un disciple, *La réalité ultime de tous les phénomènes* : « [...] tous les êtres et leurs environnements dans les dix états, depuis l'enfer, qui est le plus bas, jusqu'à la bouddhéité, qui est le plus élevé, sont, sans exception, des manifestations de *Myōhō-renge-kyō*. Dès qu'il y a un environnement, des êtres vivants y demeurent. Il est dit dans un commentaire : "Les êtres vivants et leur environnement manifestent toujours *Myōhō-renge-kyō*" [10]. »

Je reviendrai dans un chapitre ultérieur sur le concept bouddhique unique des dix mondes ou des dix états d'existence dont l'enfer est le plus bas et la bouddhéité le plus élevé. Il nous suffit pour l'instant de noter que « tous les êtres et leurs environnements dans chacun les dix états » désigne tous les êtres vivants dans le Cosmos. La signification générale de ce passage est que tout ce qui vit est une manifestation de la Loi merveilleuse.

Soyons plus précis. Cet extrait permet de comprendre la relation véritable entre la vie humaine et son environnement dans le monde physique et spirituel. « Dès qu'il y a environnement, des êtres vivants y demeurent » ne signifie pas que les deux phénomènes coexistent ni plus ni moins. La précision selon laquelle tous deux « manifestent toujours *Myōhō-renge-kyō* » indique clairement comment le rythme dynamique de la vie humaine et de son environnement est relié à la vie cosmique que nous nommons la Loi merveilleuse.

Cette dernière est la force et la sagesse inhérente à l'ensemble du Cosmos, qui est lui-même la source de tout phénomène physique et spirituel. Du plus profond du Cosmos, la Loi se manifeste progressivement sous une forme précise, et, cela se produisant, la vie humaine se constitue en tant qu'individualité. Au même instant, l'environnement individuel prend forme en tant qu'environnement objectif, ou ombre. L'existence subjective et l'environnement objectif constituent une existence unique, qui prend forme lorsque la force vitale résidant dans la vie cosmique devient manifeste. Que cette existence puisse être divisée en deux est impensable. La

10. Écrits, 387.

formation d'une vie humaine en tant qu'existence subjective est identique à la formation de l'environnement de cette vie. Ils ne peuvent pas plus être séparés que ne le peuvent la croissance et le développement des animaux et des végétaux du monde dans lequel ils vivent.

Chaque vie humaine participe, avec son environnement, à la force vitale fondamentale du Cosmos tout entier. Il s'ensuit que tout changement dans les conditions de vie d'un seul être humain exerce, dans les étendues intérieures de la vie même, une influence sur les autres vies humaines. La nature et le Cosmos étant des entités vivantes, les ondes émanant d'une vie humaine peuvent non seulement ébranler les fondations d'autres êtres vivants, mais encore affecter des choses considérées en général comme inertes.

Les expériences en matière de perception extrasensorielle offrent des indications précises de la manière dont des êtres humains sont capables de s'influencer sur un plan purement spirituel. Ce sont des expériences empiriques, scientifiques qui se déroulent en conséquence entièrement dans le monde physique, mais plusieurs scientifiques recourant à diverses méthodes ont obtenu des résultats qui semblent avoir une portée sur des matières spirituelles. Leurs découvertes sont tout au moins inexplicables par des lois physiques connues.

Une expérience souvent pratiquée par des chercheurs travaillant sur la perception extra-sensorielle nécessite deux pièces séparées par une distance de deux cents mètres. Celles-ci sont reliées par une sonnerie électrique. Un professeur est installé dans l'une, un étudiant dans l'autre. Lorsque la sonnerie est actionnée, le professeur prélève une carte dans un jeu posé sur un bureau devant lui. Il s'efforce ensuite de communiquer par concentration l'image ou le nombre inscrit sur la carte à l'étudiant. Celui-ci se concentre également afin de prélever dans son jeu la carte choisie par le professeur. Il n'existe aucun signal conventionnel. Le professeur se contente de songer de manière très intense à la carte qu'il tient en main et de transmettre sa pensée à l'étudiant. Celui-ci donne parfois une réponse correcte, parfois il commet une erreur. La procédure est répétée à plusieurs reprises afin de réduire l'influence du hasard.

Si la similitude entre la carte prélevée par le professeur et celle choisie par l'étudiant était purement fortuit, l'expérience devrait vérifier les lois de probabilité statistique, or ce n'est pas le cas. Une expérience approfondie fit intervenir plusieurs étudiants. On nota que ceux qui faisaient confiance à leur professeur et le respectaient obtenaient de meilleurs résultats que les autres. En probabilité pure, cette différence de réponse ne devrait apparaître que dans un cas sur un million. Il est donc permis d'affirmer que les résultats obtenus ne sont pas le fait du hasard.

Les parapsychologues considèrent que cette observation indique qu'il se produit un échange télépathique entre professeur et étudiant. Le seul fait d'évoquer ce phénomène aurait suscité force railleries dans un passé encore récent. On admet désormais qu'il est possible, dans certaines conditions, qu'un esprit transmette une information à un autre en dehors de toute méthode conventionnelle de communication.

Les expériences psychologiques suggèrent en outre la possibilité de la clairvoyance, de la psychokinèse et de la prémonition, bien que les résultats des expériences ne soient pas encore concluants. Il est toutefois intéressant de noter que nous en sommes arrivés à un stade où il n'est plus considéré que rejeter d'office certains phénomènes assimilés autrefois au spiritisme est une attitude scientifique.

Il se peut que l'expérience avec les cartes implique simplement que les ondes cérébrales du professeur influencent celles des élèves. Il est toutefois possible que ce soit la force vitale intérieure du professeur qui influence celle des étudiants. Nous avons tendance à associer les prémonitions à des événements malheureux tels que des décès ou des accidents, mais je pense qu'il est possible que des prémonitions résultent de l'activité spirituelle de la force de vie, car il y a également des prémonitions heureuses. Il nous est arrivé à tous, je crois, de décider sans raison particulière de rendre visite à un ami et d'être accueilli par cette remarque : « J'avais le sentiment que tu viendrais aujourd'hui. » C'est un phénomène courant qui a souvent une explication ordinaire, mais il ne faut pas exclure le fait qu'il puisse exister entre deux amis une forme de communication mentale ou spirituelle, qui ne nécessite pas le recours à l'un des cinq sens ni à une communication apparente. Il y a dans la vie intérieure de deux individus une interaction des forces d'amour ou de confiance qui les pousse l'un vers l'autre, tout comme il y a interaction des forces de répulsion ou de suspicion, qui les pousse à s'éviter. Exprimé en termes de phénomènes fondamentaux et réfléchis, cela signifie que la vie humaine et son environnement sont, dans le sens le plus profond, fondus l'un en l'autre et s'influencent continuellement l'un l'autre. L'interaction entre la force vitale d'un être humain et celle d'autrui se produit non seulement sur le plan physique de l'environnement objectif, mais encore sur le plan spirituel. Il est certain que la force vibrante qui anime une vie peut également animer l'être intérieur d'autres vies d'une manière véritablement occulte.

Il ne fait aucun doute que nous devrions prendre en considération maints facteurs, tels que la force et la pureté de la force vitale chez l'être humain individuel ainsi que toute circonstance spéciale qui environne l'existence des personnes auxquelles il est associé. Nous devons également garder présentes à l'esprit l'unicité et l'indivisibilité des secteurs physique et spirituel et les influences en interaction constante entre l'individu et autrui dans ces deux secteurs. Il n'est par conséquent pas toujours facile de prédire par des méthodes scientifiques les conséquences de l'interaction. Il me paraît toutefois significatif que les influences intérieures de notre force vitale sur la vie des autres, postulées depuis si longtemps par le bouddhisme, sont désormais étudiées et démontrées par des parapsychologues non adeptes de cette religion.

Un parapsychologue, Whately Carington, s'est fortement rapproché du point de vue bouddhique. Il croit, à l'instar de Jung, en un inconscient collectif, mais lui va jusqu'à émettre l'hypothèse qu'il fonctionne comme une entité unique.

Selon la vision grecque antique, qui servit de fondement à la philosophie de Heidegger, l'être humain et la nature étaient d'un caractère homogène, et l'être humain pouvait devenir une partie intégrante de la nature. Les Grecs appelaient cette dernière *physis*, ou Cosmos, et la considéraient comme une entité vivante, au même titre que les êtres humains et les animaux. Lorsqu'un conflit opposait l'être humain à la nature, il était considéré comme une phase nécessaire dans la création d'une nouvelle harmonie. En fait, la nature, les êtres humains et les animaux étaient tous des entités vivantes, dont les esprits et les cœurs étaient capables d'interactions mutuelles. Dans l'ensemble, les Grecs ne consacrèrent guère de temps à la contemplation de l'interaction spirituelle de l'esprit humain et de la nature, et cet aspect de l'existence est demeuré en grande partie inexploré par les philosophes et scientifiques occidentaux.

En revanche, dans la vision bouddhique, l'unité profonde de l'existence subjective et de l'environnement objectif mène naturellement à l'idée que la force vitale d'un humain est susceptible d'affecter d'autres êtres vivants et même l'être fondamental de l'humanité dans son ensemble. Qui plus est, les esprits des êtres humains se fondent en un et exercent une influence continue, tant physique que spirituelle, sur les autres êtres vivants et sur l'ensemble de la nature. Le temps passant, je crois que les scientifiques et les philosophes jetteront une lumière plus vive sur l'inconscient collectif et sur sa relation avec la vie non humaine et la nature au sens le plus large.

L'influence d'une force vitale humaine étant de grande portée et s'étendant à l'esprit intérieur de l'humanité considérée comme un tout, l'avenir de cette dernière repose en définitive sur l'acceptation de la vie humaine considérée comme le phénomène fondamental dans notre monde. L'avenir dépend du mode de vie de chaque individu et de la manière selon laquelle il exprime la force vitale du Cosmos. Si les êtres humains ouvrent les yeux sur le rythme harmonieux de l'Univers et coexistent de façon paisible avec toutes les formes de vie, ils enrichiront la fonction du lien vital et évolueront vers la création d'un nouvel Univers dans lequel l'humanité sera emplie d'amour, de confiance et de compassion. En outre, les actions de l'esprit humain aideront cet être vivant qu'est la nature à poursuivre son œuvre créatrice. Le fonctionnement harmonieux du corps cosmique, renforcée par des êtres qui chérissent « Un seul Cosmos » soutiendra à son tour chaque vie humaine aussi pleinement que si toutes ne formaient qu'« Une seule Vie ». C'est ainsi que devraient être la vie et le comportement humains dans l'unité de l'existence subjective et de l'environnement objectif.

Mais si les êtres humains demeurent les esclaves de l'envie, de l'ignorance et de l'égoïsme ; s'ils se haïssent et se tuent les uns les autres, si l'esprit de l'humanité devient une tumeur cancéreuse noire, l'humanité détruira d'autres êtres vivants et jusqu'à la nature, rompant ce faisant le lien vital qui unit le Cosmos. Notre planète deviendra désertique et moribonde, et l'humanité sera déracinée.

Nous sommes libres de choisir la voie que nous désirons emprunter, et l'aptitude à faire le bon choix est innée en chaque personne. La question est de savoir comment développer la sagesse potentielle inhérente à notre force vitale, de sorte qu'elle œuvre dans le sens de la vie et de la créativité dans l'Univers. Même si un être humain possède la capacité d'aimer et d'accorder sa confiance, il sera incapable d'influencer autrui, et encore moins la vie humaine dans son ensemble, si la force qui le motive est faible. En revanche, si un individu possède une forte motivation, mais est assailli par le doute, la méfiance et l'antagonisme à l'égard des autres, il risque de se détruire lui-même, voire l'humanité dans son ensemble. La philosophie de l'unité entre l'existence subjective et l'environnement objectif sera devenue la grande philosophie pratique et salutaire de l'humanité le jour où nous aurons découvert le moyen d'employer notre force vitale pour créer et faire progresser la vie sur les plans tant humain que cosmique, ainsi que le moyen de vivre en vraie harmonie avec l'Univers.

CHAPITRE 3

# Des yeux qui voient la vie

## *Que sont les rêves ?*

Une controverse a agité, il y a quelque temps, les milieux littéraires japonais. Natsume Soseki avait publié un recueil de nouvelles intitulé *Dix rêves*[11]. D'aucuns affirmaient qu'il s'agissait d'une œuvre de fiction pure, d'autres que les histoires de Soseki se fondaient sur des rêves réels. Les physiologistes du cerveau impliqués dans la discussion en arrivèrent à la conclusion que les rêves étaient en majeure partie authentiques. Ainsi, le professeur Junji Matsumoto de l'université de Tokushima fit remarquer que la fréquence et la répartition dans les nouvelles d'images sensorielles telles que « des joues d'un blanc pur », « un énorme soleil rouge » et « des lettres rouges dans l'obscurité noire » avaient une qualité onirique.

L'analyse scientifique d'une œuvre littéraire paraîtra absurde à certains, mais une telle démarche éclaire parfois d'un jour nouveau et fascinant l'esprit subconscient d'un auteur. J'ai donc relu *Dix rêves* dans cette optique et une fois de plus j'ai été émerveillé par la nature curieuse des rêves. Ils suivent une trajectoire irréaliste, ils sautent d'un incident à l'autre et arrivent rarement à une conclusion précise, pourtant l'esprit les accepte en quelque sorte durant le sommeil. Les rêves de Soseki sont en partie romancés et ont une certaine continuité. Les rêves réels manquent presque toujours de cohérence. Ils pénètrent néanmoins au plus profond de nos pensées subconscientes et révèlent des éléments occultes, dont l'esprit conscient aurait autrement préservé le secret. À notre réveil, le rêve semble souvent n'avoir aucune relation avec la réalité, mais les psychanalystes exprimeraient quant à eux des avis différents.

11. *Dix rêves* (1908), trad. par Alain Rocher, in *Anthologie de nouvelles japonaises contemporaines*, Paris, Gallimard, 1986.

Il semble que, même endormis, nous réagissions dans nos rêves à des stimuli extérieurs. Freud remarqua que, si l'on agaçait le nez d'un patient endormi à l'aide d'une plume, le sujet rêvait qu'on le torturait ; si l'on heurtait des ciseaux et des pinces il rêvait d'une cloche qui sonne. La réaction onirique est donc très différente du stimulus.

Un examen des ondes cérébrales tend à prouver que nous rêvons tous. D'aucuns s'imaginent faire exception à la règle, c'est qu'en fait ils sont prompts à oublier leurs rêves une fois éveillés. Les rêves sont, en général, totalement imprévisibles et on considérait autrefois qu'ils étaient l'opposé de la réalité. En fait, « vivre dans un monde de rêve » signifie toujours vivre en dehors de la réalité. Freud et ses disciples ont toutefois prouvé que les rêves entretiennent une relation importante avec la réalité fondamentale, en ce sens qu'ils fournissent un moyen d'examiner nos pensées les plus profondes. Nous nous trouvons donc confrontés à un paradoxe : les rêves sont intimement liés à notre réalité personnelle, pourtant ils semblent n'entretenir aucune relation avec la réalité immédiate dans laquelle nous vivons.

L'ambiguïté n'est nullement le propre des rêves. Maints phénomènes de la vie humaine défient le bon sens. Nous avons déjà vu que ce dernier ne nous était pas d'un grand secours quand il s'agit d'expliquer des éléments aussi fondamentaux que la conscience et l'esprit humain. Il paraît évident que la conscience a son siège dans le corps humain, mais en quel lieu ? Des expressions telles que « au fond de mon cœur » ou « au plus profond de moi » sont courantes, mais il est hors de question que la conscience soit située dans le cœur ou dans les intestins. Elle ne l'est pas plus dans les cellules cérébrales. La conscience n'est pas confinée au cerveau même si c'est là que se déroule une partie considérable de son activité. Il est impossible de poser le doigt sur une partie du corps et de dire : « C'est là que réside la conscience. » Or la conscience humaine n'existe pas en dehors de l'organisme. Le fonctionnement de la conscience, de l'esprit et de l'âme est à bien des égards aussi mystérieux dans la vie proprement dite que dans les rêves.

Sommes-nous notre moi réel lorsque nous sommes endormis et immobiles ? Nos globes oculaires sont en mouvement constant lorsque nous rêvons, mais en dehors de cela le corps en repos est-il le vrai moi, ou celui-ci est-il l'image de soi que nous voyons flotter dans nos rêves ? Il est permis d'affirmer qu'un rêve est un phénomène purement mental se produisant durant le sommeil, et même que les images oniriques sont des hallucinations, mais ce n'est pas tout. Le rêve est lié à notre moi, car dans un rêve nous éprouvons joie, tristesse et toute la gamme des émotions humaines.

Je pense que les rêves offrent une clé de la nature du concept bouddhique de *kū*. Nous avons vu que *kū* a été traduit par « latence » ou « vacuité », mais il s'agit en fait d'un concept transcendant le dualisme de l'existence et de la non-existence. Le *kū*, comme les rêves, est et n'est pas.

Il est impossible d'intégrer les rêves à des concepts de réalité ordinaires. Ils sont en effet indépendants par rapport aux deux éléments de mesure les plus importants, à savoir le temps et l'espace. S'ils possèdent bien leur propre cadre spatial et temporel, celui-ci est sans rapport avec celui de la réalité ordinaire. Les rêves représentent en quelque sorte un chaos prétemporel, préspatial.

Comment le bouddhisme explique-t-il un tel état ? Nous sommes partis des rêves et nous en arrivons maintenant à un stade où il convient de se demander comment le bouddhisme aborde les divers phénomènes de la vie qui ne sont pas mesurables en termes de temps et d'espace.

## *Un monde en mutation constante*

Voici un principe essentiel de la philosophie bouddhique : toute chose est composée d'éléments qui sont en mutation constante et qui se combinent les uns aux autres selon des arrangements sans cesse différents. La théorie des dix facteurs constitue une analyse importante de la vie humaine. Nichiren Daishonin en donne une excellente synthèse dans le passage suivant :

> « Que nous sommes l'essence véritable et indestructible des trois corps du bouddha-en un est expliqué dans le Sûtra du Lotus (qui reprend les dix facteurs de la vie, à savoir l'apparence, la nature, la substance, le pouvoir, l'influence, la cause inhérente, la cause externe, l'effet latent, l'effet manifeste et la cohérence du début à la fin). Le premier est l'apparence de nos corps sur le plan de la couleur et de la forme. Il est également appelé *ōjin nyorai*, le bouddha manifeste, qui est *ketai*, la perception provisoire. La nature se réfère à notre esprit, qui est aussi appelé le *hojin nyorai*, le bouddha de la rétribution. C'est *kūtai*, la perception de ce qui est latent. Le troisième, la substance, est l'ensemble de notre corps. Elle est aussi nommée *hosshin nyorai*, le bouddha de la Loi, ou *chūtai*, la perception de la Voie du Milieu. »

Je tiens à me concentrer pour l'instant sur trois des termes philosophiques techniques mentionnés ici : *ketai*, la perception provisoire, *kūtai*, la perception de ce qui est latent, et *chūtai*, la perception de la Voie du Milieu. Ces trois concepts fondamentaux nécessaires à une compréhension de l'épistémologie bouddhique sont considérés en général de manière collective. On parle alors de *santai*, les trois vérités ou trois perceptions de la vérité.

*Tai*, la perception, désigne quelque chose de clair et d'apparent. On comprend le caractère essentiel de la vie et de tout ce qui se trouve dans l'Univers si l'on envisage la situation par rapport à ces trois vérités. Cette idée se fonde sur les enseignements du grand penseur bouddhiste chinois Zhiyi (538-597), aussi appelé le grand maître Tiantai, ou en japonais, Tendai.

Il importe de noter que la philosophie bouddhique en général considère qu'il n'est pas possible d'accéder à une compréhension de phénomènes aussi complexes et intangibles que la vie si on les examine d'un point de vue fixe unique. On doit au contraire se montrer souple et adopter diverses approches. Ce principe se vérifie dans la science moderne où l'on constate régulièrement qu'une théorie est incapable d'expliquer tous les faits. Les mathématiques nous fournissent une illustration simple de cette vérité.

On a considéré pendant des siècles comme une vérité absolue le fait que, par un point extérieur à une droite, on ne pouvait faire passer qu'une seule parallèle à cette droite. Ce cinquième postulat d'Euclide était, et est, valable si l'on considère un espace euclidien. Les scientifiques modernes ont toutefois découvert que la géométrie euclidienne n'était qu'un concept de l'espace parmi d'autres ; un concept qui n'est d'ailleurs pas entièrement satisfaisant.

Supposons que vous rejetiez le postulat d'Euclide et que vous partiez de l'hypothèse que le nombre de parallèles est en fait infini. Vous arrivez, par un raisonnement à l'envers, à concevoir une géométrie et un concept de l'espace différents. Il en va de même si vous décidez qu'il n'y a même pas une parallèle. Ne croyez pas qu'il s'agirait de spéculations pures, en effet l'imperfection inévitable de notre équipement et de nos moyens d'observation nous interdit de démontrer de manière empirique que deux lignes sont parallèles, alors qu'il est toujours possible de prouver qu'elles ne le sont peut-être pas.

Si l'on postule que la surface d'une sphère est plane – ce qui signifie en fait que l'arc formé par la sphère et un demi-cercle courant à travers son milieu est en fait une ligne droite –, il n'existe aucune parallèle passant par n'importe quel point en dehors de la ligne droite à la surface de la sphère. À l'inverse, sur une surface de paraboloïde hyperbolique, telle qu'une selle, un nombre infini de parallèles devient possible.

La géométrie non euclidienne est née de telles considérations et c'est elle qu'utilisa Einstein pour établir la théorie de la relativité. Elle est devenue désormais un outil essentiel en mathématiques et en physique. Aujourd'hui, on considère en général que l'espace réel du Cosmos est de nature non euclidienne, et Einstein lui-même postula un espace quadridimensionnel fini mais non limité qui était l'espace réel de l'Univers. Selon ce concept, si l'on marchait droit devant soi sans limite on atteindrait le seuil de l'Univers et on reviendrait à son point de départ sans avoir à aucun moment changé de direction. Le moyen le plus simple de concevoir un espace fini, non limité, consiste à imaginer un ballon qui se dilaterait sans fin. Il devient de plus en plus gros, mais un point se déplaçant « en ligne droite » le long de sa surface reviendrait en définitive à son point de départ.

Les mathématiques modernes furent développées en renonçant au point de vue traditionnel et en adoptant une approche multiple ; une démarche importante. Un point de vue fixe ne suffit pas lorsqu'on aborde des sujets aussi fondamentaux que la vie et l'Univers. On doit toujours garder présent à l'esprit le fait que ce que nous paraissons voir n'est pas nécessairement toute la vérité.

Un enfant qui naîtrait avec des lunettes vertes traverserait la vie persuadé que tout est vert. Il pourrait élaborer une merveilleuse théorie du monde, mais celle-ci, aussi somptueuse soit-elle, n'aurait aucune validité pour tout autre que lui. De même, si l'on considère la vie et le Cosmos d'un point de vue fixe unique, on serait à même de construire une philosophie ingénieuse, mais il serait douteux qu'elle réussisse à expliquer l'ensemble de la vie et de l'Univers.

La souplesse de la conception bouddhique a amené maintes personnes à rejeter par le passé la philosophie bouddhique qu'elles jugeaient vague ou irréaliste. Cette incapacité à apprécier la nature véritable de la pensée du Bouddha est probablement due en partie au langage mystique, poétique, abstrait et métaphysique des sûtras. En revanche, la méthode de raisonnement rigide propre à la majorité des philosophies et sciences occidentales séduisit en raison de sa rectitude et de son apparente certitude. Je suis convaincu qu'en dépit de la différence de langage il est quasiment inévitable que le public en arrive à revaloriser la manière bouddhique souple, multipolaire et intuitive d'envisager les choses. Nous vivons à une époque où la science a exploré de multiples aspects délicats et compliqués de la vie et de l'Univers, inconnus ou inimaginables il y a quelques décennies à peine, et je crois que notre état de connaissance actuel nécessite que l'on réexamine la sagesse traditionnelle de l'Orient, et en particulier les idées relativistes du bouddhisme.

Dans l'extrait de l'œuvre de Nichiren Daishonin cité plus tôt, l'apparence est définie comme étant celle de notre corps sur le plan de la couleur et de la forme. Il est possible d'interpréter ce passage par rapport à différents niveaux d'existence physique, mais sa signification fondamentale est que l'apparence, qui est perception provisoire, désigne tout ce que décèlent nos sens. Le corps, en d'autres termes, est l'aspect physique de l'existence et j'inclus dans cela les particules minuscules, que nous ne percevons qu'à l'aide de microscopes électroniques, de même que des phénomènes invisibles tels que les ondes sonores. Bref, tout ce qu'il est possible de mesurer quantitativement. Dans la pensée bouddhique, tout cela est temporaire et transitoire, soumis à des changements constants, rassemblé ou dispersé par les causes et les conditions. En un sens, il est impossible d'affirmer que quoi que ce soit existe, puisque l'instant d'avant c'était différent, et que ce le sera encore l'instant d'après.

Quand nous disons que tous les aspects de la réalité que nous voyons sont transitoires et temporaires, nous donnons à entendre qu'il doit exister une vérité permanente plus profonde. La question se pose de savoir comment la concevoir.

Selon la science moderne, il est vrai que tout ce qui se trouve dans l'Univers bouge et se transforme constamment. La science traite en premier lieu de l'être physique, mais le bouddhisme insiste sur la mutation permanente qui se déroule dans la vie humaine, faisant remarquer que nos vies perceptibles sur Terre traversent constamment les phases de naissance, de maturation, de destruction et de latence. Il s'ensuit pour le bouddhisme que s'attacher à la vie comme à une entité permanente et immuable revient à violer la vérité et a pour conséquence de provoquer la souffrance humaine.

Comment devons-nous aborder le monde qui nous entoure s'il est vrai, comme l'enseigne le bouddhisme, que « tout est en mouvance, et la permanence n'existe pas » ? Devons-nous le fuir ? Devons-nous l'affronter ? La fuite n'est pas en accord avec le bouddhisme, car elle implique que la vérité de l'impermanence est d'une certaine manière répugnante. Maintes personnes paraissent penser que, si toute vie est transitoire, nous n'avons d'autre choix que de nous résigner à accepter la nature fugitive de la vie. Ainsi, le caractère japonais utilisé pour écrire « perception », dans le cas des trois vérités, entre aussi dans la composition d'un mot signifiant « se résigner » ou « abandonner ». Selon ce point de vue étymologique étroit, lorsqu'un individu prend conscience de la réalité des choses, il abandonne tout désir, toute ambition irréalistes.

En fait, la clé du véritable bonheur consiste à prendre conscience de la nature sans cesse mouvante de tout, car ainsi vous saurez qu'une situation aussi négative soit-elle est appelée à se modifier. Aucun malheur n'est permanent, aucune difficulté, insurmontable.

Selon le bouddhisme, toutes les choses qui se trouvent dans l'Univers sont transitoires, mais elles s'agencent de manière harmonieuse en tant que résultat de causes et de conditions. Dans le cas des êtres sensibles, qui comprennent les humains, chaque individu est considéré comme étant une fusion des cinq agrégats ou cinq composants, à savoir : la forme, la perception, la conception, la volition et la conscience. Ceux-ci changent constamment, se refondant ensuite selon certaines causes et conditions. J'aurai l'occasion de développer ce point dans un chapitre ultérieur. J'aimerais toutefois insister à ce stade sur le fait que l'idée de ces cinq agrégats justifie la présence d'innombrables vies individuelles, toutes constituées des mêmes éléments, mais toutes différentes et toutes en mutation constante.

J'ai déjà parlé des traceurs radioactifs qui montrent que les cellules du corps humain sont soumises à un métabolisme constant. En effet, le corps ingère à chaque instant de la matière de l'extérieur, et émet de la matière de l'intérieur. Cela signifie, en un sens, que le mécanisme cellulaire de l'organisme se défait et se refait sans cesse. Le concept bouddhique des cinq agrégats n'est pas aussi précis que l'étude scientifique des cellules, mais il est plus profond parce qu'il prend en considération l'activité spirituelle et le caractère inséparable du physique et du spirituel.

Ainsi que nous l'avons déjà vu, l'astronomie moderne considère que l'ensemble du Cosmos est dans un état de flux constant. Il existe plusieurs théories relatives au développement de l'Univers, mais l'une des plus couramment acceptées de nos jours est celle voulant que tout commença par une explosion s'étant produite il y a quelque 13,8 milliards d'années et que depuis cet instant l'Univers n'a jamais interrompu son expansion. Cette version suggérée par Georges Gamow et d'autres scientifiques est connue sous le nom de théorie de l'explosion, ou encore théorie du Big Bang. Une explication alternative est la théorie de l'oscillation, selon laquelle l'Univers se dilate et se contracte de manière cyclique. Les partisans de ces deux conceptions s'accordent toutefois pour reconnaître que l'Univers est actuellement dans une phase d'expansion.

Plusieurs scientifiques furent autrefois séduits par la théorie de l'état stable, affirmant que l'Univers est dans un état d'équilibre rendu possible par la création constante de matière. Ils ne prétendaient pas qu'il était immuable, mais plutôt que, en dépit des changements constants se produisant en lui, il demeurait relativement stable. Cette théorie soulève un certain nombre de difficultés, et ses partisans sont désormais rares.

Si nous acceptons une théorie expansionniste, nous devons admettre que les constellations visibles aujourd'hui n'existaient pas durant les premières phases de l'Univers, soit il y a quelque treize milliards d'années, lorsque tous les éléments du Cosmos étaient rassemblés en une masse d'une densité incroyable. L'apparition de ces étoiles est le résultat d'une évolution ultérieure s'étalant sur plusieurs milliards d'années. Il est par ailleurs certain que, dans quelques centaines de millions d'années, ces constellations se seront modifiées ou auront disparu.

Selon le point de vue bouddhique, les constellations, à l'instar des êtres humains, traversent quatre phases : la naissance, la maturation, la destruction et la latence. Les astronomes assistent par exemple à l'heure actuelle à une explosion dans la nébuleuse du Crabe. Cette dernière se situant à quatre mille deux cents années lumière de la Terre, l'explosion en question doit s'être déroulée il y a quatre mille deux cents ans. Nous devrons donc attendre quatre mille deux cents ans pour savoir ce qui se passe dans cette nébuleuse en ce moment même. Il est toutefois permis de supposer que des transformations stellaires semblables sont en ce moment même le lot de certaines régions de l'Univers.

Notre Terre âgée de cinq milliards d'années se trouve à présent dans un état de stabilité mature, mais elle aussi sera tôt ou tard absorbée par le Soleil ou détruite d'une manière ou d'une autre. Des gaz interstellaires se condensent pour former des étoiles, celles-ci traversent une période de stabilité puis meurent dans une explosion d'une très grande brillance et d'une énergie énorme. Il me paraît ironique que cette dernière phase soit connue sous le nom de « supernova » – un nom qui implique quelque chose de « nouveau ». Cette idée est toutefois en accord avec la théorie bouddhique selon laquelle la mort signifie le commencement d'une nouvelle forme de vie.

La durée de vie d'un être humain est infinitésimale en comparaison de celle des étoiles. En fait, l'histoire complète de l'humanité est un phénomène relativement récent dans l'évolution de la vie organique sur cette planète. Si l'histoire de la Terre était condensée en une période de vingt-quatre heures, celle de l'être humain serait équivalente aux quarante dernières secondes. De tels chiffres soulignent un fait : la réalité telle que nous la connaissons n'est que l'assemblage temporaire de divers composants.

La durée de vie des particules élémentaires est si courte qu'elle en défie l'imagination. Il existe bien sûr de petites variations selon les types de particules, mais celles-ci vivent en moyenne un trente-millionième de seconde. Le fait est que, plus nous pénétrons profondément dans les aspects physiques du Cosmos, plus il devient évident de manière convaincante que tout est en changement et en flux incessant. Il en va de même des personnalités individuelles. On rencontre dans les écrits bouddhiques une exhortation aux ascètes. Pour éviter d'être tenté par une femme, il est conseillé de l'imaginer sous la forme d'un squelette. Cette idée est caractéristique de la nature rigide du bouddhisme Hinayana. Elle n'en révèle pas moins d'une manière succincte une compréhension profonde de la nature transitoire de la vie humaine engagée dans le cycle de naissances et de morts.

Malgré son impermanence, la vie est magnifiquement harmonieuse. Les molécules et les atomes sont essentiellement inorganiques, et les particules élémentaires manquent d'individualité, mais ils se combinent en des composés toujours plus complexes jusqu'à devenir les gènes qui déterminent la personnalité des êtres humains. Un seul être humain a environ vingt-deux mille gènes renfermant l'information nécessaire à son existence individuelle. Grâce à ceux-ci, nos corps deviennent des complexes d'une précision merveilleuse ; nous possédons une conscience et nous connaissons le bonheur, la colère et tant d'autres émotions. Une certaine configuration et interaction de milliards de particules détermine comment nous vivrons et comment nous réagirons à notre environnement. Qui dira que le concept bouddhique des cinq agrégats s'assemblant de manière temporaire pour composer un être humain n'est pas une excellente métaphore pour ce phénomène ? La Terre est un super-organisme et le Cosmos, avec ses mouvements rythmiques incessants, est l'organisme suprême, qui donne vie à tout ce qu'il renferme grâce à ses fusions harmonieuses infinies.

## Temps, espace et latence

Au cœur de la philosophie du bouddhisme, on trouve le concept de *kū*, qui est souvent traduit par « le vide » ou le « néant ». Aucun de ces termes n'est toutefois satisfaisant. Ils sont trop évocateurs du nihilisme, alors que le bouddhisme est aux antipodes de ces préceptes. Quelques Occidentaux en sont arrivés à traduire *kū* par « relativité », voilà qui est déjà plus proche du sens originel du terme, mais qui tend à l'associer à la physique et donc au monde physique. Les penseurs bouddhistes disent en général que *kū* transcende l'existence et la non-existence. Si vous essayez de le concevoir comme existant, il n'existe pas ; si vous essayez de le concevoir comme non existant, il existe, mais sur un plan différent de celui de la réalité ordinaire.

Nichiren Daishonin écrivit en discutant des dix facteurs de la vie : « La nature se réfère à notre esprit, qui est aussi appelé le bouddha de la rétribution. C'est *kūtai*, la perception de ce qui est latent », et il est clair que *kū* se rapporte à notre esprit ou à notre psyché. *Kū* signifie, dans un sens large, la nature et l'esprit de toute chose – ce que l'on nomme parfois noumène. Il paraît normal que ce concept soit souvent mal compris et utilisé à mauvais escient. Il est en effet impossible de l'expliquer en termes simples. C'est probablement la pensée bouddhique qui, plus que toute autre, est responsable de nombreuses migraines chez les penseurs occidentaux, qui ne savent plus que penser du bouddhisme. Ces malheureux ne sont pas les seuls à réagir ainsi ; rares sont les Orientaux qui ont une compréhension adéquate du *kū*.

Josei Toda, le deuxième président de la Soka Gakkai, se plaisait à raconter l'histoire d'un érudit japonais adepte du bouddhisme qui s'efforçait d'expliquer le *kū* à un étudiant occidental. Il réalisa une cocotte en papier qu'il froissa ensuite dans son poing. L'idée était en fait que le *kū* était la cocotte qui n'était plus là. Je doute que cette démonstration fut d'un grand secours à l'étudiant car elle se rapproche dangereusement du dualisme existence/non-existence. Ce dernier séduit l'être humain moderne, mais pour comprendre le *kū* nous devons partir du principe qu'il est des choses, tels les rêves, qu'il n'est pas possible de situer dans des catégories bien définies d'existence ou de non-existence.

Nos critères quotidiens d'existence ou de non-existence se fondent sur nos concepts de l'espace et du temps. Kant disait que l'être humain perçoit le monde extérieur dans un cadre spatial et temporel. Il avait raison, dans la limite de sa démarche, car il est vrai que nous recourons normalement au temps et à l'espace pour reconnaître, mesurer et calculer.

Ajoutons le temps aux trois dimensions spatiales de longueur, largeur et hauteur et nous avons les moyens de décrire le monde que nous voyons, c'est-à-dire le monde physique. Notre nature spirituelle dépasse le cadre de l'espace et du temps et ne peut être confinée dans les limites ordinaires de l'existence et de la non-existence.

Si nous étudions notre esprit, nous ne trouvons ni forme ni substance, or l'idée selon laquelle l'esprit n'existe pas est battue en brèche par d'innombrables manifestations physiques de son action. Nous devrions peut-être considérer que l'existence et la non-existence sont en fait deux aspects d'un seul et même concept. Dans un aspect de l'être, le monde physique, le cadre de l'espace et du temps est applicable. Il ne l'est pas dans l'autre, qui est *kū*.

*Kū* n'est pas seulement l'esprit des êtres humains. C'est l'essence et le caractère de toute chose. Voici un exemple : les diamants et le charbon sont composés de carbone, mais, en raison d'une différence de structure moléculaire, les diamants sont très différents du charbon. *Kū* est la nature fondamentale qui fait que les diamants sont des diamants et le charbon du charbon.

Le président Toda utilisait parfois le concept de la colère pour expliquer *kū*. La colère est en nous à chaque instant, mais nous ne la voyons que lorsqu'elle est provoquée et se manifeste en surface. La colère est donc une potentialité innée. Elle sommeille en temps normal, mais est susceptible de produire des effets notoires dans certaines circonstances. De même, *kū* est un substrat continu qui a le pouvoir, dans des conditions appropriées, de provoquer une activité dans le « superstrat » visible.

Des expressions telles que « ni existant ni non existant » sont pléthore dans les écrits bouddhiques. On en trouve un exemple classique dans le *Muryōgi-kyō*, le *Sûtra aux sens infinis* : « Son entité n'est ni existence ni non-existence, ni cause ni effet, ni elle-même ni autre, ni carré, ni ronde, ni longue ni courte [...] » Le passage complet ne comporte pas moins de trente-quatre négations ; il vise en fait à expliquer le Bouddha. Ce processus de négations répétées me semble être l'une des raisons principales pour lesquelles le *kū* est si difficile à comprendre : il est précisé de manière spécifique que *kū* n'est pas non-existence, pourtant la répétition des négations semble suggérer que c'est quelque chose d'assez voisin de la non-existence.

Le recours à un mode d'expression négatif se justifie en réalité par le fait que *kū* défie toute description positive. Il correspond également à un désir de vaincre les préjugés et d'éviter les jugements de valeur conventionnels. Si vous essayez d'expliquer des principes tels que l'esprit subconscient ou l'esprit intérieur, la tentation est grande d'en parler en termes de cupidité matérielle, de pulsion sexuelle, de cellules nerveuses, ou de tout autre concept à l'emporte-pièce. Une telle démarche suffit dans certains cas, mais, lorsqu'il est question du domaine spirituel du *kū*, nul concept tout fait ne convient à la situation. Il est donc nécessaire de s'expliquer en précisant ce que *kū* n'est pas. Il ne fait aucun doute que ce soit un tel raisonnement qui se trouve à l'origine de la longue énumération de négations dans le *Sûtra aux sens infinis*. C'est une négation générale des conceptions ordinaires, on serait même autorisé à parler de négation de la négation conventionnelle.

L'une des premières informations que désirera obtenir une personne qui entend parler pour la première fois du Bouddha est : à quoi ressemble-t-il ? Le Bouddha étant la vie même, les mots sont incapables d'en donner une description valable. C'est la raison pour laquelle les anciens auteurs bouddhistes tournaient la difficulté en disant ce à quoi le Bouddha ne ressemblait pas.

Une personne qui envisagerait le monde physique comme étant temporaire et transitoire sombrerait inévitablement dans le désespoir. Les ascètes du bouddhisme Hinayana, par exemple, avaient tendance à considérer le monde comme n'étant rien de plus que le néant. Ils connaissaient le concept de *kū*, mais s'imaginaient qu'il signifiait le vide complet. Le bouddhisme Mahayana peut être considéré comme un mouvement visant à renverser cette idée et établir un nouveau concept de *kū*.

Le monde du *kū* étant essentiellement spirituel, j'aimerais revenir un instant au sujet de la psychologie et de notre esprit subconscient. Nous nous trouvons en effet dans une situation similaire lorsque nous étudions le subconscient. Son univers ne se prête pas à une description en termes de temps et d'espace ou d'existence et de non-existence. Les psychanalystes utilisèrent le terme « ça » pour définir le réservoir le plus profond des pulsions inconscientes dans l'esprit subconscient.

Voici la façon dont le professeur Takeo Doi explique le ça dans son ouvrage *Seishin Bunseki* (« Psychanalyse ») : « Tout d'abord, le ça est totalement non organisé. Il n'a pas de direction et ne connaît pas de logique. Il est ce que nous pourrions qualifier de “prémoral”. En lui se trouve un mélange confus de pulsions qui ne s'annulent pas mutuellement ni ne se séparent les unes par rapport aux autres. Il y a chaos, mais sans inconsistance. Il est permis de considérer qu'il n'y a pas passage de temps dans le ça [12]. » En d'autres termes, il est impossible de définir le ça selon des notions de temps et d'espace. Il est chaotique, mais sans se contredire lui-même. Il n'est pas immoral, mais se trouve dans un état primitif précédant la contrainte de la morale par l'environnement.

Il me semble qu'on pourrait dire que le ça renferme les pulsions instinctives primordiales de l'être humain – l'énergie vitale fondamentale dans la vie humaine. Il ne s'inscrit pas dans le cadre de jugements de valeur tels que bien ou mal, et il est trop primitif pour être affecté par la logique. C'est une pulsion pure, la motivation et l'énergie constantes, qui fait que les gens vivent. Nous pourrions peut-être parler de l'énergie spirituelle primitive nécessaire à la vie humaine. Il est parfaitement naturel que le ça n'ait ni ordre ni organisation, même si les diverses impulsions qu'il renferme ne sont pas en conflit les unes avec les autres. Il existe, en dépit du chaos, une harmonie et une unité dans la pulsion vers la vie. Il y a une « fusion » des pulsions. Le ça donne naissance aux actions d'un être humain dans le cadre de ses contacts avec le monde extérieur. Le ça, en un mot, n'est rien de plus que le *kū* tel qu'il s'applique aux êtres humains individuels.

---

12. Doi Takeo, *Seishin Bunseki*, Kyōritsu Shuppan, 1956, p. 23.

Nous serions également en droit de considérer que l'information contenue dans les molécules d'ADN est le *kū*. Un être humain recèle plusieurs milliards de particules d'ADN qui lui transmettent une quantité énorme d'informations héritées. Elles renferment en fait une quantité d'informations telle que personne ne serait capable de les utiliser toutes durant sa vie ; on présume que la majorité des individus n'en utilisent qu'une infime fraction. On serait autorisé à avancer que l'information dispensée par les gènes d'ADN est en quelque sorte la sagesse et l'expérience cumulée de l'humanité dont parle Jung. Ainsi, il n'est pas impossible que la peur et le dégoût des serpents si fréquents parmi les hommes soient en fait un souvenir hérité de la préhistoire, lorsque les humains devaient lutter contre les reptiles pour s'assurer le contrôle de la Terre.

L'information transmise dans les gènes est en grande partie inutilisée. Même chez les grands génies, deux tiers – voire plus – du cerveau sommeillent en permanence. Une vie ne suffit pas à utiliser pleinement tout le potentiel du cerveau. Les capacités intellectuelles de l'être humain seraient de beaucoup supérieures à ce qu'elles sont, si ce potentiel était utilisé au maximum de ses possibilités.

Cela revient à dire qu'il existe un potentiel illimité dans une vie humaine. Nous ne devons toutefois jamais oublier que l'être humain est doté par la nature d'une capacité à faire le bien et le mal. Il peut devenir véritablement sage, ou au contraire sournois et tortueux. La question demeure : si nous étions capables d'utiliser au maximum l'information qui est en nous la mettrions-nous au service du bien ou du mal ?

Seule l'information contenue dans l'ADN est *kū*. Les particules elles-mêmes appartiennent au monde physique, ainsi d'ailleurs que les manifestations provoquées en un être humain lorsqu'il entre en contact avec le monde extérieur.

Il est intéressant de considérer l'idée du *kū* en relation avec les théories modernes de la physique. Dire que quelque chose ni existe ni n'existe revenait, jusqu'au XXe siècle, à défier les principes fondamentaux de la physique. Ce fut précisément en mesurant et en examinant le monde visible qu'Isaac Newton et les physiciens classiques s'efforcèrent de déduire les lois et les principes de l'Univers. Plus tard, Einstein, Niels Bohr et d'autres géants modernes introduisirent les champs, les électrons et les particules élémentaires et développèrent des concepts de l'ultime très proches du *kū*. (Reste à savoir si ces théories se révéleront être les réponses finales de la science, mais cela n'est pas notre propos.) L'approche traditionnelle des physiciens consistait à examiner les choses et la manière dont elles agissaient, puis à en déduire des conclusions quant à leur nature ou à leur état. Il n'est toutefois pas rare qu'une qualité ou qu'une caractéristique soit supputée de manière théorique et que la preuve physique soit découverte ultérieurement.

Un exemple nous est fourni par la théorie des champs, qui fut élaborée durant la recherche du moyen de transmission de la lumière. La physique classique postulait qu'il devait en exister un pour toute énergie s'exprimant sous forme d'onde, telle que le son et la lumière. Or, la célèbre expérience de Michelson-Morley (1887) prouva que la lumière pouvait être transmise à travers un vide. Ce fut une découverte bouleversante, mais il s'avéra bientôt qu'il en allait de même pour les ondes électriques et magnétiques. Ces constatations donnèrent naissance à la théorie des champs, qui en fait supposait l'existence d'un état qui fut baptisé « champ ». Ainsi furent reconnus les champs électriques, les champs magnétiques et les champs gravitationnels.

La transmission des impulsions électriques et des lignes magnétiques démontra qu'il y avait quelque chose d'électrique ou de magnétique dans le caractère de l'espace. Nous pouvons observer les lignes de force, dans le cas du magnétisme, en réalisant la simple démonstration de l'aimant et de la limaille de fer que connaît tout écolier. Nous en déduisons ceci : lorsqu'il est spécifié qu'une qualité de l'espace affecte toute matière – une qualité désormais baptisée champ –, nous sommes en droit de dire qu'elle a un caractère similaire à ce que nous nommons *kū*. Les physiciens parlent aujourd'hui de la « courbure de l'espace » lorsqu'ils évoquent la présence des champs dans l'espace.

Einstein fut le premier à mentionner l'idée d'un champ gravitationnel. Ce concept modifie l'idée que nous avions des raisons pour lesquelles un objet tombe vers le sol dès que nous le lâchons. Selon l'ancienne conception, l'objet tombe à cause de l'attraction de la gravité. Cette vision est partiellement correcte, mais, selon le concept du champ gravitationnel, on considère que l'objet suit une ligne gravitationnelle qui n'est pas absolument droite, si l'on en croit les mathématiques traditionnelles.

Les scientifiques semblent en être arrivés, à d'autres égards, à élaborer des théories dans lesquelles les limites entre l'existence et la non-existence au sens traditionnel sont battues en brèche. La tendance générale me semble être à l'élaboration d'un concept physique de l'Univers qui soit compatible avec l'ontologie bouddhique.

J'ai mentionné la lumière considérée comme un phénomène ondulatoire, mais on a constaté qu'elle exprimait en outre les caractéristiques des particules. Cette notion défie les modes de pensée traditionnels, mais son exactitude n'en a pas moins été démontrée de manière expérimentale. La lumière présente en fait deux caractéristiques nettement différentes : son aspect photo-électrique n'est explicable que si l'on considère qu'elle est composée de particules, mais l'effet d'interférence ne se comprend que si elle est formée d'ondes. La caractéristique duale de la lumière a mené au développement de la théorie quantique ; celle-ci remit en question maintes conceptions anciennes de la matière et de la radiation.

Le docteur Shin'ichiro Tomonaga, qui reçut le prix Nobel de physique en 1965, explique, dans son ouvrage *Procès du photon*, la difficulté que l'on rencontre à expliquer comment le photon peut être à la fois onde et particule, en présentant une analogie avec un procès criminel. Le photon est un voleur capable de prouver qu'il a pénétré dans une maison par deux fenêtres à la fois. Voilà qui poserait bien des difficultés aux jurés, or le caractère dual de la lumière a soulevé autant de difficultés pour les physiciens. En fait, la théorie quantique suggère, pour certains scientifiques, que toute matière, un photon par exemple, présente à la fois les propriétés des particules et des ondes. Ainsi, le physicien français Louis de Broglie postula en 1924 une théorie ondulatoire de la matière.

Einstein s'efforça de développer une théorie unifiée du champ. Les champs électrique et magnétique avaient déjà été synthétisés en tant que champ électromagnétique. Einstein y ajouta le champ gravitationnel et s'efforça d'expliquer le Cosmos par rapport à un grand champ unifié. Sa théorie n'est pas nécessairement parfaite, mais il me semble qu'elle va dans le sens de la cosmologie bouddhique. En clair, l'idée d'Einstein est que nous percevons de grandes concentrations d'énergie comme étant de la matière et de petites concentrations comme étant des champs.

La dichotomie absolue traditionnelle entre matière et champ est supprimée si Einstein a raison, et nous en arrivons à la conclusion qu'il s'agit de deux représentations de la même chose. Si tel est le cas, il nous est permis d'affirmer que le champ n'est ni existant ni non existant et que ses propriétés ont une capacité infinie à produire de la matière.

Il est donc possible de considérer que l'essence du Cosmos est, au sens le plus large, dans un état de *kū*. Il y a quelques décennies furent découvertes les particules élémentaires de matière, mais il importe de préciser que les micro-scientifiques en ont trouvé plusieurs centaines de types. Ils recherchent désormais la particule ultime. En fait, certains en arrivent même à suspecter que celle-ci n'est pas une particule. Le docteur Hideki Yukawa, physicien et lauréat du prix Nobel (1949), postula une nouvelle théorie du domaine élémentaire. Exprimée en termes simples, son idée est qu'il n'est pas possible de concevoir l'élément ultime en termes de points ou de corps physiques. Nous devons plutôt envisager un domaine, qu'il qualifie souvent de « cercle ».

Nous constatons donc que la forme ultime de la matière et de l'être physique se rapproche de plus en plus du concept de *kū*. De même, les partisans les plus évolués de la psychologie des profondeurs décrivent le noyau le plus profond de l'esprit humain en termes évoquant le *kū*. Il semble qu'il soit impossible, dans les considérations les plus fondamentales de la matière et de l'esprit, d'éviter un tel concept. Quoi qu'il en soit, l'idée de *kū* – c'est-à-dire, l'idée consistant à briser la distinction traditionnelle entre existence et non-existence – ne peut plus être qualifiée de « vague ». Si le *kū* était un concept vague, cet état de chaos dans lequel il y a pourtant ordre et harmonie serait la nature véritable du Cosmos, or les scientifiques en arrivent à considérer qu'il en va bien ainsi.

## *Le moi constant et immuable*

Nous avons discuté de l'aspect physique temporaire et en mutation constante de la vie et du concept de *kū*, qui transcende la distinction dualiste entre existence et non-existence. Mais même ces deux aspects de la vie ne suffisent pas à donner une vision complète de la vraie nature des choses. Nous devons, pour arriver à la vérité ultime, emprunter *chū* le moyen ou la Voie du Milieu, car c'est l'entité essentielle de la vie. Permettez-moi de préciser, à titre d'avertissement, que la Voie du Milieu, ou *chūdō* en japonais, est une expression que l'on a souvent tendance à interpréter de manière erronée. On la considère parfois comme étant encore plus vague que le *kū* ; et les étudiants superficiels la confondent dans certains cas avec l'idée confucéenne de Voie du Milieu éthique (*chūyō*).

Nichiren Daishonin écrivit dans l'un de ses ouvrages: « Le troisième (des Dix Facteurs), la substance, est ce corps qui est le mien. Il est également appelé *hosshin nyorai* (le Bouddha de la Loi), ou la Voie du Milieu, ou la nature de la Loi, ou le nirvana. »

« Le corps qui est le mien », dont il est question dans l'extrait cidessus, n'est pas le corps physique ; il se réfère à l'entité essentielle de la vie qui sous-tend l'aspect physique et l'aspect spirituel, le ke et le *kū*, et qui les contient tous deux. Les propriétés fondamentales de notre vie sont, dans le monde physique, notre forme et notre apparence tangible ; dans le monde de *kū*, notre sagesse, nos sentiments et notre caractère individuel. Ces deux mondes ne représentent toutefois pas l'ensemble de la vie, car il est une source essentielle les soutenant. C'est cela que nous nommons *chū*, la Voie du Milieu. Cette entité de vie immuable et essentielle parcourt nos corps et nos esprits physiques en mutation constante.

Envisageons un être humain particulier, monsieur A. Le corps de monsieur A, composé de cent mille milliards de cellules, est soumis à une transformation continue due au métabolisme. Dans le monde du *kū*, son esprit et ses sentiments se modifient en fonction des circonstances, et sont parfois éveillés de leur état de sommeil et produisent des manifestations physiques. L'esprit de monsieur A pouvant croître et devenir plus riche, il est permis d'affirmer que le *kū* lui aussi est constamment en mouvement. En raison de ce changement continu, monsieur A qui a aujourd'hui quarante ans est totalement différent, tant mentalement que physiquement, de ce qu'il était à vingt ans. Il n'en demeure pas moins qu'il est toujours monsieur A ; une certaine cohérence, un certain continuum, préserve son être individuel. Qui plus est, ce continuum est plus profond que la ressemblance physique ou émotionnelle de monsieur A à quarante et de monsieur A à vingt ans. Il existe une réalité inaltérable qui fait que monsieur A est monsieur A et ne sera jamais monsieur B.

Cela serait nommé le moi ou l'ego selon la terminologie occidentale. On serait même en droit de parler de moi essentiel, étant donné que cela se situe au cœur même de la vie. Il me semble que parmi les philosophes occidentaux ce sont les existentialistes qui se rapprochent le plus du concept bouddhique de la Voie du Milieu dans leur recherche des racines, de l'essence fondamentale du moi tel qu'il existe dans ce monde, bien qu'en définitive leur vision soit partielle et superficielle. L'« homme », l'« individu » de Kierkegaard, le « surhomme » de Nietzsche, et le « retour sur soi » de Jaspers et de Heidegger sont tous semblables à certains égards à l'entité essentielle que le bouddhisme nomme *chū*.

La philosophie existentielle a tendance à considérer que nous devons rechercher nous-même la voie que nous allons suivre. Il y a ceux qui reconnaissent l'existence d'un dieu de type chrétien et ceux qui la nient, mais on remarque une tendance générale à l'auto-conversion visant à une vie meilleure ou à la maîtrise de la mort, du doute ou du désespoir.

Nous trouvons en Kierkegaard un homme qui lutte seul contre l'incertitude et la déception, bien que le philosophe en arrive en définitive à la notion d'un dieu très semblable à celui des chrétiens. Le moi est solitaire dans ce type de vie. Nietzsche, pour sa part, nie purement et simplement Dieu qui cède sa place à l'être humain. Les idées de Jaspers et de Heidegger sont quelque peu différentes l'une de l'autre, mais tous deux considèrent que l'être humain essentiel, ou le moi essentiel, vit au mépris de la mort et du doute.

Ces penseurs affirment tous que nous ne devons pas nous laisser abuser par les vicissitudes de la vie au point d'oublier notre moi originel. Bref, on reconnaît dans les philosophies existentielles un effort pour envisager de manière directe le moi essentiel, et donc pour approfondir la compréhension qu'on en a.

Il ne fait aucun doute que, en regardant profondément en nous, nous soyons à même de découvrir les origines de nos actions et la direction dans laquelle elles nous entraînent. Les matérialistes considèrent le monde temporel comme leur sous-structure et le jugent donc fondamental. Les idéalistes, en revanche, estiment que l'esprit est une caractéristique plus fondamentale de l'Univers que la matière. Il est toutefois permis de se demander si le matérialisme ou l'idéalisme sont aussi puissants que l'idée du moi, force motivante de l'action. De nombreux jeunes Japonais intègrent désormais les principes matérialistes du *Capital* de Karl Marx dans leur pensée économique, mais adoptent l'existentialisme comme force motrice de leur conduite et de leurs actions.

Il existe une distinction entre le moi dont nous venons de parler et celui des psychologues modernes. Le moi, ou ego, est inextricablement lié, en psychologie, à l'esprit et à la conscience ; il fait partie intégrante de la formation mentale ou spirituelle de l'être humain. Freud divisa la psyché humaine en trois éléments, le ça, le moi et le surmoi ; le moi incluant non seulement l'esprit conscient, mais encore le niveau inconscient. Le concept bouddhique du moi exprimé ci-dessus par « ce corps qui est le mien » comprend le moi des existentialistes et celui des psychologues, et va en outre au-delà de ceux-ci afin d'inclure l'entité fondamentale et totale de la vie. Les existentialistes et les freudiens considèrent le moi comme étant l'ego dans un sens individuel. Ils envisagent une vie individuelle comme étant différente de toutes les autres. Mais dans le concept bouddhique du moi exprimé en termes de *chū*, la Voie du Milieu, un moi ne fait qu'un avec le Cosmos. Il est le noyau de la vie et demeure immuable même si toutes les conditions et les circonstances externes sont éliminées. Le président Toda expliqua le moi ou l'ego en se référant aux rêves. Il est quelque chose en nous qui connaît bonheur, tristesse ou quelque autre émotion, lorsque nous rêvons.

Josei Toda croyait que ce « quelque chose » offrait une indication quant à la nature véritable du moi. Il est fréquent que nous ayons le sentiment, tout en rêvant, que ce que nous voyons est en fait un rêve, ce qui signifie qu'une partie de notre conscience nous dit que les événements qui se déroulent ne pourraient se produire dans la vie quotidienne. Je pense que le président Toda suggérait que nous pouvions obtenir une meilleure perception de la réalité ultime de notre moi plus profond en nous observant en action au cours de nos rêves.

Nous avons considéré à ce stade les trois aspects de la vie : *ke*, *kū* et *chū*. Ces trois termes, qui résident au cœur de la philosophie bouddhique, sont souvent qualifiés de *santai*, les trois vérités ou trois perceptions de la vérité. Il est toutefois extrêmement important que l'on comprenne bien de quoi il retourne ; à savoir, que nous parlons d'une réalité unique envisagée de trois points de vue différents et non de trois entités séparées. La Voie du Milieu soutient le tangible et l'intangible, ke et *kū*, mais ce n'est pas tout ce qu'il y a à dire au sujet de la nature de la vie. La Voie du Milieu apparaît dans le tangible et existe dans le *kū*. Les trois œuvrent ensemble pour produire une vie unique. L'interexistence et l'interfusion complète de ces trois vérités en une est le principe ultime du Sûtra du Lotus.

Par rapport à la vie du Bouddha, les trois vérités deviennent *sanjin*, les trois corps. Le corps manifesté du Bouddha occupe le plan temporel, phénoménal (*ke*). Le corps de la rétribution, le *kū*. Le corps de la Loi se situe sur le plan de la Voie du Milieu (*chū*).

Il est possible de comprendre toutes les entités de la vie par rapport à *enyū santai*, les trois vérités unifiées. En ayant une vision totale et appropriée de la vie – celle qui est immuable, celle qui change et celle qui sommeille –, il nous est possible de l'enrichir et d'engendrer notre révolution humaine. La sagesse du bouddhisme est profonde, et l'on trouve parmi ses points les plus fondamentaux l'idée que toute chose doit être envisagée par rapport à plusieurs points de vue. Il est capital, lorsqu'on essaye de comprendre des principes essentiels tels que la vie et le Cosmos, de ne pas s'accrocher à une seule conception ou à un seul contexte. Il est en indispensable de se montrer souple et d'examiner les choses de plusieurs manières. Si l'on n'agit pas ainsi, on n'aboutit qu'à des demi-vérités ou à des contrevérités.

## CHAPITRE 4

# L'énigme du temps

### *Le temps physique*

Le cours du temps est curieux. On a parfois le sentiment qu'une année a duré dix ans. À d'autres moments, il semble qu'elle soit passée en un instant. Peu importe ce que dit l'horloge ou le calendrier, c'est ainsi que l'esprit et les sentiments des hommes réagissent. Voltaire dit : « De toutes les choses de l'Univers, le temps est à la fois ce qu'il y a de plus long et de plus court, de plus rapide et de plus lent ; il peut être divisé en une multitude de parties infinitésimales ou s'étendre jusqu'à l'éternité. »

Telle semble être l'essence du phénomène. Le temps est relatif, dans la mesure où nos sens sont concernés. Il passe rapidement quand on est heureux, mais comme il s'étire quand on est malheureux ou que l'on souffre. Il me paraît important d'essayer de comprendre pourquoi le temps est si différent selon les circonstances.

Aristote déclara que le temps est « le critère permettant de mesurer le mouvement de toute chose dans l'Univers ». Si un train roule, sa position est différente en ce moment de ce qu'elle sera dans une seconde. Nous sommes capables d'évaluer son mouvement en unités de temps et de préciser sa vitesse en nombre de mètres parcourus par seconde, ou de kilomètres par heure.

Kant croyait que notre sens de l'espace et du temps était un élément inné de la conscience humaine. Je pense qu'il avait raison : ce sentiment ou cette aptitude des êtres humains nous conduit à ressentir le passage du temps et à inventer des moyens de le mesurer. Nous choisissons, en fait, un objet se mouvant d'une façon régulière, tel qu'un corps céleste ou un pendule, et nous nous servons de ses mouvements pour mesurer des segments de temps. Il serait difficile d'organiser nos journées, si nous ne l'évaluions pas. Il convient toutefois, si nous désirons comprendre sa réalité ultime, de prendre en considération non seulement le temps mesurable, mais encore notre sensation subjective.

Nous sommes enclins à considérer le temps et l'espace comme étant des entités séparées indépendantes l'une de l'autre, or tout ce que nous considérons comme existant bouge et se modifie au fil du temps. Le temps et l'espace forment ensemble le contexte de tout déplacement et de tout changement, qu'il s'agisse des mouvements du Cosmos, de la transformation de la matière, ou du cours de l'existence humaine. Il nous faut donc les envisager comme étant fondus en un. Nous pouvons en théorie concevoir le temps sans l'espace, ou vice versa, pourtant ces concepts n'ont pas la moindre valeur dans le monde physique.

L'une des raisons de l'importance du temps physique dans notre vie est qu'il s'accorde aux mouvements de l'Univers, et une partie considérable de notre vie quotidienne est gouvernée par le rythme de ces mouvements. Le changement des saisons affecte nos vies de façon appréciable, ainsi d'ailleurs que le passage des jours, des mois et des années. Bien que nous vivions tous dans le temps physique dont nous faisons partie intégrante, chaque être humain a sa notion propre du temps – nous pourrions peut-être parler de rythme – temporel.

Établissons une analogie avec les poissons dans la mer. Ils vivent dans l'eau salée et leurs fluides corporels renferment des composés salins ; ces derniers ne sont toutefois pas semblables à l'eau salée. Le sel que le poisson absorbe de son environnement est recomposé dans son organisme en une série de fluides nécessaires à sa vie. Les hommes vivent de même dans un contexte de temps physique et s'y accommodent dans une large mesure, consciemment ou inconsciemment, mais dans leur esprit des modifications temporelles ne correspondent pas nécessairement à des changements du temps physique.

### *Le temps subjectif*

Les scientifiques nomment biorythme le cours de la vie humaine par rapport au rythme de la nature. Il s'agit d'une sorte d'horloge innée, qui gouverne les mouvements périodiques dans notre corps. Il y a, bien entendu, toutes sortes de mouvements cycliques ou rythmiques dans la vie, des battements cardiaques au cycle de naissances et de morts. Certains sont directement liés aux mouvements de l'Univers, d'autres non. Le cycle du sommeil, qui est ajusté chez la plupart des gens à la journée de vingt-quatre heures, est un exemple de biorythme.

Notons que les bébés ne sont pas « accordés » à ce cycle de vingt-quatre heures. Ils s'endorment après avoir été nourris, qu'il fasse jour ou nuit. Le cycle de sommeil et de veille d'un nouveau-né compte, en général, sept phases par jour. À environ quatre mois, l'enfant est capable d'entendre et de distinguer la lumière de l'obscurité ; il en résulte qu'il s'adapte au modèle de l'adulte, mais cette évolution ne sera établie avec fermeté que lorsqu'il aura atteint l'âge de dix ans environ. Le modèle de la vie humaine consiste, d'une manière générale, à veiller pendant que brille le soleil et à dormir lorsqu'il s'est couché – exception faite bien évidemment des adultes qui ont un emploi du temps irrégulier en raison de leur activité professionnelle.

Selon un rapport écrit en 1960 par le docteur Theodor Hellbrügge de l'université de Munich, le rythme cardiaque d'un nouveau-né, c'est-à-dire les changements périodiques de ses battements de cœur, n'est pas identique à celui de sa mère. Le pouls de la mère est plus rapide durant la journée que durant la nuit – ce qui est normal pour un adulte –, mais celui du bébé demeure relativement stable durant les vingt-quatre heures de la journée. Le cœur du bébé commence à distinguer entre les heures lumineuses et les heures ténébreuses lorsqu'il a trois mois.

Chez les adultes, la température corporelle, l'activité rénale et la sécrétion d'hormones traduisent une augmentation durant la journée et une réduction pendant la nuit ; une variation qui n'apparaît chez les enfants qu'entre un et cinq ans.

Le biorythme inclut aussi des changements suivant un cycle annuel au lieu, ou en plus, d'un cycle quotidien. Ainsi, les modifications du pouls, de la température corporelle, de la pression sanguine, et de la sécrétion d'hormones suivent un cycle quotidien, mais également un cycle annuel. En règle générale, le pouls d'un individu est plus rapide en été qu'en hiver ; la température est plus élevée en été qu'en hiver. On a constaté qu'il existait même un rythme en matière de croissance des cheveux ; une étude révéla que la barbe d'un homme ne pousse que de 0,305 millimètre par jour en janvier, mais de 0,538 millimètre par jour en août. Ces modifications annuelles sont elles aussi absentes chez les bébés.

Bref, le flux de la vie dans le corps humain s'ajuste au rythme de la nature. C'est comme si la vie humaine était immergée dans un grand mouvement naturel, vibrant en harmonie avec l'Univers changeant.

Précisons pourtant que certaines modifications se produisant dans nos organismes ne sont pas explicables si l'on ne fait référence qu'à la nature. Nous sommes incapables de trouver le moindre lien entre le mouvement des corps célestes et le processus du vieillissement – si ce n'est que, plus longtemps tournent les corps célestes, plus nous vieillissons. La vieillesse humaine est néanmoins une notion toute relative ; certaines personnes sont vieilles à cinquante ans, d'autres sont jeunes à quatre-vingts.

Nous nous trouvons confrontés en l'occurrence à un processus irréversible, et non cyclique. Hélas, les cheveux qui sont devenus gris durant l'été ne retrouvent pas leur couleur initale l'hiver venu. Au fil des ans, le biorythme d'un être humain subit des changements. La pression sanguine, qui se modifie légèrement du jour à la nuit, et d'une saison à l'autre, tend progressivement à augmenter avec l'âge, alors que le pouls et la respiration sont plus élevés chez les enfants que chez les adultes. Ces phénomènes suggèrent que, en dépit du fait que le corps humain peut s'accorder au rythme du monde extérieur, chaque individu subit des modifications qui lui sont propres.

Il y a donc, en d'autres termes, un flux de vie dans le corps humain qui n'est pas relié au rythme du monde extérieur. Le rythme de vie propre à chaque personne rassemble les énergies de toutes les parties du corps et les unifie en une personnalité unique. Il me semble qu'on pourrait parler dans ce cas de rythme somatique d'une vie individuelle. Ce dernier se modifie au cours de la vie de la personne, et l'ampleur du changement varie en fonction de l'individu, mais je crois qu'il est permis d'affirmer que le rythme est plus rapide quand la personne est jeune et plus lent quand elle vieillit.

Certains scientifiques s'efforcent de mesurer le rythme somatique par rapport à ce qu'ils nomment le temps physiologique. Celui-ci se fonde sur les modifications corporelles subies par les êtres humains depuis le moment de leur conception jusqu'à l'instant de leur mort. Le corps humain est en mutation constante, mais les changements sont plus rapides chez les jeunes que chez les vieux. Il existe des différences mesurables dans la composition des fluides corporels entre la jeunesse et la vieillesse, et les blessures guérissent plus vite chez les jeunes gens que chez les personnes plus âgées. Une année physiologique de l'enfance peut être équivalente à dix années de la vieillesse, en termes de rapidité des changements corporels.

Il va de soi que la vie humaine ne se limite pas à cela, car nous incarnons le principe selon lequel le corps et l'esprit ne font qu'un, et par conséquent nous avons ce que nous pourrions nommer un temps psychologique, aussi bien qu'un temps physiologique. Une année a une substance plus grande pour un individu qui possède une vie spirituelle que pour une personne qui en est dépourvue. Le temps physiologique et le temps psychologique forment ensemble ce que nous avons qualifié de temps subjectif, mais il est important de prendre en considération la perception humaine. À cet égard, le temps psychologique est de beaucoup le plus important.

Goethe écrivit dans son journal : « Je pense que je dois mieux prendre soin de distinguer entre les bons jours et les mauvais jours étant donné qu'ils se produisent en moi. Les émotions, l'amour, le désir, la courtoisie, la créativité, l'activité, la fidélité, la joie, la vigueur, la fatigue, l'entêtement et la gentillesse semblent tous suivre un cycle qui leur est propre[13]. »

Voilà une remarque très judicieuse. Il y a des jours où nous sommes pleins d'énergie et de vitalité et d'autres où nous avons le sentiment d'être vidés de notre substance vitale, et ce quelles que soient les circonstances extérieures. Nous connaissons tous de temps à autre des passages à vide, dus ou non à une raison évidente. Nous sommes abattus pendant quelques jours et tout à coup, de manière inexplicable, les nuages semblent s'éloigner et tout rentre dans l'ordre. La fréquence de ces moments varie beaucoup d'un individu à l'autre, mais il est certain qu'il existe un rythme reconnaissable chez chacun d'entre nous.

Un groupe de scientifiques expliquent ce phénomène par rapport à ce qu'ils nomment le rythme PSI, P correspondant à l'état physique, S à la sensibilité et I à l'état intellectuel. Leur idée est que ces trois éléments subissent des changements cycliques. L'énergie physique culmine tous les vingt-trois jours, la sensibilité aux influences externes tous les vingt-huit jours, et la puissance intellectuelle, telle qu'indiquée par la force de la mémoire, culmine tous les trente-trois jours. Cette théorie est loin de faire l'unanimité, et il est en effet permis de se demander si les rythmes physique et spirituel d'un être humain peuvent être mesurés en fonction d'un nombre précis de jours et de semaines. Notre intention n'est pas pour autant de nier l'existence d'un mouvement rythmique dans le fonctionnement de l'esprit et de l'âme, aussi bien que dans celui du corps.

Il y a des points culminants dans notre rythme somatique, lorsque les mouvements physiques au sein de notre organisme sont plus rapides ; de même il existe des points culminants dans nos rythmes spirituel et psychologique, lorsque nous comprenons les choses plus clairement et les ressentons plus profondément. Il importe de se souvenir que notre rythme de vie est affecté par notre expérience et par notre environnement. Nous sommes merveilleusement bien à un moment, et l'instant d'après une nouvelle terrible nous plonge dans le désespoir. L'inverse est également vrai, une expérience agréable peut stimuler et accélérer le rythme vital. Les expériences que nous assimilons dans notre moi

13. Johann W. von Goethe, *Johann Wolfang von Goethe Gedlichte*, Reclan, p. 222.

intérieur réémergent sous la forme de notre rythme vital. Celui-ci dépend donc dans une grande mesure du type d'expériences que nous vivons et que nous assimilons en nous. Il en est qui ajoutent substance à notre vie, et d'autres qui sapent notre énergie vitale.

Certains psychologues parlent de temps substantiel et de temps vide. En général, le temps substantiel est celui consacré à des activités passionnantes, celui durant lequel notre esprit est occupé par quelque chose d'intéressant, celui où nous jouons un rôle actif et créatif dans notre environnement[14]. Le temps vide est celui qui s'écoule dans l'ennui, dans l'inactivité, dans la tristesse et dans la douleur. Le temps substantiel nous donne un sentiment de plénitude. Il n'en va pas de même du temps vide.

On pourrait dire, en un sens, que le temps substantiel passe rapidement, alors que le temps vide n'en finit pas de passer, mais je crois que ce serait une simplification exagérée. Cela constitue un point clé de mon concept du temps, et j'aimerais le développer un peu plus. Nous disons parfois : « J'étais tellement absorbé par ce que je faisais, que je n'ai pas vu le temps passer. » Ce qui se produit en fait dans de telles circonstances est simple : une quantité importante d'activité vitale est comprimée dans un laps de temps comparativement court. L'horloge indique qu'il ne s'est écoulé qu'une heure, mais durant cet intervalle vous en avez peut-être vécu dix en termes de rythme vital. En revanche, si vous avez investi une faible quantité d'activité dans la même heure physique, elle vous paraîtra interminable. Ce que nous ressentons en fait c'est le flux de notre énergie vitale. Lorsqu'il s'écoule rapidement, le temps physique semble court, mais, lorsqu'il s'écoule lentement, le temps physique paraît long. Si nous essayons de réagir lorsque nous éprouvons du chagrin, le temps passera plus vite que si nous demeurons passifs. Bref, que le flux vital soit actif ou passif est un facteur déterminant de notre appréhension psychologique du temps.

Du point de vue psychiatrique, une heure semblera durer une éternité si vous êtes handicapé par un choc, le chagrin ou le doute. Un médecin évoqua le cas d'un de ses patients souffrant d'une dépression profonde qui était convaincu qu'il l'avait obligé à patienter six mois, alors que son attente avait duré cinq minutes. Un autre patient annonça sérieusement au médecin que sa mère malade devait vivre deux mille ans d'angoisse et de torture.

Les drogues ont parfois un effet similaire sur les gens. Une personne fit ce rapport après avoir absorbé de la mescaline : « L'aiguille des minutes

---

14. Le cerveau est alors en état de *flow* (flux) selon le concept élaboré par le psychologue Mihaly Csikszentmihalyi en 1990.

de ma montre semblait quasiment immobile. J'avais le sentiment qu'une nuit était une éternité que jamais personne auparavant n'avait connue. » N'est-ce pas précisément cela que nous nommons l'enfer – un état dans lequel nous avons perdu notre force vitale intérieure, et dans lequel notre flux vital s'est arrêté ? Quelle tristesse que tant de jeunes soient aujourd'hui prisonniers de cet enfer, alors que, si leur flux vital était actif et sain, ils pourraient espérer demeurer jeunes d'âme et d'esprit, même à un âge avancé !

## *Une éternité en un instant*

J'aimerais me concentrer, à ce stade, sur une autre question fondamentale, la relation entre passé, présent et avenir.

De tout temps, les philosophes ont comparé le cours du temps au flux d'un fleuve. Ainsi Héraclite en Occident est-il connu pour sa théorie selon laquelle toute chose est en flux constant. En Orient, on considère que le terme bouddhique pour transmigration, qui est *samsara* en sanscrit, signifiait autrefois le flux de l'eau. Les hommes parlent, par analogie avec l'eau, du cours du temps, bien qu'il faille noter que, dans la théorie d'Héraclite ainsi que dans la théorie bouddhique de la transmigration, le « flux » se rapporte à « toutes les choses de l'Univers » plutôt qu'au temps. Pourtant, le contexte du flux des choses est formé par le temps et par l'espace, et il est permis de dire que ces idées présupposent un cours du temps.

Nous en arrivons, en observant le changement, au concept du passé, du présent et de l'avenir. Si nous adoptons la métaphore du fleuve, l'avenir coule constamment dans le présent, qui devient aussitôt passé. Le passé s'étend en aval, et l'avenir vient de l'amont. Le présent n'est que passager. D'aucuns pourraient être tentés de le comparer à un point géométrique, c'est-à-dire à une position qui n'occupe pas d'espace et qui n'a pas de masse. Je ne crois pas que cette analogie soit valable, car un point géométrique est dépourvu de substance, alors que l'instant présent est rempli de substance. En fait, en y réfléchissant, cet instant de notre vie renferme tous les souvenirs du passé, qu'ils soient de nature spirituelle ou purement physique. Qui plus est, cet instant renferme tous les espoirs, toutes les attentes, tous les désirs et toutes les potentialités de l'avenir. Notre corps contient à chaque instant toute l'information physiologique qui lui sera utile à l'avenir.

Le philosophe japonais, Seiichi Hatano, a écrit un livre intitulé *Temps et Éternité* (1943) dans lequel il dit : « Le présent n'est nullement équivalent à un simple point. Il a une durée finie et une structure interne fixe[15]. » Peut-être n'est-ce pas tout à fait exact, mais c'est un pas dans la bonne direction, parce qu'un simple moment a bel et bien une structure interne. Je ne prétends pas toutefois qu'il s'agisse d'une structure spatiale.

Les psychologues disent que toutes nos expériences, aussi bénignes ou insignifiantes soient-elles, sont contenues quelque part dans notre mémoire. Celles d'ordre physique sont gravées dans nos cellules et dans nos organes. Celles d'ordre spirituel, et j'y inclus tous les souvenirs de sentiments tant conscients qu'inconscients, sont emmagasinées dans le cerveau. Les physiologistes du cerveau ont identifié les régions impliquées dans ce processus comme étant le lobe temporal et les hippocampes du vieux cortex. Notre vocabulaire, notre savoir et nos pensées se situent dans le lobe temporal ; les expériences émotionnelles telles que la joie, la peur et le chagrin occupent les hippocampes. Ces réservoirs de la mémoire absorbent toutes les impulsions qui les atteignent, tout comme un buvard absorbe l'encre.

Nous entendons souvent dire qu'un homme sur le point de mourir voit sa vie défiler devant ses yeux d'une manière kaléidoscopique. Il se peut très bien que cela se passe ainsi ; il se peut que les portes des réservoirs de la mémoire s'ouvrent soudain lorsque la personne est confrontée à sa mort, et que leur contenu envahisse le niveau conscient.

J'ai évoqué précédemment la présence chez les êtres humains d'un centre de mémoire intérieur dans lequel l'ensemble de l'expérience de l'humanité, couvrant une période d'un million d'années, est renfermé. Je suppose que cette mémoire remonte encore plus loin dans le temps, à l'époque des primates dont l'être humain descend, voire à celle des amibiens. Il paraît concevable que notre instinct de faim remonte aux amibes, car elles aussi éprouvent une forme de faim. Si une substance nourricière passe à sa portée, l'amibe la sent et s'en approche pour la manger. Notre présent momentané pourrait très bien renfermer, sous la forme de mémoire, toute l'histoire de la Terre. Plus nous considérons un moment de notre présent, plus il devient riche en termes d'héritage du passé.

Le présent est relié non seulement au passé, mais encore à l'avenir. Ainsi que nous l'avons dit dans notre discussion sur la notion de *kū*, notre corps compte plusieurs milliards de molécules d'ADN véhiculant l'information dont nous avons besoin pour vivre. Nous n'utilisons qu'une quantité relativement faible de cette information au cours

15. Seiichi Hatano, *Toki to Eien*, Iwanami Shoten, 1943, p. 23.

de notre existence, il en découle que nous renfermons une quantité importante d'information qui, non exprimée, demeure dans un état de potentialité. Cela suggère, d'un point de vue positiviste, que nous avons en ce moment des potentiels inimaginables pour l'avenir.

Le présent éphémère crée et développe en permanence des voies dans l'avenir, il est donc absurde de sous-estimer le potentiel inhérent à l'instant présent. Cela me fait penser à ce que l'on a nommé le « miracle de Louis Pasteur ». Tout le monde connaît les prodigieuses découvertes de Pasteur qui contribuèrent tant au bien-être de l'humanité, mais rares sont ceux qui savent qu'il réalisa la majeure partie de son œuvre après avoir eu une attaque à l'âge de quarante-six ans, qui le laissa à moitié paralysé. Le gouvernement français, considérant alors que son état était désespéré, arrêta la construction d'un institut de recherche qu'il devait diriger. Cette nouvelle eut pour effet d'aggraver la maladie de Pasteur, mais l'un de ses amis réussit à convaincre les autorités de poursuivre les travaux, et la santé de Pasteur s'améliora. Il continua ses travaux brillants pendant vingt-sept ans, obtenant des résultats qui auraient peut-être dû attendre plusieurs décennies avant de voir le jour s'il avait laissé la maladie le plonger dans le désespoir. Sa capacité à voir au-delà du présent permit ce qui semblait être une impossibilité médicale.

Nos espoirs, nos désirs et nos ambitions sont des forces puissantes qui existent en nous pour la manipulation de l'avenir. Ce sont les forces génératrices qui créent le futur. Perdre espoir ou renoncer à ses objectifs à cause des déboires du moment revient à réduire son propre potentiel de vie.

Le docteur Viktor E. Frankl, professeur de neurologie à l'université de Vienne, fut l'un des nombreux Juifs que les Allemands envoyèrent au camp de concentration d'Auschwitz. Le docteur Frankl écrivit plus tard un livre[16] dans lequel on trouve la phrase suivante : « Chaque homme qui était incapable de croire en son propre avenir était destiné à périr dans ce camp. N'ayant pas de futur, il n'avait rien à quoi s'accrocher et il s'effondrait en lui-même, sombrant toujours plus profondément, sur le plan tant physique que spirituel. »

Il ne fait aucun doute que la confiance du docteur Frankl en son avenir lui permit de survivre, car les espoirs, les rêves, la foi et le sentiment d'avoir une mission à remplir sont des forces qui nous aident à dégager notre futur. Ce sont nos soutiens internes et la manifestation de notre flux vital puissant. Ce dernier renferme en ce moment même toutes les

---

16. Viktor E. Frankl, *Nacht und Nebel: Ein Psycholog das K. Z.*, Verlag für Jugend und Volk, 1947.

expériences du passé et les potentialités infinies de l'avenir. La vie de cet instant présent est une force qui fait appel à la mémoire de tous les événements passés et qui déploie le futur avec espoir. La vie du passé est concentrée en ce moment, qui est le fondement de l'avenir. Il n'est donc pas permis de prétendre que le présent existe de manière indépendante du passé et du futur. Il n'existe pas non plus de passé ou d'avenir qui ne soit concentré dans ce présent momentané.

Dans son ouvrage *Les enseignements oraux*, Nichiren Daishonin consacre un passage au terme japonais *irai*, qui signifie en général soit « à partir de maintenant » ou « à partir d'alors ». Voici ce qu'il en dit : « *I*, littéralement "déjà", signifie le passé, et *rai*, littéralement "venir", signifie le futur. *Irai* inclut le moment présent. » Le sens de cet extrait est clair : le moment présent comprend le passé et l'avenir, il est en outre le lien de continuité nécessaire entre eux.

Plus nous pénétrons dans nos vies intérieures, plus le passé et le futur nous apparaissent inhérents au présent. Lorsque nous déplaçons notre regard de la surface vers quelque point situé plus profondément en nous, nous voyons le cours de la vie s'élargir, devenir plus abondant et se gonfler en une grande marée. La source ultime de ce cours embrasse la vie de toute l'humanité, la formation de la Terre et les pulsations infinies de l'Univers. C'est la source de la vie universelle. Le cours de la vie s'écoulant de cette source, il se divise pour donner nos vies individuelles. La Loi merveilleuse est identique à la source de tout flux vital.

La Loi merveilleuse contient toute vie du passé infini et toute vie du futur éternel. Les classifications phénoménales de passé, présent et avenir n'existent pas au sein de la Loi merveilleuse. Passé et avenir se fondent avec le présent momentané en une grande unité. L'éternité est une succession de présents éphémères ; la Loi merveilleuse est tout à la fois momentanée et éternelle.

Nichiren Daishonin écrivit : « Bien que nous parlions du passé, du présent et de l'avenir comme de trois entités, ils sont en réalité indivisibles parce qu'ils appartiennent à l'essence ultime de chaque instant de vie. » Il nous faut interpréter ici 1'« essence ultime de chaque instant de vie » comme étant la Loi merveilleuse même.

Selon la théorie du temps de Bergson, la division entre passé, présent et avenir est le produit de la conscience humaine. Cette idée me paraît proche de la conception bouddhique. Bergson considérait que la véritable nature de la conscience est en flux, et il parlait de « temps mouvant ». Le temps perçu d'un point de vue physique, objectif est le temps passé. En revanche, le « temps mouvant » est le flux de la conscience ou de la vie même. Il n'est pas, sur un plan essentiel, de distinction entre passé, présent et avenir, ceux-ci étant créés par le flux de la conscience. L'inséparable devient séparé dans notre esprit.

En conséquence, l'Univers, y compris la nature, est une entité vitale cosmique, créée par un flux vital cosmique. Si notre flux vital individuel est fort, nous répondons de manière active à la nature, en ce sens que nous possédons une force vitale qui est en harmonie totale avec le fonctionnement de la nature.

Il est probable que les animaux et les êtres vivants inférieurs possèdent leur temps propre, au même titre que les êtres humains, mais ces derniers sont les seuls à avoir un flux vital aussi riche. Seuls les humains sont à même de transcender l'état d'harmonie avec le rythme de la nature et de créer des courants nouveaux et divers dans le domaine de l'esprit et de l'âme.

Hélas ! il semble que, dans leur vie quotidienne, les individus n'expriment pas de manière satisfaisante le flux vital dont ils ont été dotés. Ils ont tendance, par leur conduite, à l'affaiblir et à l'endiguer. Nous possédons le potentiel de ressentir et d'apprécier un flux de temps subjectif fort et rapide, mais trop souvent nous nous refusons ce privilège.

Il est capital que dans notre vie quotidienne nous puisions dans ce flux vital pour renforcer notre vie et enrichir chaque instant du présent. Nos vies seraient infiniment plus prospères si nous utilisions le trésor infini que renferme chaque moment de la vie. Nous devons, pour y parvenir, ouvrir les réserves de notre mémoire et y puiser sans hésiter.

Je suis convaincu que la clé de ces réserves se situe dans la pratique du bouddhisme. Grâce à la foi et à une conduite adéquate, l'être humain est capable de faire revivre le passé infini emmagasiné dans chaque moment du présent. Ce passé transcende, ainsi que nous l'avons déjà vu, notre expérience personnelle. Il remonte à l'origine de toute chose.

Il ne faut pas oublier que, même si le trésor infini est évoqué, c'est l'individu qui doit l'utiliser pour se construire une vie épanouie et créative. La raison d'être de tous les êtres humains réside dans la cristallisation et l'utilisation du passé au bénéfice du futur. L'avenir contient, il me semble, des possibilités infinies, mais je ne puis m'empêcher d'avoir le sentiment que les êtres humains s'emploient toujours à réduire l'étendue et le champ de ces possibilités. Nous devons nous souvenir qu'une vision pessimiste, désespérée, résignée de l'avenir risque d'engendrer un futur sombre, alors que l'espoir, la détermination et l'optimisme contribuent, avec l'aide du trésor infini qu'est le passé, à ouvrir un avenir d'une luminosité infinie. Gardons également présent à l'esprit le fait que le futur ouvert par le passé et le présent devient le présent pour un instant avant d'être passé à son tour, mais, en s'écoulant dans le passé, ce futur n'est pas perdu pour autant. Bien au contraire, il fait maintenant partie du passé et, en union avec un nouveau moment présent, il œuvrera lui aussi à créer un nouvel avenir.

Les personnes qui ont détermination et espoir utilisent le passé et l'avenir pour enrichir le présent momentané, accélérant ainsi en eux le cours de la vie. En d'autres termes, un passé riche et un présent riche assurent un avenir riche ; un présent riche et un avenir riche garantissent un passé riche. Le cercle continue indéfiniment, et son point de départ est l'instant unique de la vie que nous nommons présent. Si nous vivons chaque moment présent de manière significative, le passé infini et le futur infini enrichiront notre vie d'un flux constant de force vitale. Un moment de notre vie deviendra une manifestation de la Loi merveilleuse, qui inclut l'ensemble du temps, et en ce sens ce moment unique devient lui-même éternité, notre flux vital se fondant immanquablement à celui du Cosmos.

Le facteur nécessaire est toutefois la détermination ! Une détermination faite d'espoir et d'optimisme, une détermination aussi vaste que le Cosmos et aussi longue que le temps, une détermination à suivre le fonctionnement et les principes fondamentaux de l'Univers. Nous devons, dans un sens concret, avoir la volonté de réaliser la paix éternelle et la prospérité pour l'humanité et pour toute chose. Nous devons être décidés à éliminer la souffrance et la misère. Nous devons être conscients de la mission consistant à vivre et laisser les autres vivre en tant qu'êtres humains véritables et uniques.

Nos vies se fondent dans le passé, mais nous ne devons pas vivre dans le passé. Nous ne devons pas non plus laisser notre enthousiasme pour le futur nous faire perdre de vue le présent. Nous devons nous fixer un objectif élevé pour l'avenir tout en vivant chaque moment de manière à en retirer son potentiel maximal.

**CHAPITRE 5**

# L'essence du Cosmos

### *Les concepts de l'Univers*

Nous venons de discuter du temps, considérons maintenant l'espace qui est plus simple à visualiser puisqu'il nous entoure constamment et n'implique pas de concepts aussi complexes que le passé, le présent et l'avenir. L'espace est relié aux choses que nous pouvons voir et toucher, aussi les êtres humains ont-ils commencé à l'étudier relativement tôt. Nous n'en voulons pour preuve que le développement de la géométrie par les Anciens.

L'Univers, envisagé comme étant la totalité de l'espace, est un concept qui remonte presque à l'origine de l'humanité. Chaque civilisation élabora des théories relatives à sa forme et à sa substance, qui furent intégrées à leur philosophie et à leur mode de vie. Dans un souci de sonder l'inconnu, l'être humain développa la science de l'astronomie bien avant d'être capable de voler dans les airs. Aujourd'hui, les télescopes géants, les fusées, les sondes lunaires et interplanétaires nous ont permis de dévoiler petit à petit maints secrets de l'Univers – et de découvrir de nouveaux mystères jusqu'alors insoupçonnés.

Le grand tournant dans l'histoire de la cosmologie fut, en Occident, l'élaboration de la théorie héliocentrique, suggérée par Copernic et confirmée par Galilée. L'idée selon laquelle la Terre n'était pas le centre de l'Univers eut des répercussions révolutionnaires en philosophie et en théologie, ainsi qu'en astronomie et en physique. L'importance de la découverte de Copernic n'a été égalée, à l'époque moderne, que par l'hypothèse d'un univers en expansion.

Même Einstein accepta pendant un certain temps l'idée d'un cosmos statique, mais il fut contraint de réviser sa position à la suite de la démonstration par Edwin Powell Hubble (1889-1953) du décalage vers le rouge. Hubble constata que plus la distance d'une nébuleuse à la Terre augmentait, plus le spectre lumineux de la nébuleuse devenait rouge. Il émit l'hypothèse, pour expliquer ce phénomène, que les nébuleuses s'éloignaient de la Terre à une vitesse telle que l'effet Doppler provoquait un allongement des ondes lumineuses en émanant, rendant donc leurs spectres plus rouges. Hubble suggéra que la vitesse de déplacement des nébuleuses pouvait être calculée en mesurant l'étendue du décalage vers le rouge.

L'effet Doppler, tel qu'énoncé à l'origine, explique pourquoi le son d'objets s'approchant est plus aigu et celui d'objets s'éloignant plus grave que lorsque la source est stationnaire. On ne voit pas pourquoi le même principe ne s'appliquerait pas également aux ondes lumineuses, et il est vrai que, sans faire référence à l'effet Doppler, il est difficile d'expliquer pour quelle raison le spectre des nébuleuses deviendrait plus rouge au fur et à mesure que leur distance par rapport à la Terre augmente.

Le point important de cette démonstration est que les galaxies, dont on a cru pendant longtemps qu'elles étaient sagement immobiles dans le ciel, s'éloignent en fait les unes des autres à une vitesse prodigieuse. La conséquence logique de cet état de fait est que l'Univers est en expansion. Cette idée engendra deux des théories cosmologiques les plus couramment acceptées de nos jours. Selon l'une, il suffit de suivre cette progression en sens inverse pour conclure qu'à une époque lointaine l'ensemble de l'Univers devait être concentré en une boule infime, renfermant toute la matière et toute l'énergie existantes. Cette boule explosa pour l'une ou l'autre raison, et entama une expansion qui se poursuit aujourd'hui. Selon l'autre théorie, celle de l'état stable, l'expansion démontrable de l'Univers est contrée par la création continue de matière nouvelle sous la forme d'atomes d'hydrogène.

Les partisans de la théorie du Big Bang affirment que l'Univers explosa il y a quelque 13,8 milliards d'années, et que tous ses éléments fondamentaux prirent forme durant les trente premières minutes. Ils sont toutefois incapables de préciser ce qui existait avant cette explosion et ce qui la provoqua. Il n'est pas impossible que la théorie plus récente de l'oscillation fournisse réponse à ces questions. Ses adeptes croient que la vitesse d'expansion se réduira progressivement, et qu'une contraction finira par s'amorcer aux limites extérieures de l'Univers. Celle-ci se poursuivra jusqu'à ce que l'Univers, de nouveau concentré dans une boule minuscule, explose et que le processus se répète. Le problème posé par cette théorie d'une expansion et d'une contraction rythmiques tient au fait que nous ne possédons aucune preuve qu'une contraction se soit amorcée.

La théorie de l'état stable, pour sa part, n'est pas aussi largement acceptée parce que l'idée de la création infinie de matière nouvelle est contraire à toutes les notions traditionnelles de physique. Elle me paraît pourtant intéressante. Le concept fondamental implique une création continue de matière nouvelle, qui se répand en ondes de sorte que l'Univers s'étend sans pour autant modifier sa consistance essentielle. Il n'est ni commencement ni fin. Voici une idée qui coïncide merveilleusement avec la philosophie bouddhique.

Il va de soi que la théorie de l'évolution pas plus que celle de l'état stable ne peuvent être démontrées. On a cru pendant un temps que les observations empiriques rendaient indéfendable la théorie de l'état stable, mais aujourd'hui cela semble moins évident. Moins évidents également les calculs sur lesquels se fonde la théorie de l'évolution.

Les étoiles les plus éloignées que nous connaissions se situent à 13,8 milliards d'années-lumière de nous ; nous les observons en conséquence telles qu'elles étaient il y a 13,8 milliards d'années. Peut-être existe-t-il des étoiles encore plus lointaines et qui s'éloignent à une vitesse approchant celle de la lumière. Il se révélera peut-être, et même certainement, impossible de jamais les étudier. Tout ce que nous pouvons dire de l'Univers physique est que, à notre connaissance, il a un diamètre de quelque 13,8 milliards d'années-lumière et qu'il est âgé de quelque 13,8 milliards d'années. Ce sont des chiffres énormes, mais au moins sont-ils finis ; ils constituent les limites physiques de la cosmologie de notre époque. Au-delà de ces limites, nous ne pouvons nous fier qu'à notre imagination. Il se pourrait même, ainsi que je l'ai déjà dit, que notre cosmos ne soit qu'une partie d'un super-cosmos beaucoup plus vaste, ou encore qu'il existe un cosmos voisin composé entièrement d'antimatière. En fait, nous ne connaissons les limites que de ce que nous percevons et non de ce qui peut exister. Voilà qui nous rappelle l'idée du bouddhisme selon laquelle le Cosmos est infini.

Lorsque les philosophes bouddhistes du passé parlaient des dimensions de l'Univers, ils n'utilisaient pas le mot « infini », mais énonçaient des nombres aussi impressionnants que ceux des astronomes modernes. C'est ainsi que nous avons le fameux concept des « trois mille systèmes de mondes majeurs ». Une explication complète nous entraînerait dans une digression trop longue, précisons toutefois que chaque monde serait formé d'un soleil, d'une lune, d'une terre, et de six planètes. Mille (d'aucuns disent dix mille) de ces mondes forment un « système de mondes mineur ». Un millier de « systèmes de mondes mineurs » forment un « système de mondes intermédiaire » et un millier de ces derniers constituent un « système de mondes majeur » ou « trois mille systèmes de mondes majeurs ». Dans le XVIe chapitre du du Sûtra du Lotus, « Durée de la vie de l'Ainsi-venu », il est fait mention de $5 \times 10^2 \times 10^3 \times 10^4 \times 10^5 \times 10^{12} \times 10^{52}$ trois mille systèmes de mondes majeurs.

L'idée exprimée est en accord avec la théorie astronomique actuelle. Un monde correspond à une étoile unique, telle que le Soleil et ses satellites, alors qu'un système de mondes mineur correspond à la Galaxie ; un système de mondes intermédiaire à une Nébuleuse galactique, et un système de mondes majeur à l'ensemble du Cosmos. Plus importante encore est l'hypothèse implicite que l'Univers n'est pas chaotique, mais ordonné. Un monde est une unité dans une entité plus vaste, qui est elle-même une unité dans une entité encore plus vaste, etc. Cette vision s'accorde d'une manière générale avec ce que les scientifiques nous disent aujourd'hui de la composition de l'Univers. Que le concept bouddhique ne s'appuie pas ou peu sur un fondement scientifique n'enlève rien au fait qu'il offre une démonstration exceptionnelle d'intuition.

Il est intéressant aussi de noter le contraste qu'il présente par rapport au géocentrisme puissant de la majorité de la philosophie occidentale, car le bouddhisme a de tout temps considéré que la Terre n'était qu'un monde parmi d'autres. Nous trouvons un exemple de cette vérité dans le concept du « Pays du Bouddha des dix directions », qui implique tout simplement un très grand nombre de terres du Bouddha. L'implication ne porte pas seulement sur l'existence d'une multitude de mondes semblables au nôtre, peuplés d'êtres sensibles, mais encore sur le fait qu'ils s'étendent dans un espace tridimensionnel, les « dix directions » étant les huit points d'une boussole ordinaire (nord, nord-est, est, etc.), plus le haut et le bas. Un passage du Sûtra des Rois bienveillants est clair à ce propos : « Sache, Ô Roi, que j'existe dans dix milliards de mondes avec dix milliards de soleils et de lunes, et que dans chaque monde il y a un mont Sumeru entouré de quatre continents. »

Il importe de préciser que tous ces mondes et pays du Bouddha sont considérés comme traversant constamment les phases de naissance, de maturation, de destruction et de latence. Selon le concept global, un univers infini est formé de parties ordonnées, infinies, toutes dans un état de changement rythmique. On a presque le sentiment que les philosophes bouddhistes avaient anticipé la science de notre époque.

Il ne faut pas beaucoup d'imagination pour concevoir que les étoiles sont des lumières éternelles dans un ciel par ailleurs vide, mais il est remarquable qu'à une ère préscientifique les philosophes bouddhistes considéraient qu'elles naissaient, mûrissaient, déclinaient, puis passaient dans un état de vide. Le vide, il importe de le préciser, est *kū*, et il n'implique pas une annihilation brutale, mais l'extinction du point de vue phénoménal. L'ensemble du processus, y compris *kū*, est une manifestation de la Loi cosmique.

Revenons plus près de nous. Les scientifiques s'accordent aujourd'hui pour dire que la Terre est dans sa phase de maturité et qu'elle est relativement stable. Ils reconnaissent également le fait que le Soleil explosera en définitive, entraînant la Terre dans la mort. Des phénomènes semblables adviendront même au niveau galactique. Il me paraît significatif que le bouddhisme considère que de telles modifications cataclysmiques sont inhérentes à la Loi cosmique.

Il affirme que le Cosmos lui-même est la Loi, c'est ce qui le distingue le plus des autres religions, en particulier des religions judéo-chrétiennes. Ce concept est en effet très différent de celui postulant une déité absolue qui crée et domine la Loi ; les différences entre ces deux types de religions apparaissent de manière évidente dans leurs théories cosmologiques.

Il me paraît intéressant de mentionner, en rapport avec ce qui vient d'être dit de la destruction de la Terre, un passage dans lequel Nichiren Daishonin parle du « monde » comme du « pays pur éternel, inaccessible aux trois calamités et aux quatre phases du changement ». Cela semble en désaccord avec l'idée d'un cycle de vie de la Terre, mais le passage en question ne se réfère pas à celle-ci, mais à la Loi merveilleuse, inhérente à l'existence de la Terre. Cette planète peut connaître la catastrophe et la destruction physiques, mais la Loi merveilleuse continue à opérer à travers l'ensemble de l'Univers.

Maintes personnes se sont interrogées afin de savoir en quoi des êtres intelligents qui vivraient dans d'autres mondes de notre univers ressembleraient aux êtres humains ou en différeraient. La plupart des personnes qui croient en l'existence de tels mondes pensent que les créatures les peuplant pourraient très bien avoir développé des sciences naturelles et des mathématiques à l'instar des humains, mais avoir des systèmes politique, économique, artistique et social entièrement différents des nôtres. Je me demande, quant à moi, si nous ne découvririons pas que ces êtres ont également élaboré ou élaborent en ce moment même une philosophie semblable au bouddhisme, qui accorde la priorité à la vie.

Je ne doute pas le moins du monde que le bouddhisme soit une philosophie totalement universelle, applicable dans les autres mondes aussi bien que dans le nôtre. Je suis même convaincu que le bouddhisme doit être complètement universel, et qu'en définitive tous les êtres, où qu'ils soient, le découvriront. Du point de vue pratique, notre objectif à ce stade consiste à trouver les moyens de créer sur cette planète la société paisible prônée par la philosophie et par la religion bouddhiques.

### *L'espace subjectif*

Il est fréquent que des auteurs fassent référence au concept de l'homme-roseau pensant de Pascal, mais beaucoup plus rares sont ceux qui savent dans quel contexte cette idée fut exprimée. Elle se rencontre en fait dans les sections 347 et 348 des *Pensées* :

> « 347. L'homme n'est qu'un roseau, le plus faible de la nature ; mais c'est un roseau pensant. Il ne faut pas que l'Univers entier s'arme pour l'écraser : une vapeur, une goutte d'eau, suffit pour le tuer. Mais, quand l'Univers l'écraserait, l'homme serait encore plus noble que ce qui le tue, puisqu'il sait qu'il meurt, et l'avantage que l'Univers a sur lui, l'Univers n'en sait rien...
>
> « 348. Roseau pensant. Ce n'est point de l'espace que je dois chercher ma dignité, mais du règlement de ma pensée. Je n'aurai pas davantage en possédant des terres : par l'espace, l'Univers me comprend et m'engloutit comme un point ; par la pensée, je le comprends[17]. »

Pascal insiste sur l'insignifiance de l'être humain comparé avec l'Univers, il n'en affirme pas moins que, grâce à la pensée, l'être humain est capable de saisir et d'absorber l'Univers. Cette idée est à la fois bien formulée et profonde.

Nous envisageons habituellement l'espace occupé par le corps humain comme étant limité au contenu de notre peau, mais le célèbre anthropologue américain Edward T. Hall a fait remarquer que les limites spatiales du moi s'étendaient au-delà du corps, parce que nous avons tous besoin d'une certaine quantité d'espace dans laquelle vivre. Voilà qui est sensé. Il ne nous est pas possible de parler avec quelqu'un à moins de disposer d'un certain espace, en outre certaines de nos fonctions sensorielles ne fonctionnent valablement que si elles disposent d'espace. Ainsi, même dans un sens purement physiologique, l'espace nécessaire au corps humain est plus important que celui occupé en fait par ce dernier.

Hall parle d'espace visuel et d'espace auditif. Nos yeux étant, en général, notre organe sensoriel le plus sensible, nous avons tendance à nous fier à l'espace visuel pour déterminer notre maintien. Les chiens, en revanche, se fient dans une large mesure à leur sens olfactif. Pour les

---

17. Blaise Pascal, *Pensées*, Hachette, Paris, 1950, p. 126.

animaux aussi bien que pour les humains, l'étendue de l'espace ressenti diffère en fonction de l'organe sensoriel particulier utilisé. L'espace visuel est le plus vaste, chez les êtres humains, vient ensuite l'espace auditif. Les limites spatiales dans lesquelles nous pouvons sentir les choses avec notre nez ou notre peau sont considérablement limitées.

Nous devons également envisager l'espace requis par rapport à nos activités ou à notre conscience de ce que nous faisons – l'espace tel que la maison, le bureau, la classe, etc. Nous aurions peut-être avantage à classer cela dans une catégorie séparée que nous nommerions espace vital, étant donné que, bien qu'étant relié à notre espace sensoriel, il a une identité propre.

Plus nous envisageons la question sous cet angle, plus il devient évident que l'espace occupé par nos vies est de beaucoup supérieur à celui occupé par nos corps, et cet espace de vie s'étend en proportion de nos mouvements et de nos activités. Au-delà, l'espace qui peut être envisagé par l'esprit et par l'âme est en principe illimité.

Outre cette sphère physique d'action, chaque individu dispose de divers mondes conçus par l'esprit. Nous créons des mondes qui nous sont propres dans nos activités professionnelles, dans nos études, dans nos passe-temps, et nous en engendrons d'autres dans nos relations avec autrui. Nous élaborons un monde d'amitié par nos discussions ou par la pratique du sport ; un monde de beauté par notre appréciation de la nature ; des mondes de foi par notre passion pour la religion, la philosophie et la poésie.

Il y a, hélas ! trop d'individus dont les mondes sont des étendues désolées ne contenant qu'ambition, jalousie ou mégalomanie. De même que les visages des êtres humains diffèrent les uns des autres, l'étendue et le contenu de leur espace spirituel, c'est-à-dire de leur espace vital, diffèrent. L'espace vital de chacun est le reflet de son moi. Exception faite des schizophrènes, chaque personne amalgame ses divers espaces physique et spirituel en un monde unifié, qui représente pour elle l'étendue de l'espace en quelque sens que ce soit. Lorsque le monde spirituel est bien intégré au moi, la vie et l'espace vital deviennent assez libres et substantiels pour exercer un effet sur le monde extérieur. L'espace vital s'élargissant, le pouvoir de penser et d'agir de l'individu connaît la même évolution, et lui-même une vie plus épanouissante.

Le moi, voyant de plus en plus de choses, se réjouit de l'étendue plus vaste qui s'ouvre autour de lui ainsi que des nouvelles significations et des nouvelles dimensions qui s'ajoutent au domaine de sa vie. Il recherche alors, le cœur joyeux et léger, sa propre voie vers la perfection.

Dans un espace vital en expansion constante se trouve un futur brillant que l'on peut contempler avec espoir et confiance. Cet espace s'étend au-delà du moi pour enrichir la vie d'autrui, pour inspirer l'amour familial, pour créer un environnement social plus riche. Il se développe en un amour de l'humanité, une sympathie pour tout être vivant et une unité avec le Cosmos.

En élargissant notre espace spirituel, nous augmentons notre force vitale et nous contribuons à nous sentir léger sur le plan tant du corps que de l'esprit. L'énergie se communique à toutes les parties du corps, quand la vie est pleine de vitalité, et l'on cesse de ressentir le poids de la chair. Les changements se déroulant dans l'esprit se reflètent d'une manière mystérieuse dans le corps, en raison de l'unité des éléments physique et spirituel. Le corps se sent libre de se déplacer ainsi qu'il l'entend, avec joie et légèreté, quand l'esprit dispose d'un espace spirituel ample.

### *L'espace-temps*

Depuis l'époque de Sir Isaac Newton, les êtres humains s'imaginaient qu'une pomme tombait à cause de l'attraction de la gravité terrestre. Les scientifiques nous ont appris il y a quelques décennies que c'était en fait en raison de la courbure de l'espace à proximité de la Terre. L'idée est que l'espace est courbe au voisinage de grandes masses telles que la Terre ; la chute de la pomme suit donc tout simplement les lignes de cette courbure. Que nous attribuions cet effet à la gravité ou à la courbure de l'espace ne fait guère de différence sur un plan pratique, pourtant pour les scientifiques l'image de l'Univers tourne autour de cette différence.

L'idée de l'espace courbe fait partie de la théorie générale de la relativité d'Einstein. Selon lui, la courbure de l'espace s'accroît à proximité de la Terre, et plus encore aux abords de masses plus grandes telles que le Soleil. En fait, Einstein affirmait que ce que nous nommons gravité n'est pas une attraction directe, mais plutôt le résultat indirect de la courbure spatiale, ou du champ gravitationnel, que produit la Terre dans l'espace l'environnant.

La théorie de la courbure a été démontrée à l'aide d'une expérience faisant intervenir la lumière. On a cru, jusqu'à la fin du XIXe siècle, qu'il était indéniable que la lumière se déplaçait en ligne droite, mais si l'espace est courbe il paraît logique que la lumière suive également une ligne courbe, et, si tel est le cas, il devrait se produire une courbe reconnaissable dans l'espace proche du Soleil. En 1919, l'astronome britannique Sir Arthur Stanley Eddington profita d'une éclipse totale du Soleil pour prouver que la lumière provenant d'étoiles lointaines se courbait bel et bien autour du Soleil. Cette courbure était telle que des étoiles qui auraient été dissimulées par le Soleil, selon la théorie de la ligne droite, étaient en fait visibles.

Ce résultat signifie également que l'espace est courbe autour d'étoiles autres que le Soleil, et qu'il existe d'infinies courbes compliquées dans l'ensemble de l'espace cosmique. Il s'ensuit que les mouvements des étoiles ont pour effet de modifier constamment le complexe des courbes, et que le Cosmos lui-même, à l'instar d'un corps vivant, est dans un état de transformation incessant.

La courbure de l'espace affecte également le passage du temps physique. La courbure à proximité du Soleil étant supérieure à celle à proximité de la Terre, le passage du temps sur le Soleil est quelque peu plus lent. Soyons plus précis, une seconde sur le Soleil correspond à environ 1,000002 seconde sur Terre. Le passage du temps est encore plus lent à proximité des corps célestes plus larges et plus denses que le Soleil.

On parle beaucoup des trous noirs, depuis quelques années. Il semble qu'il s'agisse d'étoiles autour desquelles la courbure de l'espace est très prononcée et toute lumière avoisinante emprisonnée de sorte que nous ne les voyons pas. Il se peut que le temps ne passe pas du tout sur ces corps célestes.

Un millier d'années sur Terre correspond peut-être sur le Soleil à un millier d'années moins une demi-journée, en termes de temps terrestre ; alors que, dans un trou noir, cela équivaut peut-être à un jour, voire moins. En revanche, il n'est pas exclu qu'il existe des endroits dans l'Univers où un millier d'années terrestres représentent cent millions d'années. Bref, le temps varie en fonction de la position qu'on occupe dans l'Univers.

La théorie de la relativité d'Einstein bouleverse les fondements mêmes de nos conceptions relatives au temps et à l'espace. Étant confinés sur notre petite planète, nous sommes enclins à penser en termes d'espace et de temps absolus, à l'instar de Newton – ces notions donnant relativement satisfaction dans cette partie de l'Univers –, mais Einstein montra que ni l'espace ni le temps ne sont absolus. Les courbures changeantes de l'espace provoquées par les mouvements des corps célestes affectent le temps, nous ne pouvons donc plus envisager l'espace-temps comme étant séparé de la matière.

Cette notion est expliquée de manière plus complète par la théorie particulière de la relativité, selon laquelle la courbure de l'espace ralentit le passage du temps. C'est ce qu'on nomme le continuum espace-temps.

Nous pouvons dire, étant donné qu'il y a interaction constante entre ce continuum et les corps célestes, le Soleil et la Terre compris, que l'espace, le temps et les étoiles fonctionnent comme une entité unique au sein de laquelle se déroulent les changements et les transformations infinis du Cosmos.

Il me revient un extrait d'un poème du Chinois Li Po (701-762) : « Les cieux et la Terre sont une auberge où toute chose s'arrête brièvement ; le temps est l'accumulation éternelle des hôtes. » J'ai mentionné cette citation parce qu'il semble qu'elle ait joué un rôle dans le développement de la théorie du domaine élémentaire de Hideki Yukawa.

Einstein clarifia considérablement la relation entre le continuum espace-temps et les corps astronomiques massifs, mais il ne nous apprit pas grand-chose au sujet de la relation entre l'espace-temps et les particules élémentaires. La théorie du docteur Yukawa est une tentative visant à expliquer cette relation.

Il est question dans le poème de Li Po d'une auberge où les voyageurs s'arrêtent l'espace d'un moment. Les voyageurs sont, dans la théorie du docteur Yukawa, les particules élémentaires et l'auberge l'espace, dans lequel les particules élémentaires existent pendant une période infinitésimale. Le temps lui-même est un voyageur éternel et il passe toujours. Le docteur Yukawa a baptisé sa théorie le « concept de l'auberge ».

Je suis émerveillé de constater que les visions des grands poètes correspondent souvent à des théories scientifiques ultérieures. La fusion de l'espace-temps et de la matière est applicable, dans la théorie du docteur Yukawa, au microcosme aussi bien qu'au macrocosme, mais le plus surprenant est que ce scientifique puisa son inspiration chez Li-Po, qui n'avait aucune formation scientifique.

J'aimerais dépasser le domaine purement physique. Nous existons, il est vrai, dans le continuum espace-temps, mais nous possédons simultanément notre propre espace-temps subjectif. Nos vies créent un temps vital subjectif. Qui plus est, notre temps vital est mesuré par – et notre durée de vie contenue dans – notre flux vital.

À l'inverse, le flux de notre force vitale ne peut être considéré indépendamment de notre temps vital et de notre espace vital. Ces derniers sont nés du fait que notre force vitale se meut et vibre. Celle-ci est en outre influencée par notre temps vital et par notre espace vital. Nous en arrivons à une fusion d'éléments interdépendants semblable à la théorie de l'auberge du docteur Yukawa.

L'espace et le temps physiques étant fondus en un continuum unique, il est raisonnable de supposer que, à la base de notre force vitale, il en va de même pour l'espace et le temps subjectifs. Plus nous nous rapprochons de la source de notre force vitale, plus notre espace subjectif s'accroît, jusqu'à englober en définitive les êtres humains, la vie, la Terre, les étoiles et tout l'espace physique, devenant ainsi un avec le Cosmos illimité. Toute distinction physique cesse d'exister à ce stade. La vie humaine, les particules élémentaires, les animaux, les végétaux, le Soleil, les étoiles – toutes choses animées ou inanimées se fondent dans les pulsations infinies de la force vitale cosmique. Cette force vitale produit et active, inversement, tous les phénomènes du Cosmos. La manifestation de cette existence ultime est nommée *Nam-myōhō-renge-kyō*, Elle est également nommée *kuon*, éternité.

Nichiren Daishonin écrit dans *Sur l'atteinte de la bouddhéité en cette vie* : « La vie à chaque instant inclut le corps et l'esprit, le soi et l'environnement de tous les êtres vivants et de tous les êtres non sensitifs dans les dix états ainsi que dans les trois mille mondes, notamment les plantes, le ciel, la Terre et même la plus infime particule de poussière. La vie à chaque instant imprègne tous les phénomènes, et s'y manifeste[18]. »

Cela signifie que l'ensemble du Cosmos est compris dans l'esprit qui englobe chaque moment vital, et chaque moment vital s'étend à travers le Cosmos et devient le principe de tous les éléments. Il est identique à *Nam-myōhō-renge-kyō*, qui est la vie cosmique et la force derrière les mouvements cosmiques tels qu'ils apparaissent dans le continuum espace-temps.

Tous les éléments de l'Univers sont contenus dans la vie cosmique éternelle, qui est la Loi merveilleuse. Lorsque la Loi merveilleuse prend une forme ou une action concrète, elle devient le temps vital et l'espace vital des vies individuelles. Chaque moi dans l'Univers est une partie de la vie cosmique, dont il tire ses forces pour mener à bien ses fonctions dans le monde physique. Le moi de chaque existence est identique, dans ses profondeurs, à la vie du Cosmos. Ce principe explique la notion bouddhique : « Le Cosmos est le moi. »

Notre moi et tous les autres participent à l'énergie cosmique fondamentale qui crée tout phénomène. Les divers moi assument leur identité individuelle en tant qu'étoiles, planètes, humains ou tout autres êtres vivants lorsque cette énergie fondamentale apparaît dans le monde ordinaire en tant que force vitale. L'énergie que possède le moi jaillit en tant que flux vital, qui crée l'espace et le temps vitaux. Le moi et la manifestation de son énergie fondamentale donnent naissance à l'espace

18. Écrits, 3.

et au temps. Il n'est pas d'espace ni de temps en dehors de l'activité de vie. Il importe de comprendre ce principe avant d'espérer appréhender l'identité du moi et du Cosmos ou le concept de l'éternité en chaque instant de vie.

Il n'est pas question que notre être soit déposé dans une vaste étendue de temps et d'espace nommée l'Univers ou le Cosmos, qui existait auparavant. Bien au contraire, nous faisons partie intégrante de cette étendue, puisant notre énergie dans la force vitale fondamentale unique qui imprègne tout autre élément de l'Univers. Tous les moi individuels sont fondus ensemble dans le moi cosmique, et l'entité fondamentale leur dispensant l'énergie permettant de se manifester dans le monde ordinaire en tant de moi individuels est l'éternité, qui est la Loi merveilleuse ou *Nam-myōhō-renge-kyō*. Tout est inclus en cela ; tout procède de cela ; tout retourne à cela.

Le moi de la vie universelle s'étend infiniment à travers le temps et l'espace. Le fonctionnement de la Loi merveilleuse est l'essence fondamentale de l'Univers à cet instant ou à tout autre instant. C'est une manifestation de l'énergie infinie de *Nam-myōhō-renge-kyō*. L'existence de cet instant présent est l'existence de la forme du Cosmos en lui, et, cet instant renfermant l'ensemble du Cosmos, il contient l'éternité. Le moi de la vie cosmique, qui sous-tend le Cosmos tel qu'il existe en ce moment, se fond avec les moi dans toutes nos vies.

Nous nous heurtons à des difficultés, lorsque nous ne puisons pas dans l'énergie infinie du Cosmos, parce que nous ignorons en fait notre identité avec le moi cosmique. L'éternité est implicite dans nos vies, mais nous ne faisons même pas de provisions pour l'année à venir. Notre espace vital est potentiellement infini, mais, telles que les choses sont maintenant, il ne s'étend même pas à travers notre planète minuscule. Nous devons trouver le moyen de nous étendre, de vivre une éternité en un seul instant, d'accroître notre espace et notre temps vitaux jusqu'à ce qu'ils remplissent l'Univers. Nous devons réaliser notre unité avec la Loi merveilleuse.

PARTIE II

# La vision bouddhique de la vie

CHAPITRE 1

# Les dix états d'existence

### *De l'enfer à la bouddhéité*

La guerre du Viêt-Nam s'est en définitive achevée après vingt années de massacres et d'atrocités. Il est permis de se demander combien de vies, outre celles innombrables perdues sur le champ de bataille, furent brisées et déchirées par ces années de combat.

Un correspondant japonais revenant de Hué vers la fin de l'année 1972 rapporta que les Vietnamiens avaient « peur de la paix ». Il ne prétendait pas qu'ils ne la désiraient pas, mais qu'ils ne savaient pas ce qu'elle représentait ni ce qu'il fallait en attendre. Ils connaissaient la guerre. La paix leur était inconnue. Cette attitude relève de l'irréel pour ceux d'entre nous qui ont la chance d'être habitués à la paix. Quelle tristesse de se dire que rares sont les Vietnamiens qui sont assez âgés pour avoir connu un état de paix.

Ayant survécu à une guerre infernale, ces infortunés doivent maintenant se demander : « Qu'est-ce que la paix ? » Il est une génération entière qui ne connaît rien d'autre que la guerre, les bombardements, la terre brûlée. À chaque fois qu'ils ont entretenu l'espoir d'un mode de vie plus humain, ils se sont retrouvés plongés dans la défiance et le désespoir. La seule certitude ayant jamais marqué leur vie est la mort.

Le pire vice de la guerre est, selon moi, qu'elle détruit le désir humain naturel de paix. Tout le monde déteste la guerre. Tout le monde aspire à vivre en paix. Mais vienne la guerre, et la pulsion naturelle pacifique se retrouve enfouie dans le bourbier du doute et de la peur. C'est pourquoi la guerre est l'« enfer ».

Je redoutais l'enfer lorsque j'étais enfant. Pour moi, c'était un lieu horrible dans l'au-delà, peuplé de démons vicieux et je savais que si je n'étais pas sage c'est là que je me retrouverais. Aujourd'hui ce type d'enfer fait sourire les enfants. Les monstres atroces qu'ils voient dans les bandes dessinées et à la télévision paraissent plus réels que les chimères qui me terrifiaient.

L'enfer n'est nullement un produit de l'imagination. Il existe au cœur même de nos vies, ici, sur Terre. L'enfer est, en fait, l'angoisse que nous ressentons durant notre vie, et il n'est pas de pire enfer créé par l'être humain que la guerre.

L'enfer est l'angoisse ultime. Nichiren Daishonin dit, dans *Écrit du Nouvel An* : « Tout d'abord, en ce qui concerne l'emplacement exact de l'enfer et du Bouddha, il est dit dans un sûtra que l'enfer existe sous terre et dans un autre que le Bouddha réside à l'ouest. Mais une recherche plus attentive révèle que l'un et l'autre existent dans notre corps de cinq pieds de haut[19]. »

Il importe toujours, dans le bouddhisme, d'étudier notre moi intérieur, d'examiner notre propre sentiment à l'égard de la vie. Il se peut que nous soyons capables d'abuser les autres quant à nos véritables sentiments, mais en définitive nous ne pouvons nous leurrer nous. Si nous sommes torturés par une angoisse tenace, nous sommes en enfer. Si nous sommes complètement heureux, tant intérieurement qu'extérieurement, nous avons accès à une parcelle de bouddhéité. Chacun des 3,7 milliards d'individus[20] qui peuplent la Terre est différent des autres, mais nous partageons tous certaines caractéristiques. Nous comprenons tous les émotions fondamentales telles que le bonheur, la tristesse, le chagrin, la joie, la peur. Nos qualités communes, qui transcendent toute question d'ethnie ou de couleur, font partie intégrante de notre sens du moi. Celui-ci est en d'autres termes le fondement commun partagé par toute l'humanité.

Le moi est le dénominateur commun, mais il n'en demeure pas moins que son état intérieur varie en fonction de l'individu. Le bouddhisme reconnaît dix états ou domaines dans lesquels peut exister le moi individuel. Il y a, au sens universel, dix catégories d'existence dans lesquelles se situent tous les êtres humains à chaque instant. Il s'agit des dix mondes, ou dix états, à savoir : 1) l'enfer, 2) l'avidité, 3) l'animalité, 4) la colère, 5) l'humanité, 6) le bonheur temporaire, 7) l'étude, 8) l'éveil pour soi, 9) l'état de bodhisattva, 10) la bouddhéité.

La majorité des personnes avec qui je me suis entretenu des dix états tendent à les considérer comme étant dix mondes différents. Il ne fait aucun doute que leur attitude tient à une interprétation trop littérale

19. Écrits, 1144.

20. À l'époque de la rédaction de ce livre. La population mondiale s'élève à 7,3 milliards en 2015.

des termes traditionnels. Ainsi, le deuxième état s'écrit en japonais et en chinois à l'aide des caractères signifiant le « monde des âmes affamées » et le troisième reprend les caractères désignant le « monde des bêtes », Ces termes suggèrent des lieux étrangers à notre monde, habités par des créatures différentes de nous-mêmes. En réalité, chacun de ces états peut exister et existe au sein d'un même être humain, ce sont les états sans cesse changeants de son moi. En termes plus simples : nous n'avons pas à mourir et à nous rendre dans un monde différent pour être en enfer ou pour devenir un animal ou une âme affamée.

Nichiren Daishonin explique de la manière la plus simple qui soit les dix mondes tels qu'ils s'appliquent aux êtres humains. Voici ce qu'il dit des six premiers états dans *L'objet de vénération pour observer l'esprit* : « Quand nous regardons de temps à autre le visage de quelqu'un, nous découvrons qu'il est parfois joyeux, parfois furieux, et parfois calme. Il arrive que l'avidité s'y manifeste, ou la stupidité, ou encore la perversité. La rage est le monde de l'enfer, l'avidité celui des esprits affamés, la stupidité celui des animaux, la perversité celui des *asura*, la joie celui du ciel, et la quiétude celui des êtres humains. Ces mondes, les six voies, se manifestent tous sur le visage d'une personne[21]. »

Ce passage constitue une excellente illustration de la compréhension profonde du moi humain qui caractérisait Nichiren Daishonin. Il savait que, quelle que soit la manière dont une personne se présente à autrui, elle peut très bien être en enfer ; quelle que soit la maîtrise de soi qu'elle affiche, elle peut être dans un état d'« inanition » spirituelle. Les noms traditionnels des dix états sont des représentations imagées de l'état dans lequel risque de se trouver le moi : qu'il soit contrôlé par la passion impulsive, absorbé par son égoïsme, délaissé par l'intelligence ou la conscience, ou débordant de joie et de vie. Les dix états sont abstraits en ce sens qu'il s'agit de généralités puisées dans l'expérience humaine. Les philosophes bouddhistes, ayant pris en considération les diverses conditions dans lesquelles le moi peut se trouver, en sont arrivés à la conclusion qu'il existait dix états fondamentaux.

Ce nombre n'est pas fortuit, il n'a pas non plus été choisi parce qu'il formait la base du système décimal, ou pour toute autre raison similaire. Il a été choisi de manière à tout comprendre d'une part et à réduire le nombre de catégories au strict nécessaire d'autre part. Huit catégories auraient nécessité la combinaison de deux états essentiellement différents ; douze auraient contraint à diviser deux états essentiellement identiques pour en obtenir quatre.

21. Écrits, 361.

Croyez-moi, ce concept a été soigneusement étudié. J'aimerais vous proposer maintenant un ou deux exemples. Supposons que nous considérions l'angoisse, qui correspond à l'état d'enfer. Il existe maintes formes d'angoisse – celle d'une personne souffrant d'une maladie incurable, celle d'une femme dont le mari boit et est incapable de subvenir aux besoins de sa famille, celle d'une mère dont le fils sombre dans la délinquance, celle d'un père dont la fille traîne avec les garçons. Ces situations sont différentes, chacune présentant une nuance particulière, mais les personnes concernées ont un point commun : elles mènent une vie de souffrance, et la souffrance est reconnue par autrui pour ce qu'elle est. Une personne qui a guéri d'une maladie que l'on croyait incurable connaît l'angoisse ressentie par quelqu'un se trouvant dans une situation semblable. Une mère qui a perdu un enfant ressent l'angoisse des parents qui voient partir leur enfant à la guerre. La souffrance d'autrui n'est sans doute pas aussi douloureuse que la souffrance personnelle, mais il est « quelque chose » au plus profond du moi humain qui reconnaît et comprend la souffrance et l'angoisse. L'angoisse est un état que nous sommes tous à même de connaître et de comprendre.

L'état d'animalité, ou le « monde des bêtes » selon la terminologie traditionnelle, est celui dans lequel le moi vit uniquement en fonction de ses instincts. Une fois encore, il existe plusieurs types d'instinct – la pulsion sexuelle, le besoin de manger, de dormir, etc. Certains individus vivent pour manger, d'autres seraient ravis de pouvoir dormir pendant le reste de leur vie, d'autres sont incapables de contrôler leurs pulsions sexuelles, d'autres encore ne parviennent pas à renoncer aux drogues. Tous sont différents, tous mènent des vies différentes, mais tous ne forment qu'un groupe car, tels des animaux, ils s'abandonnent avec insouciance à leurs instincts.

Vous constaterez que chacun des dix états présente une universalité de ce type. Par ailleurs, ils ne se recoupent pas au point de pouvoir être combinés. L'angoisse éprouvée par la personne qui ne songe qu'à se nourrir n'est pas la même que celle de la personne qui souffre d'une maladie incurable. L'enfer et l'avidité divergent également, en ce sens que, en enfer, le désir même a disparu – seul subsiste le désespoir et la colère à l'égard du moi impuissant. En enfer vous ne réclamez pas avec force cris ce que vous voulez, vous grognez parce que vous savez qu'il est inutile de désirer. Dans l'état d'avidité, en revanche, il y a un désir constant, insatiable, car c'est lui qui crée la faim. Vous remarquerez également qu'il existe une différence entre la faim, dont la source est la voracité, et celle qui est due à un instinct normal ; c'est cette même différence qui distingue ceux qui se trouvent dans l'état d'avidité de ceux qui évoluent dans l'état insouciant de l'animalité.

Il est possible de passer d'un état à l'autre. Un individu, qui n'a pas d'appétit parce qu'il est fiévreux ou parce qu'il souffre de terribles maux de dents, ne se trouve pas dans l'état d'avidité. Nous serions plus proches de la vérité si nous disions qu'il est en enfer. Mais que la fièvre tombe ou que ses maux de dents cessent, il constatera qu'il n'a avalé aucun aliment solide depuis un certain temps, et il est probable qu'il passe alors de l'état d'enfer à celui d'avidité.

L'angoisse et l'insatiabilité, la colère impuissante et l'avidité sont des sentiments différents les uns des autres, et nous savons qu'il en est bien ainsi, nous les percevons comme tels. Les états caractérisés par ces sentiments diffèrent sur le plan qualitatif, il est donc impossible de les associer. D'un point de vue purement pratique, les êtres humains ne ressentent pas la faim quand ils souffrent d'une angoisse profonde, et ils ne sont pas furieux envers eux-mêmes quand ils sont avides.

J'aimerais, avant de développer plus avant l'idée des dix états, montrer que nous traitons ici un sujet qui est à la fois subjectif et objectif. Les dix états se fondent sur le sens subjectif du moi qui caractérise la vie humaine, et en ce sens il s'agit de catégories subjectives. Par ailleurs, les critères servant à décrire ces dernières sont nettement objectifs. Le concept se développe donc à partir de deux niveaux, objectif et subjectif.

Du point de vue objectif, nous devrions tout d'abord analyser la substance et le contenu du moi. Quelle caractéristique le moi adopte-t-il dans chacun des dix états ? Est-ce le désir, la raison, la compassion ou l'égoïsme, etc. ? Nous devrions, en second lieu, envisager les dix états en termes d'espace vital et de temps vital. Il nous reste alors à considérer dans quelle mesure la vie dans chacun de ces états est épanouie, et si elle est active ou passive, subjective ou objective, libre ou entravée.

Il est encore plus important, en examinant les dix états, de découvrir des moyens d'aider les gens à mener des vies plus humaines, à éviter la guerre, la pollution, les désordres sociaux et à améliorer leur propre karma. Les dix états sont susceptibles de fournir une philosophie fondamentale sur laquelle bâtir une culture et une société plus humanistes.

Nous devons savoir dans quel état ou dans quelle condition se trouve le moi lorsqu'il provoque des guerres et la destruction de l'environnement, de même que lorsqu'il œuvre pour la paix et l'amitié. Cela est, selon moi, la première étape vers l'extirpation des causes négatives qui engendrent le mépris de la vie humaine et le refus de reconnaître le droit à la vie de chaque être humain. Nous devons trouver des moyens de révolutionner la vie des individus qui ont été tourmentés par la guerre au point de se demander : « Qu'est-ce que la paix ? » Nous devons nous efforcer de leur montrer comment puiser dans la force vitale fondamentale qui leur permettra de vivre tels de véritables êtres humains.

La philosophie des dix états est une philosophie pragmatique. Elle permet au moi de s'élever au-dessus de l'angoisse et du désespoir afin de mener une vie valant la peine d'être vécue. Nous devons nous employer à développer le concept des dix états dans ses formes les plus universelles et les plus cosmiques, que l'on trouve dans la philosophie de l'inclusion mutuelle des dix mondes (*jikkai gogu*) et la théorie des trois mille mondes en un instant de vie (*ichinen sanzen*). Bref, la sublime philosophie de la vie illustrée par le concept des dix mondes peut servir de fondement à une nouvelle civilisation et à une nouvelle culture humaine, dans lesquelles les êtres humains devront se demander : « Qu'est-ce que la guerre ? »

### *Les voies mauvaises*

À chaque fois que je songe à l'enfer, je me remémore la dévastation horrible d'Hiroshima, le 6 août 1945, à la suite du lancement de la première bombe atomique. Voici une description qu'en fit la romancière Yoko Ota, l'une des victimes :

> « Les jours venaient et passaient, empreints de confusion et de cauchemars. Même les jours clairs et sans nuages d'automne, nous étions plongés dans le crépuscule profond d'un chaos ténébreux et médusé. Il n'y avait pas d'échappatoire. Chaque jour, tout autour de moi, des êtres semblables à moi mouraient…
>
> « J'étais incapable de dire quand la mort m'appellerait. Chaque jour, je tirais sur mes cheveux à plusieurs reprises afin de voir combien quittaient mon crâne. À tout moment j'examinais la peau de mes mains et de mes pieds, guettant l'apparition des taches tant redoutées… Mon esprit était parfaitement clair. Je savais que, aussi horribles seraient les plaies, il n'y aurait pas de douleurs, pas de brûlures. L'atrocité de cette maladie provoquée par la bombe atomique, son aspect capricieux, était un nouvel enfer pour les victimes. La terreur d'être appelée à une mort que je ne comprenais pas et une haine suprême de la guerre se tordaient en moi tels deux grands serpents. Aussi sombres qu'étaient les jours, les serpents n'en cessaient pas de se tordre et de hurler en moi[22]. »

22. Extrait de *Shikabane no machi* (Une ville de cadavres), Ushio Shuppansha, 1972, p. 6. Non traduit en français.

Cela n'est pas seulement une belle page de littérature. Ce sont les mots d'une femme qui a vécu l'expérience abominable d'osciller désespérément entre la vie et la mort, d'une femme qui a été privée de sa liberté de vivre, de sa liberté d'agir. C'est précisément cela que nous nommons l'enfer. Rien n'existe plus ni la force de modifier le cours des choses, ni l'espoir d'un avenir, ni la liberté d'être.

La puissante force vitale inhérente à nos vies nous fournit la pulsion de vivre, les désirs instinctifs et la capacité mentale de mener une existence humaine. Nous apprenons à aimer, nous avons soif de connaissance, nous sommes subjugués par la passion. Nous pouvons également être poussés dans la direction opposée, vers l'agressivité, le goût de la destruction ou la jalousie. Il y a, dans chacun des cas, une force vitale active en nous qui tisse la toile de nos existences. L'énergie émanant de cette force vitale est presque complètement annihilée dans le domaine de l'enfer, et nous n'éprouvons rien d'autre qu'une angoisse indescriptible.

Les personnes souffrant d'une maladie provoquée par la bombe atomique ne savent jamais quand elles seront appelées à mourir, et la médecine moderne est bien souvent incapable d'empêcher leur décès. Une autre terreur moderne, la maladie itai-itai qui est causée par la pollution, est peut-être encore plus terrible. La douleur est si intense, dans les stades avancés, que le patient est incapable de manger et de dormir, et que le plus souvent il meurt en hurlant sa détresse physique.

Il est intéressant de noter que les caractères utilisés pour écrire le mot japonais signifiant enfer, *jigoku*, signifient « le plus bas » (*ji*) et « être attaché ou emprisonné » (*goku*). *Jigoku* renferme donc l'idée d'être incapable de se mouvoir ou d'agir librement. L'enfer est, en bref, un état dans lequel on est terrassé par l'angoisse, et dans l'impossibilité de s'y soustraire. Aussi longue que soit la vie d'un homme plongé dans cette condition, elle ne sera jamais épanouie.

Pourtant, notre force vitale ne disparaît jamais complètement, aussi restreinte puisse-t-elle être. Même confrontés à la mort, les êtres humains s'efforceront toujours de manière désespérée de s'accrocher à quelque lueur d'espoir. Une personne souffrant d'une maladie incurable entretiendra l'espoir ténu qu'un nouveau médicament ou qu'un nouveau traitement soient mis au point à temps pour permettre de la sauver, ou que son médecin ait commis une erreur dans l'interprétation des radiographies, ou encore que la maladie connaisse une rémission naturelle.

On relève, dans *Le pavillon des cancéreux*, de l'écrivain soviétique Soljenitsyne, une description excellente de l'effet psychologique produit sur les patients par la suggestion qu'une guérison naturelle est possible. Un patient découvre un extrait de livre consacré à la pathologie dans lequel il est dit qu'on connaît des cas de guérison spontanée du cancer. Il est précisé que ces cas sont rares, mais le patient est aussitôt convaincu qu'il sera l'une de ces exceptions, et d'autres patients ne tardent pas à partager sa conviction. Soljenitsyne dit : « C'était comme si un papillon chatoyant nommé "Guérison naturelle" s'était envolé des pages du grand manuel. » Les patients devaient être conscients au fond de leur cœur du fait que le papillon, la cristallisation de leurs espoirs, était éphémère, mais ils ne le chérissaient pas moins.

D'aucuns affirmeront que cette réaction est une manière absurde de s'accrocher à la vie, ils perdent de vue le fait qu'eux aussi, à leur façon, s'y accrochent, la seule différence réside dans le fait qu'ils ne sont pas malades. La force vitale intérieure, la source du besoin de vivre, se transforme parfois en une colère violente à l'égard de ceux qui prétendent qu'il n'y a pas d'espoir ; il en résulte que le patient souffre d'un désespoir émotionnel intense. La lutte pour préserver son existence est naturelle, toutefois si elle plonge le moi dans une tempête émotionnelle, elle risque de saper l'énergie vitale de la personne et de la rapprocher d'autant de la mort. Telle est la cruauté de l'enfer.

La colère peut être celle que l'on ressent à l'encontre de la guerre, de la pollution, d'une maladie incurable, de la pauvreté, etc., mais également la colère absurde éprouvée à l'égard de notre impuissance face à ces maux. C'est cette dernière qui caractérise l'état d'enfer.

Nichiren Daishonin décrit, dans l'un de ses écrits, les horreurs des huit niveaux de l'enfer, dont le pire est le grand enfer Avichi. Il parle des plaintes qui en émanent – plaintes que j'interprète comme étant les grognements pitoyables du moi qui se voit privé de sa force vitale – et d'une odeur nauséabonde émanant de la terre – qui n'est rien d'autre selon moi que la puanteur de la mort.

Partout les hommes s'imaginent que l'enfer est au-dessous d'eux. Peut-être cette conviction tient-elle au fait que, lorsque le moi souffre de l'angoisse, il éprouve l'impression de s'enfoncer dans le sol. Évoquant les conséquences de Hiroshima, Yoko Ota parle du « crépuscule profond d'un chaos ténébreux et périfié » dans lequel elle se sentait plongée, par ailleurs on relève, dans les sûtras, des passages où il est précisé que l'enfer est situé à plusieurs milliers de kilomètres sous la terre. Il s'agit d'une figure de style, car nous savons que l'enfer réside au sein même de l'être humain. Je ne crois pas toutefois qu'il serait vain de concevoir l'enfer en termes de temps et d'espace subjectifs. C'est la raison pour laquelle je suppose qu'une vie plongée dans l'angoisse occupe un espace restreint dans un sens subjectif. Il n'est pas absurde de prétendre que, lorsque vous souffrez d'une rage de dents, votre espace vital risque de se limiter à votre dent, parce que vous êtes tout simplement incapable de penser à autre chose. L'espace vital d'une personne qui ignore d'où viendra le pain qu'elle consommera le lendemain risque de se limiter à ce pain. « Les jours clairs et sans nuages d'automne » dont parle Yoko Ota ne faisaient pas partie de son espace vital à cette époque parce qu'elle était totalement absorbée par le crépuscule profond environnant. Le moi, qui est en enfer, est incapable de trouver un lieu de repos.

Quant à la durée du séjour en enfer, les sûtras disent qu'elle est astronomique, une notion qui s'accorde à nos idées relatives au temps vital subjectif. Nous avons déjà dit combien le temps paraissait s'écouler lentement lorsque nous étions malheureux ou lorsque nous souffrions. La force vitale s'affaiblit, et le flux vital est presque coupé, de sorte que l'écoulement du temps vital est considérablement réduit. En conséquence, le temps nécessaire pour émerger de l'enfer semble interminable. Dans les sûtras, les chiffres correspondant au temps qu'une personne doit passer dans le grand enfer Avichi sont faramineux.

Juste au-dessus de l'enfer, on rencontre l'état d'avidité, la seconde des trois voies mauvaises. Cet état est traditionnellement qualifié de « monde des âmes affamées, » et on en parle comme de l'état d'avidité ou de voracité. Nichiren Daishonin a une formule brève : « L'avidité celui [le monde] des esprits affamés. »

Le moi plongé dans cet état se caractérise par la cupidité, une avidité apparemment sans borne, qui brûle avec force, consumant le corps et l'esprit. Nous sommes tous à sa merci, car la cupidité n'est qu'une forme extrême du désir, et nous naissons avec maints désirs instinctifs, y compris le plus vital, qui est le désir fondamental de vivre. Outre les désirs relatifs à notre instinct d'auto-protection, nous venons au monde avec – ou nous acquérons – des formes plus complexes de désirs, tels que l'affirmation de soi, la possessivité, le besoin de dominer, l'agressivité, etc. Ceux-ci sont liés aux états d'avidité, d'animalité et de colère, mais les êtres humains éprouvent également des désirs spirituels.

Les désirs étant nécessaires à la préservation de la vie humaine, ils sont en ce sens bénéfiques. Mais vouloir concrétiser un désir sans avoir d'objectifs supérieurs revient à en devenir esclave, et cela risque de provoquer notre propre malheur et celui d'autrui. C'est ici que réside la véritable nature de l'état d'avidité.

Nichiren Daishonin décrit, dans *La cérémonie pour les ancêtres défunts*, la mère du disciple Maudgalyayana telle qu'elle apparaît dans le monde des âmes affamées : « Ayant ouvert l'œil céleste, [Maudgalyayana] put voir à travers tout le système de mondes majeur comme si celui-ci se reflétait dans un clair miroir. Son regard pénétrait la terre et il voyait dans les trois mauvaises voies de même que, en posant les yeux sur un étang gelé, nous voyons les poissons en dessous, éclairés par le soleil du matin. Ainsi, en baissant les yeux, il vit que sa mère se trouvait dans le monde des esprits affamés. Elle n'avait rien à boire ni à manger. Sa peau était pareille à celle d'un faisan doré que l'on a déplumé ; les os de son dos étaient pareils à des pierres rondes posées l'une sur l'autre. Sa tête était grosse comme un ballon, son cou fin comme un fil, et son ventre était gonflé comme la mer. La bouche ouverte, les mains jointes pour quémander quelque nourriture, elle ressemblait à une sangsue affamée ayant perçu l'odeur d'un être humain[23]. » (Le texte se poursuit en décrivant comment, lorsque Maudgalyayana voulut donner un bol de riz à sa mère, ce dernier partit en fumée.)

L'état d'avidité se caractérise par un désir douloureux d'atteindre quelque chose qui est hors de portée. La vie consacrée à une quête stérile d'honneur et de pouvoir est celle d'un moi qui brûle d'une insatisfaction perpétuelle. Mais si le désir est satisfait, ou si le besoin de dominer triomphe, le moi pénètre dans l'état d'humanité, voire de bonheur temporaire.

On lit dans le *Traité sur l'établissement du monde* (*Risse abidon ron*)[24] : « La voie des âmes affamées communique avec tous les autres états et peut être bonne ou mauvaise. »

Lorsqu'une personne a mangé tout son content de sa nourriture favorite et est ravie de s'étendre et de dormir, elle se retrouve dans l'état d'animalité. Si ses désirs et ses impulsions sont en conflit avec ceux d'autrui, elle risque d'entrer dans l'état de colère. Si la nourriture qu'elle absorbe ou l'eau qu'elle boit est toxique, son moi risque d'entrer dans l'état d'enfer.

Le désir de la personne se trouvant dans l'état d'avidité peut avoir une incidence positive ou négative. En fait, la frustration née de ce désir se révèle être la force motrice permettant maintes créations de notre civilisation matérielle. Ainsi, la production mécanisée d'aliments a-t-elle largement contribué à endiguer la famine dans les régions développées.

Il n'est pas erroné de prétendre que la majorité d'entre nous travaillons pour nous assurer une nourriture agréable, une maison confortable, ou

---

23. Écrits, 825.

24. In *Kokuyaku Issaikyō*, Daito Shuppansha, 1933. Ronshubū vol. I, p. 34.

des loisirs. D'aucuns font des heures supplémentaires pour se procurer l'un ou l'autre bien ; un mari accepte des conditions de travail pénibles parce qu'il désire gagner l'argent nécessaire à soigner son épouse malade. Il ne fait aucun doute que nos désirs fournissent la force motrice à nombre de nos actes. Sur le plan de la société, le désir d'une vie meilleure débouche parfois sur une amélioration de la politique et sur un développement économique supérieur. Nous ne devons toutefois pas oublier que c'est également du désir, ou de la cupidité, que résultent les guerres et la destruction de notre environnement naturel.

Le désir inhérent à l'état d'avidité œuvre pour le meilleur ou pour le pire. Ceux qui se laissent diriger par le désir se cantonnent à ce domaine et mènent des vies misérables. C'est la raison pour laquelle l'état d'avidité compte parmi les trois voies mauvaises. Il s'agit fondamentalement d'un état dans lequel on désire en permanence quelque chose qu'on est incapable d'obtenir.

Cette impuissance à trouver la satisfaction distingue cet état de celui de l'animalité, dans lequel le moi suit constamment ses désirs instinctifs. Si le moi se trouvant dans l'état d'avidité est un légume, celui se trouvant dans l'état d'animalité est une bête.

En un sens nous sommes tous des animaux, car nous partageons des désirs instinctifs avec ces derniers. Certains ne peuvent toutefois être niés sans danger. L'être le plus éveillé doit manger et dormir, au même titre que les chiens et les chats, pour préserver son fonctionnement normal. Il n'empêche que, d'un point de vue animal, certaines personnes ont des désirs étranges. Ainsi, celui de demeurer svelte est tel chez maintes femmes qu'elles s'affameront littéralement pour atteindre leur objectif. Une ménagère de Los Angeles a paraît-il jeûné durant cent-dix sept jours. Elle ramena ainsi son poids de cent cinquante à quatre-vingt-dix kilos. À ce stade, il lui fallut toutefois se réalimenter, sa volonté était intacte mais sa vie, elle, était menacée.

Nous appartenons tous, du point de vue scientifique, à l'ordre des primates. Nous devons donc satisfaire les désirs instinctifs propres à ceux-ci afin d'assurer notre survie. Il ne faut pas pour autant en déduire que nous devions céder à chacune de nos pulsions instinctives. Bien au contraire, nous possédons, en tant que primate le plus évolué, des capacités mentales et spirituelles qui nous sont propres. L'intelligence, la conscience, la capacité d'aimer et le sens de la compassion sont des qualités exclusives de l'être humain. C'est la faculté d'utiliser ces pouvoirs pour satisfaire nos désirs instinctifs tout en les conservant sous notre contrôle qui fait que nous sommes des êtres humains et non des animaux.

Nichiren Daishonin dit : « La stupidité est le monde des animaux. » Cette remarque signifie qu'un état dans lequel l'action n'est pas contrôlée par l'intelligence ou la conscience est bestial.

Nichiren Daishonin est plus explicite dans la *Lettre à Niike* : « Le monde des animaux consiste à tuer ou à être tué [25]. » Il ajoute dans la *Lettre de Sado* : « Il est dans la nature des bêtes sauvages de menacer les faibles et de redouter les forts[26]. » Les actions du moi se trouvant dans l'état d'animalité sont donc gouvernées par le principe selon lequel, dans la lutte incessante pour la survie, le fort dévore le faible.

On entend souvent dire que les animaux ne mentent pas, mais il semble que ce ne soit pas vrai. Il est évident que les animaux ne mentent pas avec autant de talent que les hommes, les zoologues affirment toutefois que le mensonge et la ruse sont inhérents au règne animal. Les animaux d'une même espèce ont tendance à se regrouper pour se protéger, mais, lorsqu'ils attaquent une espèce différente, ils n'hésitent pas à se montrer déloyaux. Ils organisent une agression surprise et s'en prennent aux faibles, aux malades et aux plus âgés. Il est certain qu'il ne s'agit pas d'une intention consciente de « tricher », mais d'une réaction instinctive d'auto-protection dans la lutte pour l'existence. Nous devons éviter de nous montrer trop intransigeants à l'encontre des animaux, car les êtres humains ne respectent pas plus les règles du fairplay en tuant ou en capturant les animaux. Chez ces derniers, la lutte pour satisfaire les besoins instinctifs se confond avec la lutte pour la survie.

Lorsque le désir instinctif du moi dans le domaine de l'animalité est satisfait, il éprouve un mélange de satisfaction et de paresse – le même que nous connaissons après un repas copieux. Il s'agit toutefois d'un simple bien-être. Ce n'est pas une joie éthérée, ni même la satisfaction paisible d'avoir accompli quelque chose, mais plutôt ce que nous pourrions appeler un sentiment biologique de satisfaction. Le terme satiété est peut-être celui qui s'impose.

Maintes personnes ne voient toujours pas le mal dans le fait que le fort triomphe du faible. Telle est la loi de la jungle. Une telle attitude me paraît pourtant stupide car elle est déraisonnable. Elle est caractéristique du règne animal, car elle ne traduit ni sagesse, ni raisonnement, ni volonté.

L'instinct est aveugle mais n'en est pas moins indispensable ; il permet aux êtres vivants de s'adapter à leur environnement – de trouver de la

25. Écrits, 1037.

26. Écrits, 305.

nourriture, un abri pour dormir et le moyen d'éviter leurs ennemis. L'instinct seul ne suffit pas cependant à permettre aux êtres humains et aux animaux de s'habituer à des conditions mouvantes, et il est quasiment impuissant face à une intelligence supérieure.

Nichiren Daishonin écrit dans la *Lettre de Sado* : « Les poissons veulent survivre ; ils déplorent le manque de profondeur de leur étang et creusent des trous au fond pour s'y cacher mais, leurrés par l'appât, ils mordent à l'hameçon. Les oiseaux dans un arbre craignent d'être trop bas et se perchent sur les plus hautes branches mais, attirés par l'appât, ils se laissent eux aussi prendre dans des filets[27]. »

Nous voyons que, dans un monde où opèrent des intelligences supérieures, agir uniquement en fonction de ses instincts revient à courir à sa perte ; ceux qui ne savent s'empêcher de suivre leurs instincts n'exercent aucun contrôle sur leur destin.

Cette remarque semble valable tant pour des espèces que pour des individus. Selon les zoologues, une espèce qui se multiplie trop rapidement aux dépens d'autres êtres vivants est vouée à l'extinction. L'un des cas les plus spectaculaires d'auto-destruction massive se produisit vers la fin de la période crétacée, il y a quelque soixante-dix millions d'années. Les dinosaures régnaient alors sur la Terre, comme les êtres humains de nos jours. Or, en un laps de temps très court, ils disparurent de la surface du globe. Ce drame était dû en partie à des cataclysmes géologiques, mais également à l'incapacité de ces animaux à s'adapter à un nouvel environnement. Les herbivores ne disposaient apparemment plus de plantes pour se nourrir, et les carnivores s'éteignirent lorsqu'ils eurent mangé tous les herbivores. La destruction massive d'êtres vivants s'est répétée à plusieurs reprises sur cette planète. Les créatures se nourrissent d'autres créatures jusqu'à ce qu'elles aient détruit le fondement de leur existence. Maints scientifiques sont convaincus que c'est exactement l'attitude qu'adopte l'être humain aujourd'hui, et que l'humanité sera confrontée à une destruction inéluctable. Si elle ne renonce pas au principe selon lequel le fort dévore le faible.

« Stupide » est un qualificatif qui convient parfaitement au moi immergé dans un plaisir instinctif au point de détruire avec insouciance le fondement même de son existence.

Nous avons envisagé jusqu'à présent les trois voies mauvaises, qui sont les états d'enfer, d'avidité et d'animalité. Le moi se trouvant dans l'un ou l'autre de ces états est contrôlé par l'angoisse, le désir, un sentiment d'impuissance, ou d'autres émotions ou facteurs n'impliquant pas la

---

27. Écrits, 304.

volonté. Le quatrième état, celui de la colère, est souvent rapproché des trois précédents, il s'en différencie toutefois sur un point capital : il existe, dans l'état de colère, une conscience de soi, donc un élément d'humanité. C'est ce que la tradition nomme le « domaine ou monde d'*asura* », *asura* qualifiant une classe d'êtres surhumains monstrueux.

Nichiren Daishonin dit : « La perversité est le monde des *asura.* » Le moi, dans cet état, se centre sur lui-même. Il ne prend pas en considération les autres êtres vivants, mais œuvre exclusivement pour son propre bénéfice et pour la concrétisation de ses objectifs égoïstes.

Nichiren Daishonin écrit également : « Le premier volume de *La grande concentration et pénétration* dit : "Une personne se trouvant dans le domaine d'*asura* éprouve un besoin irrésistible de dominer tous les autres. Tel le faucon planant dans le ciel en quête d'une proie, il regarde les autres de haut et ne respecte que lui-même. Il fait montre superficiellement de bienveillance, de justice, de maîtrise de soi, de sagesse et de piété et est même capable d'afficher une forme primitive d'intégrité morale, mais au fond de son être il est un *asura* monstrueux"[28]. »

Voilà une excellente description d'un parfait égoïste – d'un homme décidé à triompher à tout prix, d'un homme qui « regarde les autres de haut et ne respecte que lui-même ».

Je ne puis m'empêcher de songer à ces mères qui désiraient inscrire leurs enfants dans des écoles et des lycées prestigieux, coûte que coûte. Nous n'en entendons plus guère parler, mais il fut un temps où elles représentaient une menace sérieuse pour la plupart des éducateurs. Elles étaient tout excitées à l'idée de faire admettre leurs enfants ne fût-ce qu'à l'école maternelle et, lorsqu'ils étaient en âge de se rendre à l'université, elles n'hésitaient pas à faire d'énormes donations aux institutions ou à certains professeurs pour acheter leur admission. La presse fit écho à maintes affaires de corruption de ce genre.

Le plus horrible était que leur motivation ne visait le plus souvent qu'à satisfaire leur propre orgueil. Les enfants étaient en règle générale d'innocentes victimes. Personne n'est en droit de blâmer des parents qui prennent à cœur d'assurer l'éducation de leur progéniture, mais il est logique d'adresser des reproches à ceux qui ne tiennent aucun compte des compétences ou des aptitudes de ces malheureux. Les mères que nous venons d'évoquer ne se souciaient nullement de l'éducation de leurs enfants ; elles ne s'intéressaient qu'à elles-mêmes. Elles se considéraient personnellement méritantes lorsque leurs enfants obtenaient de bons

28. *The Writings of Nichiren Daishonin*, volume 2, Soka Gakkai, 2006 (non traduit en français).

résultats en classe et en tiraient vanité. Les enseignants japonais ont souvent été confrontés à des femmes qui exprimaient leur ressentiment à l'égard d'enfants qui réussissaient mieux que les leurs.

Il est bien d'autres circonstances dans lesquelles la jalousie ou un sentiment de supériorité correspond en fait à un mécanisme de défense à l'encontre d'un profond sentiment d'infériorité. Le moi qui manque d'assurance est capable de donner le change et de créer une illusion de grandeur. Il se peut que le besoin pressant de gagner en toute occasion résulte le plus souvent d'une volonté de dissimuler des insuffisances intérieures.

Il est vrai que ce qui advient à l'intérieur est rarement apparent à l'extérieur. Certains êtres humains semblent, en des circonstances normales, être de parfaits gentlemen maîtres d'eux-mêmes, il leur arrive pourtant d'entrer par moments dans des rages folles qui n'épargnent rien. Ils ont une « personnalité explosive » ; une anomalie psychologique hélas trop fréquente. Les personnes souffrant d'une telle affliction ignorent elles-mêmes quand elles seront victimes d'une crise, et il est bien entendu impossible à autrui de la prévoir, d'autant que l'apparence extérieure dissimule la « dynamite ». Je dirais en conséquence que les mères, si soucieuses, de l'éducation, de leurs enfants, semblent le plus souvent, à un œil inexpérimenté, la loyauté même.

C'est ce qu'entendait Nichiren Daishonin en disant que les individus dans l'état d'*asura*, ou de colère, étaient capables de faire montre de grandes vertus. Nous nous trouvons en présence d'un cas tout différent de celui du moi mû entièrement par l'instinct ou le désir. Ici, le moi réalise des tours de force pour attirer l'attention et acquérir en conséquence un sentiment de supériorité. Sa démarche est sans aucun doute inconsciente, mais le moi qui existe dans cet état vit dans une tourmente perpétuelle d'émotions et de frustrations.

Les désirs propres à l'état de colère ont un caractère plus exclusivement humain que ceux d'ordre instinctif. Dans cet état, les désirs instinctifs, y compris le besoin de vivre, sont plus ou moins satisfaits et il y a un élément nouveau de conscience de soi qui, bien qu'égocentrique, se situe à un niveau d'intelligence supérieur à celui de l'état d'animalité. C'est en raison justement de cette conscience de soi que peuvent exister ce désir de s'imposer aux autres, ce besoin d'accéder à la gloire, et d'autres qualités égoïstes telles que l'agressivité, l'exhibitionnisme et la destructivité. La tourmente intérieure d'émotions se traduit en surface par la colère, la haine, l'animosité ou la jalousie.

La colère dont nous avons parlé à propos de l'enfer est d'une nature toute différente. Elle se situe au-dessous de la conscience de soi. Existant au plus profond de la vie, elle n'est pas dirigée vers autrui, mais vers le moi. Elle est telle qu'elle œuvre à la destruction non d'antagonistes extérieurs, mais du moi dans lequel elle existe. En revanche, la colère propre à l'état de colère est dirigée vers autrui. Elle est consciente et cherche à détruire des antagonistes réels ou imaginaires afin de protéger le moi.

La force vitale dans l'état de colère est donc plus forte que dans les trois voies mauvaises, même si elle opère d'une manière fondamentalement malsaine. Voici un commentaire du vingt-sixième grand patriarche de la Nichiren Shoshu, Nichikan Shonin, extrait de son ouvrage *Le triple enseignement secret*[29] : « Un *asura* mesure 84 000 *yojana* [30] et les quatre mers n'atteignent même pas ses genoux. » J'interprète cela comme une référence à l'espace vital d'un être vivant dans l'état de colère. Nous parlons, après tout, d'une « rage colossale », et il ne fait aucun doute que, lorsque nous sommes extrêmement furieux, ou lorsque nous nous montrons arrogants, nous nous persuadons que nous sommes très grands. Il me semble inutile de préciser que nos adversaires nous apparaissent minuscules.

Les individus dans l'état de colère donnent souvent l'impression d'être plus grands que la vie, je doute toutefois qu'il s'agisse d'une image correcte de leur espace vital. Il est dit dans la *Lettre de Sado* : « Une personne arrogante sera toujours submergée par la peur lorsqu'elle rencontrera un puissant ennemi, à l'instar du vaniteux *asura* qui rapetissa et se dissimula dans une fleur de lotus au lac Anavatapta, quand Shakra lui adressa des reproches[31]. »

Le Sûtra du Lotus nous apprend que Shakra (Taishaku) est l'un des dieux chargés de protéger le bouddhisme. Je crois que nous le considérerions, en termes contemporains, comme étant une personne capable de déceler la vérité. De même, le lac Anavatapta représenterait un endroit où une tête brûlée pourrait se calmer. Nichiren Daishonin dit, en fait, qu'une grande brute bravache deviendra insignifiante lorsqu'elle rencontrera un individu possédant suffisamment d'intelligence pour percer son jeu. Ainsi, nous disposons d'une indication plus précise du véritable espace vital d'un être se trouvant dans l'état de colère.

La taille, ou l'importance, apparente de quelqu'un dans l'état de colère est illusoire. Son moi véritable occupe en fait un espace vital

29. Non traduit en français. *Sanjū Hiden-shō* in *Fuji Shūgaku Yōshū*, vol. III, p. 16.

30. Unité de mesure de l'Inde ancienne, égale à la distance que l'armée royale était censée couvrir en une journée de marche. Des approximations la font varier de 9,6 à 30 km.

31. Écrits, 305.

très restreint, mais, insatisfait de ce secteur, il s'étend par le pouvoir de l'autosuggestion jusqu'à devenir une apparition énorme. Nous sommes souvent leurrés et confondons l'apparence avec la réalité. La personne dans cet état, quant à elle, ne doute pas de sa réalité, et elle utilise sa force illusoire pour faire le mal à chaque occasion qui se présente à elle.

Dans l'ensemble, l'état de colère se caractérise, à l'instar des trois voies mauvaises, par le malheur, la frustration, la déception et il est facile de comprendre pourquoi on le considère souvent comme formant avec les trois états précédents les quatre voies mauvaises.

## *Humanité et bonheur temporaire*

La fameuse énigme du Sphinx est : « Quel est l'être doué de la voix qui a quatre pieds le matin, deux à midi, et trois le soir ? » La réponse est l'être humain car tels sont les aspects de l'enfance, de l'âge adulte et de la vieillesse. Une énigme plus complexe aurait été : « Qu'est-ce que l'être humain ? » Il n'existe pas de réponse évidente à celle-ci.

Ainsi que je l'ai signalé précédemment, Pascal a décrit l'être humain comme étant un « roseau pensant ». D'autres définitions ont été : « un animal capable de raisonnement », « un animal capable d'utiliser des outils », « un animal retirant du plaisir de la vie sociale », etc. Linné parla d'*Homo sapiens*, « un anthropoïde qui pense », pour distinguer l'être humain contemporain des anthropoïdes moins intelligents. Charles Richet, le physiologiste français (1850-1935), prix Nobel de médecine en 1913, estimait qu'*Homo sapiens* était une définition trop flatteuse. Il proposa en revanche *Homo stultus*, l'homme stupide, qui était selon lui plus en accord avec les faits historiques.

Il est possible de définir l'être humain de diverses manières mais, pour le bouddhisme, l'état d'humanité est un état de tranquillité dans lequel l'être humain est en paix à la fois avec lui-même et avec le monde. Le terme sanscrit qualifiant l'état d'humanité est *manusa*, ce qui signifie un « être qui pense ». Un extrait du *Traité sur l'établissement du monde* dit : « L'état d'humanité est appelé *manusa* parce qu'il a huit qualités : intelligence, excellence, conscience aiguë, jugement sain, sagesse supérieure, capacité à distinguer le vrai du faux, capacité à atteindre l'éveil, et un bon karma[32]. » Nichiren Daishonin incluait toutes ces caractéristiques lorsqu'il disait : « La quiétude est le monde des êtres humains. »

Il s'agit en effet d'un domaine paisible. Les quatre voies mauvaises sont des domaines de lutte et de difficulté ; l'état de bonheur temporaire,

32. *Risse abidon ron* in *Kokuyaku Issaikyō*. Ronshubū vol. I, p. 115.

que nous allons envisager maintenant se caractérise par la joie et le bonheur, mais n'en est pas moins actif et dynamique. L'état naturel des êtres humains, l'état d'humanité, est la quiétude. Nous connaissons des hauts et des bas émotionnels multiples au cours de notre vie, mais nous traversons aussi des périodes de paix et de quiétude, comme lorsque nous rentrons chez nous après une journée de travail et que nous nous relaxons. C'est en de tels moments que nous nous sentons vraiment humains, et c'est ce sentiment qui caractérise l'état d'humanité.

L'ennui c'est que les tribulations inhérentes à l'environnement dans lequel nous vivons nous tirent facilement de cet état d'humanité pour nous faire sombrer dans l'une des quatre voies mauvaises. Il est nécessaire, pour demeurer dans l'état d'humanité, de réfléchir posément sur soi-même, d'analyser son cadre social et de prendre des décisions en accord avec l'état d'humanité. Il est par ailleurs possible, dans cet état particulier, de développer ses potentialités naturelles et de s'élever vers des états supérieurs. La raison pour laquelle l'état d'humanité se situe presque au milieu des dix états d'existence est qu'il s'agit d'une condition essentiellement neutre, à partir de laquelle il est possible d'évoluer vers toutes les autres. La pratique du bouddhisme permet à ceux d'entre nous qui se trouvent dans l'état d'humanité de se parfaire, et d'accéder à une condition de vie qui est en permanence illuminée par le soleil brillant de la sagesse.

Il est, en un sens, extrêmement difficile de demeurer calme et paisible, d'avoir une vision précise de la vie et de la société et d'avoir un comportement satisfaisant. Beaucoup jugent qu'il est plus facile de vivre en suivant ses instincts ou en se perdant dans un océan mouvementé d'émotions, même si cette « voie de la facilité » ne mène qu'à une plus grande souffrance. La « voie de la facilité » est celle menant aux domaines d'existence inférieurs. Il est indispensable, pour mener une vie tranquille, d'utiliser son pouvoir de raisonnement et sa sagesse. Cela implique de posséder une conscience, de distinguer entre le bien et le mal, d'avoir la volonté de surmonter les difficultés et les tentations et, par-dessus tout, d'être résolu à mener une vie bonne.

Être né humain ne signifie pas que l'on continuera à vivre sans effort dans l'état tranquille d'humanité. Cela signifie simplement que l'on a la capacité de le faire. Le moi se trouvant dans cet état doit faire usage des qualités humaines que sont la raison et la conscience pour contrôler les désirs instinctifs et les émotions qui engendrent la cupidité, l'animosité, la jalousie et les autres maux. Ainsi seulement serons-nous à même de mener une vie productive, responsable et tolérante.

Contrôler ses passions revient à monter un cheval sauvage. Si vous relâchez les rênes un instant, vous risquez d'être désarçonné. L'objectif est de réussir à contrôler et à utiliser les forces et les énergies de telle sorte que cavalier et cheval marchent ensemble.

Je vois souvent en été des jeunes pratiquer du ski nautique. Les plus expérimentés glissent sur les flots comme par magie, les débutants ne tardent pas à se retrouver dans l'eau. Le moi humain est semblable à ces jeunes gens ; il doit en effet être dirigé avec art sur un océan de désirs, de passions et d'impulsions, à l'instar des skieurs évoluant sur l'eau. Si le moi commet une fausse manœuvre, il risque de se noyer dans un océan de passions, à moins qu'une tête représentant un égoïsme forcené n'émerge des vagues.

Nous ne devrions pas nous appesantir sur les dangers de retomber dans l'une des quatre voies mauvaises, même s'ils sont omniprésents. L'état d'humanité offre en effet la possibilité au moi de gagner en stature et en sagesse, de devenir plus lumineux, plus sain dans son jugement, plus sensible et plus riche en compassion.

Nous l'avons vu, le *Traité sur l'établissement du monde* précise que l'une des propriétés de l'humanité est l'aptitude à accéder à l'éveil. Cela signifie, entre autres choses, que, si le moi humain affine sa nature, il acquiert le potentiel de vivre dans un état de paix et de bonheur complet. Cette potentialité est ce qui distingue l'état d'humanité des quatre voies mauvaises. Dans le monde actuel, les quatre voies mauvaises conduisent à des maux tels que la guerre et la pollution de l'environnement, mais l'état d'humanité offre au moi la capacité d'atteindre la paix et la prospérité, tout en profitant d'une liberté personnelle et d'un individualisme considérables.

*Le triple enseignement secret* dit à propos de la localisation de l'humanité : « Les êtres humains vivent sur la Terre. »

Tous les moi individuels se trouvant dans cet état vivent en un même lieu. Le bon sens nous inciterait à voir dans cette « Terre » notre planète physique. J'ai cependant le sentiment que cela signifie qu'il existe un fondement spirituel commun qui soutient toute l'humanité. Ce fondement inclut la volonté de vivre et les autres pulsions nécessaires à la préservation de la vie, mais ce n'est pas tout. Nous devons posséder, pour vivre comme des êtres humains véritables, des qualités telles que l'amour des parents pour leurs enfants, l'amour de l'époux pour sa compagne, la confiance mutuelle entre voisins, et des idéaux auxquels croire.

Nous avons besoin de conventions sociales et de modes de pensée sur lesquels nous, êtres humains, pouvons nous accorder, et, par-dessus tout, nous devons posséder un certain contrôle de nos désirs. Je crois que tous ces éléments font partie de cette résidence commune qu'est la « Terre ». Le moi humain hérite d'un sens des valeurs de la société, il décide de ses raisons de vivre et s'efforce de concrétiser ses objectifs. C'est de cette manière qu'il trouve un sens et une satisfaction dans sa vie, ainsi qu'un critère pour juger des valeurs et le sentiment d'une mission à accomplir.

Le fondement de la vie humaine repose sur la foi et sur un sens des valeurs. Cela appartient à son concept de la vie et du monde. Ce n'est qu'en partageant ce fondement commun de la vie humaine que nous pouvons faire face aux épreuves auxquelles tout être humain se trouve confronté et profiter pleinement de la paix et de la tranquillité. Vivre sur Terre signifie, dans un sens très réel, avoir les deux pieds sur le sol.

Il est impossible de continuer à vivre dans l'état bouddhique d'humanité sans avoir une assise sur cette « Terre » plus large. Il existe de multiples différences individuelles en matière de visions de la vie et du monde en général, d'objectifs, et de critères de valeurs. Les valeurs sont plus diverses que jamais dans le monde actuel. Le moi dans l'état d'humanité doit pourtant avoir le type d'assise et de fondement à l'existence décrit ci-dessus. Le moi est à même de mener une vie paisible, dès qu'il s'est ancré dans cette base. Le flux de la vie est régulier, et le temps subjectif passe paisiblement.

Les énergies de la vie sont en majeure partie contrôlées dans l'état d'humanité. Ainsi, à moins d'une anomalie, nous n'avons nulle conscience du fonctionnement de notre corps. Il faut, sur un plan spirituel, une quantité importante d'émotions ou de désirs refoulés pour perturber notre quiétude, et la plupart d'entre nous sont capables d'assumer une certaine quantité de mécontentement et d'insatisfaction. L'humanité est, dans l'ensemble, un état admirable.

L'état de bonheur temporaire est appelé, dans la tradition, le monde du ciel (*ten*). Nous devenons plus légers lorsque nous pénétrons dans cette condition. Nos pas sont plus légers et nous avons le sentiment de pouvoir nous élever dans le ciel. Ce que nous éprouvons n'est pas tant un plaisir conscient qu'un sens profond de bien-être général – tout va bien dans le monde et rien n'est susceptible de perturber notre bien-être.

Nichiren Daishonin dit dans *L'objet de vénération pour observer l'esprit* : « La joie est [le monde] du [bonheur temporaire] ciel[33]. » Être heureux c'est éprouver une sorte d'exaltation générale, une joie de vivre associée à un puissant sentiment de satisfaction. Une personne se trouvant dans cet

33. Écrits, 361.

état est heureuse de vivre à tous les égards. Selon *Le triple enseignement secret* : « L'état de bonheur temporaire inclut les six domaines du monde du désir (*yok-kai*), les dix-huit domaines du monde de la forme (*shiki-kai*), et les quatre domaines du monde de l'informe (*mushiki-kai*). » Il y a donc maintes gradations dans cet état de bonheur temporaire, mais le bonheur éprouvé par le moi est différent de celui caractérisant le monde de la forme ou celui de l'informe.

Selon les écrits bouddhiques, le monde du désir inclut les cinq premiers des dix états et une partie de l'état de bonheur temporaire, c'est-à-dire tous les états dans lesquels le désir et les pulsions constituent des forces motrices. Les états d'enfer, d'avidité, d'animalité et de colère se concentrent tous sur le désir de vivre, sur les désirs instinctifs, sur les pulsions émotionnelles, sur les envies de bien-être social ou physique. Une certaine conscience de soi émerge dans l'état de colère, et un moi vraiment humain se manifeste dans l'état d'humanité, mais, même dans ces états, il existe des courants sous-jacents de désir. L'état de bonheur temporaire est la condition dans laquelle ces divers désirs sont satisfaits.

On connaît l'état de bonheur temporaire quand on mange avec plaisir une nourriture qu'on aime, mais qu'on n'est pas obligé de la limiter à la satisfaction des désirs instinctifs. Le bonheur temporaire vient également de la satisfaction du désir de diriger, d'être honoré, et de posséder des biens. Tous ces plaisirs appartiennent au monde du désir.

Dans le monde de la forme, l'état de bonheur temporaire est ce que nous ressentons lorsque notre rythme somatique est en bon état et que notre force vitale est forte. Ce bonheur est plus profond que celui résultant de la satisfaction des désirs ordinaires. Il nous procure un sentiment de santé, de vigueur et une conscience de la vie qui nous envahit. Le flux somatique, se fondant avec l'environnement, produit un puissant besoin de créer et de tirer le meilleur parti de la vie. Ce besoin dispense un bonheur profond au moi humain.

Quant au bonheur temporaire du monde de l'informe, nous devrions peut-être parler d'un flux spirituel, ou d'une vague d'énergie psychique. C'est la joie de mener une vie épanouie, la joie d'élargir le champ de sa liberté, la joie de la créativité. Le bonheur du monde du désir et du monde de la forme est une sorte d'épanouissement, mais le bonheur temporaire du monde de l'informe est supérieur, car il imprègne l'ensemble de l'être.

Les écritures disent qu'un jour passé dans l'état de bonheur temporaire est équivalent à plusieurs centaines d'années dans l'état d'humanité, et qu'une vie dans le bonheur temporaire dure plusieurs centaines d'années. Nichiren Daishonin a écrit que la durée de vie des quatre rois célestes, qui représentent l'état de bonheur temporaire, est de cinq cents ans, durant lesquels chaque jour est l'équivalent de cinquante années de vie humaine. Les trente-trois dieux au sommet du mont Sumeru vivent un millier d'années, durant lesquelles chaque jour est équivalent à cent années humaines, et les dieux du Sixième Ciel vivent encore plus longtemps.

On comprendra la signification réelle de ces chiffres si l'on réfléchit en termes du temps vital évoqué précédemment. Le flux vital est extrêmement rapide dans l'état de bonheur temporaire, et son influence sur le monde extérieur est grande. Le moi physique dans cet état éprouve le sentiment que le temps physique passe à une allure prodigieuse.

Le temps physique paraît bien court quand nous sommes heureux et épanouis, parce qu'il englobe beaucoup de temps vital. L'épanouissement vital éprouvé durant un seul jour passé dans l'état de bonheur temporaire est équivalent à celui de plusieurs centaines d'années dans l'état d'humanité.

Le temps vital subjectif passe sensiblement au même rythme que le temps physique dans l'état d'humanité. La vie se déroule de manière paisible et régulière, et lorsque la Terre a effectué un tour sur son axe, on a le sentiment d'avoir vécu un jour. Dans l'état de bonheur temporaire, le moi remarquera que le temps passe rapidement, mais il réalisera en se remémorant les événements vécus que plus de temps vital encore s'est écoulé.

L'expérience vitale importante d'un jour dans l'état de bonheur temporaire peut en fait être aussi riche en substance qu'une centaine d'années de vie ordinaire, et un moi qui a passé sa vie dans cet état a peut-être vécu en termes de temps subjectif mille ans, même si le temps physique écoulé n'est que de cent ans.

*Le triple enseignement secret*, évoquant l'état de bonheur temporaire, dit : « Les divinités vivent dans des palais. » Cela signifie, du point de vue de la philosophie de la vie, que les individus dans cet état résident dans l'environnement le mieux adapté au fonctionnement du moi humain. Nous sommes en droit de considérer, à la lumière du principe selon lequel le moi est inséparable de ses circonstances, que les « palais » désignent un environnement dans lequel le flux d'énergie vitale ne rencontre aucun obstacle. Tous les désirs peuvent être satisfaits, et le moi peut profiter d'une vie caractérisée par l'intelligence, la conscience et l'amour.

Une difficulté surgit toutefois. Les palais de l'état de bonheur temporaire s'écroulent facilement et il est caractéristique de cet état que des personnes retombent dans l'une des quatre voies mauvaises. L'authenticité de cette remarque se vérifie dans le Sûtra du Nirvana, où sont décrits cinq types de décadence dans lesquels les divinités – c'est-à-dire, les êtres dans l'état de bonheur temporaire – tendent à tomber. L'état de bonheur temporaire est, en dépit de toute sa magnificence, impermanent.

Pourquoi, demanderez-vous, les palais dans l'état de bonheur temporaire s'évanouissent-ils tels des rêves ? Pourquoi le moi recommence-t-il à souffrir ? Nous envisagerions, pour répondre à ces questions, les états d'existence qui transcendent ceux d'humanité et de bonheur temporaire.

## *Les six états inférieurs*

Il y a un peu plus de dix ans, je crois, que j'ai entendu pour la première fois parler de campagnes organisées par des hommes d'affaires pour nous inciter au gaspillage. Une stratégie consistait à inviter les gens à jeter des objets qui étaient toujours en état de fonctionnement. Cette attitude a conduit à la production de biens dans lesquels était délibérément incorporé un élément périssable et à la modification de modèles pour des objets normalement durables. Les personnes possédant des automobiles, des réfrigérateurs ou des télévisions en bon état sont encouragées à s'en procurer de « plus récents et des meilleurs ».

Une autre stratégie consiste à convaincre ou à forcer les gens à acheter un produit nécessaire en quantités abusives. Ainsi, tous les aérosols diffusent-ils plus de savon ou de crème à raser qu'il n'en faut, or une fois que ces produits sont sortis de leur récipient il est impossible de les y faire rentrer. Une troisième stratégie persuade les personnes de leur intérêt à se procurer des biens en deux ou trois exemplaires. Le gaspillage est désormais à la mode.

Nous vivons dans un monde où les désirs appellent de nouveaux désirs, et cela ne vaut pas seulement pour la consommation. En tant qu'individus et membres de la société, nous avons le désir fondamental de préserver notre vie, mais la société moderne nous incite à rechercher la gloire, la richesse, l'autorité, le pouvoir et un plus grand confort. La vanité et les désirs sont omniprésents et colorent l'ensemble de la vie contemporaine. Les égoïstes puissants visent à satisfaire leurs objectifs sans se soucier du bien-être des plus démunis et, parmi ces derniers, nombreux sont ceux qui se laissent prendre aux pièges de la publicité. Le désir est en définitive la force motrice de notre civilisation. Il convient toutefois de reconnaître que la recherche du bien-être matériel a motivé maints progrès positifs dans la société.

Il est intéressant de voir, dans l'histoire du Japon de l'après-guerre, comment les désirs des gens se sont modifiés quasiment tous les cinq ans. Les individus désiraient essentiellement de la nourriture durant les années de disette qui succédèrent immédiatement à la guerre. Les attitudes à l'égard de la sexualité évoluèrent aussi considérablement durant cette période. La nourriture ne faisait plus défaut au cours des années cinquante, et le mouvement de libération sexuelle avait atteint la plupart de ses objectifs immédiats. L'attention se tourna alors vers l'habillement. C'est vers cette époque que le nylon et les composés de vinyle firent leur apparition. On se mit à viser plus haut vers 1955, tout le monde désira pendant une demi-décennie posséder sa machine à laver, son aspirateur, et son réfrigérateur. Ainsi naquit l'expression des « trois joyaux sacrés », une référence ironique aux joyaux sacrés de la famille impériale.

La production économique éleva le niveau de vie, après 1960, à un point tel que les individus en arrivèrent à se demander comment occuper leur temps libre. L'hédonisme s'implanta plus profondément dans l'esprit populaire. Les désirs concernaient en priorité les biens et les possessions matériels et se caractérisaient par une dose considérable de vanité et d'orgueil. C'est, assez naturellement, vers cette époque que débuta la campagne concertée prônant la consommation excessive et la création de besoins artificiels : en quelque sorte une campagne pour encourager la cupidité. Elle se poursuit toujours à l'heure actuelle.

L'histoire du Japon de l'après-guerre reflète une évolution du désir primaire de survivre, à celui de nourriture et d'une sexualité libérée, d'habillement, de commodités modernes jusqu'à l'état actuel se caractérisant par un ensemble complexe de désirs de toutes sortes de possessions matérielles, y compris un bon nombre qui ne sont pas vraiment utiles. Ce ne serait pas une généralisation abusive que d'affirmer que les désirs du peuple japonais dans son ensemble sont passés aujourd'hui de l'état d'enfer ou d'avidité à un état d'animalité ou de colère.

Il serait également permis d'affirmer que, en cette époque où nous avons atteint un niveau d'abondance relativement élevé, il est devenu plus facile aux individus de pénétrer dans les états d'humanité et de bonheur temporaire. Nous avons progressé du stade de la faim de l'immédiat après-guerre à un point où nous sommes encouragés non seulement à consommer, mais encore à surconsommer. Il semble donc probable qu'il y a désormais plus d'individus dont le moi affiche les caractéristiques de l'état de bonheur temporaire. Nous pourrions dire, du point de vue bouddhique, que la culture matérielle, qui favorise la prolifération des désirs, a pour objectif la création d'un état de bonheur temporaire. Il est certain que nombreux sont ceux qui considèrent, peut-être à un niveau inconscient, que l'état de bonheur temporaire représenté par l'abondance matérielle est un état idéal.

Pour pousser plus loin l'analogie, disons que la culture matérialiste occidentale semble avoir eu pour dessein d'employer tous les moyens scientifiques et toutes les ressources de la Terre pour construire des palais pour cet état de bonheur temporaire. Il semblait presque, à l'époque où les futurologues prédisaient encore un avenir rose à l'humanité, que cet objectif était atteint. Hélas ! nous constatons aujourd'hui que ces palais étaient bâtis sur du sable. Ils paraissent aujourd'hui sur le point de s'effondrer, avec la civilisation qui leur a donné le jour.

Nous avons en fait confondu richesse spirituelle et abondance matérielle. Nous constatons maintenant que la menace de guerre nucléaire existe toujours, que la pollution et une utilisation incontrôlée des ressources ont déséquilibré la nature et que non seulement celle-ci, mais encore la société, la culture et l'humanité sont menacées d'extinction.

Nous avons profité de la prospérité pendant un court moment, et nous semblons destinés à nous retrouver bientôt au milieu des ruines de nos palais. Lorsque nos visions de paradis se seront dissipées, les angoisses de l'enfer et les souffrances de l'avidité, que nous venons si récemment de quitter, nous tendront à nouveau les bras. Notre avenir sera sombre tant que les êtres humains s'obstineront à entretenir l'intolérance et le conflit. Notre culture matérielle s'est efforcée de satisfaire les désirs de chacun, mais il semble qu'elle nous attire plutôt vers l'une des quatre voies mauvaises. Pourquoi en est-il ainsi ? Est-il quelque mal inhérent à notre civilisation ?

Pour répondre à ces questions, je me référerai une fois encore à l'attitude bouddhique relative au désir. Nous avons déjà vu que les six premiers des dix états d'existence sont inclus dans le monde du désir. Cela revient en quelque sorte à dire qu'il existe six catégories fondamentales de désir.

Le « roi-démon du sixième ciel » est assis au sommet du monde du désir, dans la démonologie bouddhique. Le fait que les démons résidant dans le sixième ciel connaissent une vie de bonheur temporaire suprême en contrôlant et en utilisant les autres n'est pas dépourvu de signification. C'est en fait l'acte même de contrôle et d'utilisation d'autrui qui est la source de ce bonheur. Que l'aspect anthropomorphique de ce concept ne nous trouble pas indûment car un fait est certain : chaque désir comporte un mal intrinsèque.

Le bonheur que nous éprouvons dans notre vie en affirmant notre contrôle sur la nature et sur autrui a sans conteste une qualité diabolique. Il y a un démon dans chaque désir, mais la manifestation la plus évidente de cet être mauvais dans la vie humaine est notre besoin de contrôler et de diriger les autres.

Il est intéressant, à cet égard, de nous rappeler la vision de Nietzsche, selon laquelle le besoin d'autorité est à la base de tous les désirs humains. Adler, sur le plan psychanalytique, s'intéressa aussi à la recherche du pouvoir de l'être humain. Ces deux conceptions se rapprochent du bouddhisme. La majorité associe Freud au concept de besoin sexuel, et il est vrai qu'il s'agit d'un élément capital de son système psychanalytique. Il me paraît toutefois pertinent de rappeler, dans le cadre de cette discussion, que, vers la fin de sa vie, il dirigea son attention non seulement vers l'instinct de vie mais encore vers l'instinct de mort, qui selon lui visait à détruire la vie.

La caractéristique essentielle du « roi-démon du sixième ciel » est qu'il prive les autres êtres de la vie. Il détruit la vie, mine la force de survivre d'autrui et attire les êtres humains dans 1'angoisse de l'enfer. Cela est l'essence même du mal. Confronté à des phénomènes tels que les désirs d'autorité, de domination ou de possession, le bouddhisme sonde les profondeurs intérieures de l'existence humaine pour découvrir la forme réelle du « roi-démon du sixième ciel », qui est manifeste dans ces divers types de désir.

Nichiren Daishonin écrit dans *Le traitement de la maladie* : « L'obscurité fondamentale se manifeste sous la forme du roi-démon du sixième ciel[34]. » Cela signifie en fait que le démon du désir est inhérent à la vie même. Je crois que l'« obscurité fondamentale » de l'être humain est identique à l'élément d'égoïsme du moi. Nous pourrions nommer cela le démon de la vie. Celui-ci, qui revêt la forme du démon du désir, détient le contrôle du moi et le contraint à œuvrer uniquement pour son propre bénéfice. Le moi, à moins d'être libéré de sa propre obscurité fondamentale, se manifeste de manière égocentrique. Si cette obscurité gagne en force, même le moi intelligent, conscient, qui se trouve dans l'état d'humanité ou de bonheur temporaire risque d'être transformé en un être égocentrique et hypocrite.

Ainsi que nous l'avons vu, le monde a fait usage de la science et de la technologie pour créer un environnement dans lequel nos désirs seraient satisfaits. Grâce à cet effort, de nombreuses personnes ont acquis le sentiment que nous bâtissions une société dans laquelle les individus pourraient vivre comme de véritables être humains, n'étant plus privés de leur droit fondamental de vivre et n'étant plus contraints de souffrir de la faim. Nous avons satisfait nos désirs fondamentaux et nous avons entrepris de satisfaire nos désirs émotionnels, puis nous avons découvert des désirs sociaux et culturels impliquant autorité et possession. Nous

34. Écrits, 1120.

constatons maintenant que nous avons libéré le démon du désir inhérent à la vie humaine et que nous en sommes victimes.

Les manœuvres de ce démon menacent de détruire la nature et l'existence humaine. La racine de notre problème réside dans le moi des êtres humains contemporains, qui abusent de l'autorité, qui recherchent le pouvoir et la gloire, et qui ont perdu leur sens de l'humanisme. Leur intelligence sert des fins diaboliques, plutôt qu'elle ne soutient et n'encourage la sagesse et la créativité de l'humanité – celle-là même qu'ils ont employée pour détruire les autres.

L'obscurité fondamentale de la vie humaine a été autorisée à transformer le désir, le moi et l'intelligence en des forces du mal, qui contrôlent désormais le gouvernement, le capital, le monde des affaires et la science. Peut-être cette qualité se réjouit-elle de sa capacité à provoquer des guerres, la pollution et la ruine de la nature.

Les vies corrompues par les maux de la civilisation contemporaine sont destinées à sombrer désespérément dans l'état d'enfer ou dans l'une des autres voies du mal, car elles continuent à répéter ce que nous nommons la transmigration dans les six voies ou états inférieurs. Tant qu'un individu demeure dans le monde du désir, il passe en permanence de l'un de ces états à un autre. Ces derniers sont le domaine du « roi-démon du sixième ciel », c'est-à-dire de l'obscurité fondamentale de l'être humain. Même le moi se trouvant dans l'état d'humanité est impuissant face à cette force égoïste fondamentale.

Le moi jouit d'une liberté supérieure, dans les états d'humanité et de bonheur temporaire, à celle qui existe dans les quatre voies mauvaises, mais un examen minutieux dévoile qu'il s'agit d'une liberté, d'une indépendance dispensée au moi de l'extérieur. Elle est conférée au moi par la nature, ou par l'hérédité, ou par l'environnement social et elle est susceptible de lui être retirée aussi facilement qu'elle lui est attribuée.

Il est vrai que le moi dans cet état vit selon sa propre volonté. Mais il est une créature du fonctionnement miraculeux de l'Univers et de notre environnement terrestre. Sans ceux-ci, le moi ne verrait pas le jour. Aussi, le processus par lequel nous naissons sur cette terre en tant qu'êtres humains démontre la beauté et la compassion insondables de la force vitale cosmique. Nous devrions être éternellement reconnaissants de la potentialité qui nous a été accordée en tant qu'être humains. Étant nés dans cet état et avec les potentialités de l'humanité, il nous incombe de parfaire notre intelligence et notre bonté afin de nous procurer l'indépendance et la liberté véritables. Nous devons vivre de manière telle que nous exprimions notre gratitude pour la nature compatissante de la vie cosmique qui nous a donné notre être. Nous devons travailler durement à nous améliorer et nous prémunir à chaque instant contre le démon du désir et notre obscurité fondamentale, car ce n'est qu'en les maîtrisant que nous pourrons échapper aux limitations des six premiers états et pénétrer dans le domaine des quatre états nobles ou quatre nobles voies. Je ne prétends pas pour autant que nous soyons en mesure de séparer totalement notre vie des six états inférieurs. Nous continuerons au contraire à vivre et à travailler au milieu de notre culture et de notre société dominées par de nombreux maux. Mais, en nous élevant vers les états supérieurs d'existence, nous leur permettons de conduire d'autres êtres vers les susdits états et de détruire progressivement les forces destructrices de la cupidité et de l'égoïsme. La voie vers les quatre états nobles passe par la révolution et la reconstruction de l'être humain. C'est également la voie qui nous permettra de sortir de notre présent dilemme culturel.

## *Étude et éveil pour soi*

Les quatre états nobles d'existence sont ceux de l'étude, de l'éveil pour soi, du bodhisattva et de la bouddhéité. Les deux premiers sont les idéaux du bouddhisme Hinayana. L'état d'étude est traditionnellement la condition du *shrāvaka* (en japonais : *shōmon*), un disciple qui a acquis la compréhension en écoutant directement les enseignements du Bouddha. L'état d'éveil pour soi est celui du *pratyeka-buddha* (en japonais : *engaku*), un être qui a connu un type d'éveil en reconnaissant les douze liens de l'origine interdépendante. Les adeptes du bouddhisme Mahayana admettent la noblesse de ces deux états, mais ne les classent pas parmi les formes d'existence les plus sublimes. Ce sont des états d'éveil partiels ou provisoires.

Il ne fait aucun doute qu'ils soient plus évolués que les six précédents. Nichiren Daishonin dit, dans *L'objet de vénération pour observer l'esprit* : « Le caractère transitoire de tout ce qui existe sur cette Terre est parfaitement clair à nos yeux. Cela ne signifie-t-il pas que les mondes des deux véhicules sont présents dans le monde humain[35] ? » Cela met en valeur la caractéristique distinctive du moi dans les états d'étude et d'éveil pour soi, à savoir qu'il reconnaît l'impermanence de tout phénomène. Cette reconnaissance n'existe pas dans l'état de bonheur temporaire, car nous sommes enclins dans cet état à avoir une perception anormale de notre bien-être, de notre pouvoir et de notre importance. Le bonheur

35. Écrits, 362.

temporaire naît du fait que nous avons atteint un objectif que nous désirions et espérions, et notre bonheur risque d'être tel qu'il nous donne l'illusion d'être permanent. Lorsqu'il nous échappe, ce qui est inévitable, nous sombrons de nouveau dans l'une des voies mauvaises.

N'en déduisez pas qu'une personne dans l'état de bonheur temporaire ne puisse évoluer vers les deux états suivants, mais pour ce faire elle ne doit pas être trop distraite par les changements se produisant autour d'elle. Pour pénétrer dans l'état d'étude ou d'éveil pour soi, il convient de réfléchir à la voie qu'on a suivie. Si l'on s'interroge suffisamment, il devient bientôt évident que toute existence est en mutation permanente et qu'elle est donc de nature impermanente.

Je considère que le moi dans ces deux états est un « moi de réflexion » – un moi qui s'arrête, regarde en arrière et s'efforce de comprendre la signification des choses. Ce processus implique souvent l'introspection, qui est le mécanisme de réflexion sur sa vie intérieure et sur sa relation avec le Cosmos. Le moi dans les états d'humanité et de bonheur temporaire concentre en général son attention sur son environnement, en revanche le moi dans les états d'étude et d'éveil pour soi tourne son regard vers sa vie intérieure et vers la signification plus profonde de la vie humaine en tant que tout.

La force de la lumière de la vraie sagesse est telle, lorsqu'elle est dirigée vers la vie intérieure, qu'elle illumine dans une certaine mesure le monde extérieur. Si le moi a une connaissance profonde d'un instant de sa vie, il comprend également le passé et l'avenir ainsi que le principe des trois mille mondes en un instant de vie.

J'ai recouru, en discutant de l'état d'humanité, à l'analogie du moi flottant dans le grand océan de la vie l'ayant engendré. Le moi dans cet état a peut-être des qualités et des désirs spirituels, tels que l'intelligence, la bonté, la détermination et la compassion, mais il lui manque la force de fixer son attention sur les courants de fond et sur les profondeurs de l'océan de vie. Il est trop occupé à essayer de flotter, de garder la tête au-dessus des vagues. Le moi qui ne connaît pas les courants de fond et les profondeurs risque de se noyer.

Poursuivons cette analogie. Le moi dans l'état d'étude ou d'éveil pour soi est capable, tout en luttant contre les lames de fond de la vie, de diriger son intelligence et la lumière de sa perception intuitive dans les profondeurs de la mer. C'est un moi de réflexion qui se transforme à la surface en une source de lumière dont les rayons irradient vers les profondeurs. La lumière est composée de sagesse, de bonté, d'amour et de soif de vérité. Sa force et sa couleur varient en fonction de l'individu.

Je pourrais proposer une autre analogie, celle-ci en rapport avec les efforts de l'astronome, dont le raisonnement sonde une région lointaine de l'espace et découvre des faits le conduisant à l'hypothèse d'un Univers en expansion ou à d'autres théories relatives au Cosmos en général. Une fois de plus, une étude érudite intensive de champs particuliers, tels que l'économie et la politique, jette un éclairage nouveau sur la culture humaine dans son ensemble. Le plus important est peut-être que, lorsque le moi de réflexion scrute sa propre nature intérieure, il voit les vagues toujours actives de désirs, d'émotions et d'énergies qui y œuvrent en permanence. Il est même possible que sa lumière lui permette de découvrir le fonctionnement ultime du Cosmos. Ce faisant, le moi comprendra naturellement l'impermanence de toute chose et la futilité de s'y absorber et de s'y perdre. Le moi dans les états d'étude et d'éveil pour soi acquiert tout d'abord une véritable indépendance par rapport aux mondes éphémères. Il apprend, en comprenant l'océan de vie et le plus grand océan cosmique dont ce dernier fait partie, à se mouvoir de manière indépendante mais en harmonie avec les mouvements alentour.

L'aptitude à pénétrer dans les états d'étude et d'éveil pour soi n'est pas nécessairement présente en chacun. Il est des moi dans lesquels nulle réflexion, nulle introspection n'est capable de produire la lumière. Et, même lorsque la lumière de l'intelligence et de la sagesse s'allume, sa force et sa qualité varient considérablement. Ainsi, certains enfants ont une compréhension presque immédiate des problèmes mathématiques ou possèdent un talent naturel pour la musique et l'art, mais ils ne dispensent qu'une faible lumière sur les autres activités. Maints adultes ont des talents analytiques développés, mais ne possèdent pas la moindre trace de compassion humaine. Dans ce dernier cas, il est plus probable que le moi se trouve dans l'une des trois voies mauvaises que dans l'état d'étude ou d'éveil pour soi.

L'éducation et une expérience riche peuvent renforcer la lumière émise par le moi. N'oublions pas que l'appellation originelle de l'état d'étude fait référence à des disciples ayant écouté l'enseignement de Shakyamuni et ayant donc été éduqués dans la Loi bouddhique. Il importe que nous nous efforcions d'assimiler la connaissance et la sagesse accumulées par ceux qui nous ont précédés, car celles-ci peuvent être une partie importante de la lumière que nous désirons dispenser. Il est possible que les savants et les étudiants se trouvent dans une meilleure position que d'autres pour pénétrer dans l'état d'étude, mais celui-ci est également ouvert à quiconque s'efforce sincèrement et humblement de comprendre les expériences et la sagesse d'autrui. Le facteur, qui empêche tant d'étudiants et de savants de pénétrer dans l'état d'étude, est un orgueil indu engendré par leurs connaissances supérieures. La recherche du savoir est trop souvent motivée par un désir de se mettre en valeur et, lorsque tel est le cas, l'état véritable du moi n'est pas celui d'étude mais celui d'avidité. La personne qui est vraiment engagée dans l'état d'étude se soucie, elle, de son enrichissement spirituel.

La personne qui, dans la vie quotidienne, fait ce qu'on attend d'elle et rien de plus n'accédera pas à l'état d'étude, lequel étant réservé à ceux qui considèrent leur activité comme une occasion de croissance et de développement intérieurs. L'étude ne dérive pas de la pratique d'un travail dans l'intention d'en retirer un salaire, mais de la volonté de développer sa dimension spirituelle, en apprenant d'autrui ou en acquérant une expérience personnelle. L'opportuniste, qu'il travaille dans un bureau, une usine ou un institut de recherche, n'est généralement pas très éloigné de l'état d'animalité ou de colère.

Nous devons envisager de plus près, outre l'état d'étude, celui d'éveil pour soi. L'éveil pour soi est un type d'éveil auquel quelqu'un accède de manière soudaine après avoir observé ou vécu quelque phénomène – qu'il s'agisse du fonctionnement de l'Univers, de l'éclosion d'une fleur dans un champ, de l'éclat d'une étoile dans le ciel, d'une information dans un journal, de l'odeur putride d'un fleuve pollué, de l'âcreté d'un brouillard photochimique, bref de tout ce qui est susceptible de provoquer une intuition. L'éveil pour soi appartient à l'inspiration que connaissent les artistes, les scientifiques ou les grands leaders, et il est probable que les principaux pionniers de la civilisation humaine ont connu cet état. Descartes nous fournit une illustration presque parfaite de cela. Il était assis devant l'âtre le 10 novembre 1619 lorsqu'il eut une illumination soudaine qui déboucha sur sa phrase célèbre : « *Cogito ergo sum.* » Ce moment d'éveil conduisit au développement du fondement philosophique de la majeure partie de la science occidentale.

On rapporte que la vision du monde de Kierkegaard se modifia aussi à la suite d'une intuition qu'il eut un jour de 1835. Il écrivit dans son journal qu'une commotion soudaine effrayante se produisit dans son esprit, le contraignant à envisager tous les phénomènes sous un jour nouveau. Il nomma cette expérience son « grand séisme ».

Nous connaissons tous des expériences semblables. Nous pouvons vivre chaque jour les mêmes scènes pendant des semaines ou des mois sans y prêter attention. Or, un jour elles nous apparaissent chargées d'une signification nouvelle. Dans le cas de Descartes et de Kierkegaard, une inspiration soudaine modifia leur conception même de la vie. Il s'agit d'un exemple typique d'éveil pour soi. La lumière de leur moi éclaira brusquement ce qui était jusqu'alors un monde plongé dans les ténèbres, et un nouveau territoire de l'esprit s'étendit devant eux. Comparer cela à un « grand séisme » n'est pas une exagération.

Ces révélations soudaines ne se seraient toutefois pas présentées à Descartes ou à Kierkegaard si leurs études et leurs efforts préalables pour comprendre l'Univers ne les avaient pas préparés à ce moment de vérité. L'état d'éveil pour soi s'atteint par une force personnelle, par la vertu de l'étude et de la méditation sur la vie de l'entité cosmique. Lorsqu'on est préparé à recevoir la vérité, celle-ci se révèle parfois à travers l'objet ou l'expérience les plus simples, les plus communs. Elle s'étend ensuite à l'ensemble de la vie, nous permettant de participer de manière créative à l'existence vitale totale.

Une telle révélation ou inspiration est peut-être plus courante chez les artistes et les penseurs que chez l'être humain ordinaire, mais ce dernier aussi y a accès. En étudiant et en affinant le moi, n'importe qui peut se préparer à l'intuition instantanée qui révèle la vérité. Je n'exclus de l'état d'éveil pour soi ni la mère de famille qui, après avoir lutté sans relâche contre les hausses de prix, trouve soudain un moyen de joindre les deux bouts ni le mari qui, ayant été harcelé pendant des années par une belle-mère jalouse, trouve enfin la réplique qui s'impose, ni l'homme d'affaires qui découvre enfin le moyen de concrétiser un projet qu'il caressait depuis des années. Il est même permis de voir un élément d'éveil pour soi chez les victimes de la maladie de Minamata à Kyushu qui, en dépit des longues errances des professeurs d'université quant à sa cause, savaient instinctivement dès le début que la maladie était due à une intoxication de l'eau qu'elles consommaient. Le raffinement de l'âme qui conduit à l'éveil pour soi peut produire dans la vie quotidienne de la personne ordinaire la paix et le bonheur dans le foyer aussi bien que des modifications importantes dans la structure sociale, politique et économique.

Le moi connaît, même dans cette partie de l'état de bonheur temporaire qui réside dans le monde de l'informe, le bonheur de l'épanouissement, de l'expansion et de la créativité. Mais cela dépend en majeure partie de la condition externe. Le niveau de bonheur, dans l'état d'étude ou d'éveil pour soi, s'élève jusqu'à l'épanouissement en raison des efforts faits pour y accéder.

Le bonheur éprouvé par la personne se trouvant dans l'état d'étude vient de ce qu'elle sait désormais appliquer la vérité puisée dans les livres et dans l'expérience des autres à sa vie personnelle. Le bonheur de l'état d'éveil pour soi est supérieur, parce qu'il est essentiellement atteint ou créé par l'être même. Le degré de bonheur ne dépend pas tant de la quantité d'efforts investis dans la quête que de la mesure dans laquelle le moi a été poli, discipliné et parfait.

D'un point de vue différent, nous sommes en droit de dire que le moi, qui dispense sa lumière sur le monde, a pour espace vital l'ensemble de la région qu'il illumine. Lorsque la lumière est forte, la personne dans l'état d'étude ou d'éveil pour soi possède un monde qui lui est propre. Cela vaut autant pour le salarié dans son bureau, pour la mère de famille dans sa maison que pour le grand savant dans sa tour d'ivoire. Le champ de l'espace vital variera d'un individu à l'autre, mais il sera beaucoup plus grand dans ces deux états nobles que dans les six premiers états, et l'influence du moi sur les autres sera d'autant plus large.

Il paraîtra sans doute curieux à certains lecteurs que les sûtras du Mahayana condamnent les états d'étude et d'éveil pour soi, qui sont pourtant marqués par la sagesse, le bonheur et un type d'éveil. Nichiren Daishonin cite, dans son traité intitulé *Sur l'ouverture des yeux*, des extraits d'un sûtra situant ces deux états à un niveau inférieur aux trois voies mauvaises. Que signifie ce paradoxe ?

Il y a essentiellement deux explications. L'une est que les individus ayant accédé à ces états élevés se gonflent de leur propre importance. L'autre est plus simplement que ces individus n'ont pas encore dépassé le stade de l'orgueil. On accède à ces deux états par la voie d'une étude ardue ou d'une contemplation, et cela implique que la personne qui a atteint ces états a de fortes ambitions et une solide détermination. La puissance d'une volonté forte peut effectivement produire une sorte d'éveil gorgé d'intelligence et de richesses spirituelles. Les personnes ayant connu cette forme d'éveil risquent trop facilement de croire qu'il s'agit de l'éveil le plus élevé et qu'elles ont atteint la connaissance ultime. Mais elles oublient à ce moment leurs propres limitations, et la dimension obscure qui sommeille au plus profond d'elles redevient active. La situation est en majeure partie la même que dans l'état de bonheur temporaire, où le démon du désir s'affirme lors de l'épanouissement.

Nous assistons souvent à de telles situations. Ainsi, certains chercheurs médicaux qui découvrent une vérité scientifique s'efforcent de se l'attribuer. Ils dissimulent leur trouvaille à leurs collègues, qui leur semblent soudain bien stupides. Ils perdent de vue l'objectif même de la médecine, et préservent leur secret jusqu'au jour où ils sont en mesure de le dévoiler à une assemblée de leurs pairs et d'en recueillir des lauriers. Leur révélation n'a pas produit en eux un éveil véritable, mais la vanité et l'orgueil.

Telle est la voie si souvent suivie par ceux qui se trouvent dans les états d'étude et d'éveil pour soi. En fait, il subsiste dans ces états un élément d'illusion dans les profondeurs de la vie, et, même si le moi essaie de mettre son intelligence supérieure au service de causes justes, il est incapable, faute d'un éveil ultérieur, de surmonter le désir et le goût de la réussite. Il n'y a pas, dans cette situation, d'échappatoire possible face à la « qualité aveugle de la nature originelle de l'être humain », qui se tapit plus profondément que la raison, que la conscience ou que la compassion. Le moi dans ces états émet de la lumière, mais elle est inégale et imparfaite, confinée à des limites précises.

Au mieux, l'objectif de la personne dans ces états est le développement de son propre caractère et l'amélioration de sa propre personnalité. En un sens, elle rencontrera peut-être le succès, mais son dessein est essentiellement égoïste, et l'éveil auquel elle accède ne la mène pas à la source véritable de la vie.

L'éveil partiel débouche sur l'orgueil et la perte de l'humilité. L'être, qui n'est éveillé que de manière partielle, considère que sa vision seule est la bonne. Il est en conséquence sourd aux idées d'autrui, aussi valables soient-elles. Il a tendance à critiquer pour le plaisir, ou pour renforcer sa fatuité. Il est capable lorsque cela se produit d'entraver la voie du bonheur pour les autres aussi bien que pour lui.

La seconde raison pour laquelle les états d'étude et d'éveil pour soi peuvent être considérés comme inférieurs aux trois voies mauvaises est liée au pouvoir que possèdent souvent les individus dans ces états. En règle générale, ils possèdent une connaissance, un intellect et une perception supérieurs, et, bien que ces qualités leur permettent de faire plus de bien autour d'eux que les autres, elles leur permettent également de faire plus de mal. S'ils se laissent posséder par le mal qui est en eux, elles risquent de provoquer plus de destruction par rapport à la vie dans le Cosmos que les humbles mortels. La différence est comparable à celle existant entre une arme ordinaire et la bombe à hydrogène. L'analogie n'est pas choisie de manière fortuite, parce que les armes nucléaires et les sciences sur lesquelles elles se fondent sont les produits de révélations de scientifiques très érudits. Un homme ordinaire habité par le mal risque de provoquer une blessure à l'aide d'une arme à feu ou d'un couteau, mais les grands scientifiques de notre époque nous ont procuré les moyens de détruire toute l'humanité en un geste rapide. Il n'est pas rassurant de savoir que les personnes dans les états d'étude et d'éveil pour soi sont souvent des esprits plus indépendants, car cela signifie que, si elles s'engagent dans une mauvaise voie, il sera plus difficile de les ramener dans le bon chemin. Un léger changement dans les circonstances environnantes suffit à faire basculer l'homme ordinaire de l'un des six premiers états à l'autre, mais les personnes se trouvant dans ces deux états ne se laissent pas aussi facilement influencer. Elles « s'accrochent à leurs principes » et ne sont pas ébranlées par les critiques d'autrui. Ce sont trop souvent de tels individus qui nous ont plongés dans le marasme de la guerre.

Nous nous retrouvons donc face à notre paradoxe de départ. L'étude et l'éveil pour soi, dans un sens abstrait, sont sources de savoir, de sagesse et d'intelligence. Ils peuvent permettre à une personne de dispenser beaucoup de lumière, tant intellectuelle que spirituelle, sur son environnement. Ils peuvent même le mener très près de la compréhension ultime de l'essence de la vie, mais en même temps ils ne soulagent pas par eux-mêmes le soi de l'obscurité fondamentale propre à l'être humain. Pour cette raison, ils risquent dans certains cas de conduire en définitive non à l'essence de la vie, mais à son antithèse, la souffrance et la destruction. La route vers la vérité ultime réside dans les deux états nobles du bouddhisme Mahayana, la nature du boddhisattva et la bouddhéité, auxquels je vais consacrer la fin de ce chapitre.

### *Bodhisattva et bouddha*

J'ai lu récemment un ouvrage intitulé *Ningen no saihakken* (La redécouverte de l'être humain) qui était en fait le compte rendu d'un symposium organisé par le docteur Hideki Yukawa, le professeur Kikuya Ichikawa de l'université Doshisha et M. Takeshi Umehara[36]. Ces trois auteurs érudits évoquaient, entre autres choses, le concept bouddhique de *jihi*, la compassion.

Le docteur Yukawa observait que le mot contient un élément signifiant « chagrin », qui le distingue du « Aime ton prochain » chrétien, de la « bienveillance » confucéenne et du concept commun de philanthropie. Le professeur Ichikawa suggérait que « chagrin » impliquait le fait de partager la douleur d'un tiers. Le docteur Yukawa rétorquait que, pour partager la douleur d'un tiers, on devait nécessairement éprouver du chagrin soi-même. M. Umehara concluait que la compassion était une sorte de reconnaissance spéciale impliquant une identification à l'état fondamental de la vie d'une autre personne.

À ce stade, le professeur Ichikawa affirma qu'une telle compassion faisait totalement défaut au monde moderne, mais le docteur Yukawa

36. *Ningen no Saihakken,* Kadokawa Shoten,1971.

lui fit la réponse suivante : « Je ne suis pas tout à fait d'accord lorsque vous prétendez qu'elle n'existe pas. Vous-même nous avez parlé du poussin que vous possédiez. Mon poussin à moi est ma petite-fille. Je n'avais jamais songé, avant la naissance de l'enfant, à ce que cela me ferait d'être grand-père, mais à peine était-elle née que je pris conscience des étranges et mystérieux sentiments dont les hommes sont capables… À mes yeux, ma petite-fille était totalement irréprochable. Ce sentiment paraît illogique, mais il n'en est pas moins réel. Quelque part au fond de moi, il avait toujours été présent, mais je n'en pris conscience qu'après la naissance de l'enfant. Vous devriez comprendre cela grâce au poussin. »

Le poussin auquel il est fait allusion avait été acheté par la fille du professeur Ichikawa, en guise d'animal domestique. Il semble que le volatile soit tombé malade et que toute la famille était inquiète au point que le professeur Ichikawa, qui est le président de son université, téléphonait tous les jours de l'école pour prendre des nouvelles du poussin. Ce dernier finit par mourir et le professeur Ichikawa observa que sa famille était presque aussi ébranlée qu'à l'occasion du décès de sa mère, un an auparavant.

Voici deux exemples modestes indiquant à quel point même un grand savant peut être émotionnellement bouleversé par une affaire impliquant un enfant ou un animal. Le sentiment qu'éprouvèrent ces scientifiques est selon moi l'essence de la compassion bouddhique.

Nichiren Daishonin écrivit dans *Les enseignements oraux* (*Ongi kuden*) : « Une grande compassion est semblable à l'empathie d'une mère pour son enfant ; c'est la compassion de Nichiren et de ses disciples. » La principale similitude entre la compassion bouddhique et l'amour maternel est peut-être que tous deux sont inconditionnels, comme l'affection du docteur Yukawa pour sa petite-fille. Le véritable amour maternel est altruiste – rien, pas même la vie de la mère, ne doit entraver la croissance ou le bonheur de l'enfant. L'empathie est presque parfaite. Quand l'enfant est heureux, la mère est heureuse ; quand l'enfant est perturbé, la mère est perturbée ; quand l'enfant est malade, c'est la mère qui souffre le plus.

Mais remarquez que j'ai précisé le « véritable » amour maternel, parce qu'il en existe des contrefaçons. Nous connaissons tous des exemples de mères dominatrices dont le souci ostensible pour leur enfant est en fait un souci pour son propre ego. Nous connaissons aussi des mères dont l'intérêt obsessionnel pour leur progéniture est tel qu'elles adoptent des attitudes haineuses à l'égard des enfants des autres. L'existence de contrefaçons n'altère toutefois pas la similitude fondamentale entre la compassion bouddhique et l'amour maternel.

Ainsi que le suggère le docteur Yukawa, nous naissons tous avec une propension à la compassion, quoique nous n'en prenions conscience bien souvent qu'en une occasion particulière. Nichiren Daishonin écrit dans *L'objet de vénération pour observer l'esprit* : « Même un brigand sans cœur aime sa femme et ses enfants. Il a aussi une part de l'état de bodhisattva en lui[37]. » Cela signifie tout simplement que tout un chacun est par nature capable de compassion.

Dans l'état de bodhisattva, l'ensemble de la vie est soutenue par la force de la compassion. Par « force de la compassion », j'entends une énergie puissante qui s'écoule de la profondeur intérieure de la vie humaine. Celle-ci inclut l'intelligence, la bonté, la sagesse et une foule de désirs spirituels. Le moi est dans l'état de bodhisattva quand toutes ses qualités supérieures – sagesse, amour, détermination et valeur – se fondent avec l'énergie de la compassion dans l'intention de faire le bien. Le caractère du bodhisattva est complètement altruiste, et l'essence de la compassion du bodhisattva consiste à délivrer autrui de sa souffrance et à lui apporter le bonheur.

L'altruisme est le moyen d'auto-épanouissement et d'auto-perfectionnement le plus efficace. Faire le bien est le meilleur moyen d'améliorer son propre caractère et d'accéder à un plus grand bonheur personnel. Nous devons, pour soulager un tiers de sa souffrance, nous identifier à cette personne et partager sa souffrance. Ainsi que le dit M. Umehara, il s'agit d'un cas d'« identification à l'état fondamental de la vie d'une autre personne ». Cette identification est le moyen de pratiquer la compassion, et les actes visant à soulager autrui de sa souffrance et à lui apporter le bonheur mènent au perfectionnement du moi. Le bodhisattva se plonge au milieu des êtres humains et s'efforce de prendre sur lui leurs souffrances et leur tristesse. Sa compassion est une force active, pratique. C'est la différence essentielle entre le bodhisattva et les sages qui n'ont pas dépassé les états d'éveil pour soi. Le bodhisattva est capable de pensée profonde et d'intuition sûre, mais celles-ci s'accompagnent inévitablement d'une action pratique.

Nichiren Daishonin écrit dans le *Jippōkai myōinga-shō* (*La causalité dans les dix états de vie*) : « Le bodhisattva, évoluant au milieu des personnes ordinaires dans les six voies, se rabaisse lui-même et fait l'éloge des autres, s'efforçant toujours de diriger le mal vers lui et le bien vers autrui[38]. » En d'autres termes, le domaine de la personne ordinaire est le

---

37. Écrits, 362.

38. Non traduit en français.

champ d'action du bodhisattva, et son attitude doit traduire l'humilité et le sacrifice de soi.

Le bodhisattva doit avoir le cran de défier les sources mêmes du mal. Sans courage, il ne peut espérer vaincre l'obscurité en lui et chez les autres et, à moins de dominer ces forces mauvaises, il est incapable d'apporter le bonheur à autrui. Un texte bouddhique, le *Butsuji-kyō-ron*, va jusqu'à affirmer que la signification du mot bodhisattva est « courage ». En aidant les autres, le bodhisattva se parfait, car l'acte de faire le bien annihile son égoïsme latent, permettant à la lumière de la sagesse de son moi d'illuminer les ténèbres du monde environnant.

Le mot bodhisattva est composé de *bodhi*, qui signifie « la sagesse du Bouddha », et *sattva*, « êtres sensibles ». Je reviendrai sur la signification des êtres sensibles, mais qu'il me suffise de dire pour l'instant que le terme se réfère aux êtres vivants, et en particulier aux êtres humains. La sagesse du Bouddha est celle qu'acquiert le bodhisattva en consacrant toutes ses actions au bénéfice des autres. Le moi dans l'état d'éveil pour soi n'a pas cette sagesse ultime, parce que ses efforts sont égocentriques et que subsiste en conséquence le risque que l'égoïsme s'affirme à nouveau. Pour le bodhisattva, la lutte pour aider les autres est en soi une attaque frontale du moi égoïste. L'énergie vitale fondamentale s'écoule sous forme de sagesse et de compassion, et le moi, qui est trop enclin à l'égoïsme, acquiert progressivement un caractère plus altruiste. Il croît en sagesse, en jugement et en conscience, et ses désirs spirituels gagnent en force.

Les principaux bodhisattvas dont parlent les écritures sont, en japonais : Monju, Kannon, Yakuō, Fugen, Miroku et Myō-on, chacun représentant une vertu ou un domaine particulier. Monju correspond à la sagesse, Kannon à la miséricorde, Yakuō à la médecine, Fugen à l'éducation, Miroku à la compassion, et Myō-on à la musique et aux arts. Leurs attributs et les activités dans lesquelles ils s'engagent sont différents, ils n'en sont pas moins semblables en ce que chacun de leurs actes est dirigé vers le bénéfice des autres.

Nichiren Daishonin considère qu'il s'agit de bodhisattvas provisoires. Les écritures prescrivent à leur intention cinquante-deux phases de pratique, la dernière étant la bouddhéité. Accéder à chacun de ces stades nécessite énormément de temps, d'efforts et de persévérance. Il est permis de se demander si les simples mortels sont capables d'emprunter cette direction austère. S'engager dans la voie ascétique mais échouer en cours de route ne conduit pas à une réalisation de la bouddhéité.

Le moyen pour la personne ordinaire d'accomplir l'objectif ultime de la bouddhéité consiste à se cultiver elle-même par des actions altruistes, provoquant ainsi le jaillissement de l'énergie de la compassion de la source la plus profonde de la vie. Il convient de se réformer tant à l'extérieur qu'à l'intérieur. La pratique continuelle d'actions bénéficiant à autrui suscitera la force vitale nécessaire à une vie épanouie et heureuse.

Nichiren Daishonin évoque, en opposition aux bodhisattvas provisoires, les bodhisattvas sortis de la terre, décrits dans le Sûtra du Lotus. Manifestations du bouddha ultime, ils surgissent de la terre pour répandre la Loi bouddhique à travers l'Univers. Ce sont les individus qui, dans la vie quotidienne de ce monde, défient les forces mauvaises en se consacrant sincèrement à promouvoir le bien des autres, amenant par la même occasion l'énergie infinie de la compassion à se répandre en eux.

Les quatre guides des bodhisattvas surgis de la terre sont Pratiques-Supérieures (Jōgyō), Pratiques-sans-Limites (Muhengyō), Pratiques-Pures (Jōgyō) et Pratiques-Solidement-Établies (Anryūgyō). Un passage des *Enseignements oraux* leur est consacré : « Dans son explication des quatre grands bodhisattvas, le neuvième volume du *Fushoki*[39] (un commentaire de l'œuvre de Tiantai) dit : "Les quatre guides dont parle le Sûtra du Lotus représentent quatre vertus : le véritable soi, l'éternité, la pureté et le bonheur. Pratiques-Supérieures représente le véritable soi ; Pratiques-sans-Limites, l'éternité ; Pratiques-Pures, la pureté ; Pratiques-Solidement-Établies, le bonheur." »

Cette déclaration mystérieuse appelle quelque explication supplémentaire. Selon mon interprétation, la vertu du véritable soi signifie le renforcement du moi au point qu'il soit capable d'affronter les défis de l'extérieur et de transformer les difficultés en opportunité de croissance. L'éternité signifie une conviction ferme en la vie éternelle, ainsi qu'un effort, se fondant sur cette dernière, d'avancer sans relâche vers cet objectif. Le sens d'éternité renforce la confiance dans le fait que, par des actions compatissantes, il est possible de transformer son prochain, son environnement, son pays, voire le monde entier.

La pureté signifie une vie pure et brillante, dans laquelle les instincts mauvais et égoïstes sont incapables de nous ébranler. Une vie consacrée à aider les autres plutôt qu'à rechercher son propre avantage dispense la lumière de la vraie sagesse et de l'intelligence. Le bonheur signifie la joie de vivre sur une fondation inébranlable enracinée dans la force vitale de l'Univers.

Nichiren Daishonin écrit dans *L'objet de vénération pour observer l'esprit* : « Les bodhisattvas Pratiques-Supérieures, Pratiques-sans-Limites,

39. Un commentaire de l'œuvre du moine chinois Zhiyi, le grand maître Tiantai (538-597).

Pratiques-Pures et Pratiques-Solidement-Établies représentent le monde du bodhisattva en nous-même[40]. » Cela signifie que nous pouvons nous créer les conditions de vie du bodhisattva. Nous pouvons être des bodhisattvas sur Terre, confiants en nous-mêmes, remplis de la force vitale infinie, et voués à aider autrui. La vie d'un bodhisattva sur Terre est une vie vraiment humaine, compatissante et joyeuse.

Les bodhisattvas sortis de la terre sont décrits dans le Sûtra comme « jaillissant » du sol. Le « sol » symbolise le fondement ultime de la vie, qui est la Loi merveilleuse. Celle-ci, qui est la force vitale cosmique, est identique à la vie de la bouddhéité. C'est parce que la bouddhéité manifeste son pouvoir sous des formes tangibles dans chaque activité de notre vie quotidienne que nous sommes capables d'agir en tant que bodhisattva sur Terre, et de consacrer toute notre énergie à faire le bonheur d'autrui. Lorsque nous devenons bodhisattva sur Terre, nous manifestons en fait la bouddhéité qui est en nous. Qui plus est, les conditions de vie des bodhisattvas sur Terre sont, contrairement à celles des bodhisattvas provisoires, exactement les mêmes que celles de la bouddhéité. Seule la bouddhéité qui est en nous est capable de donner vie aux quatre vertus des bodhisattvas sur Terre.

Cela nous amène au plus élevé des dix mondes, la bouddhéité, un état qu'il est impossible de décrire de manière exhaustive par des mots. Nichiren Daishonin a écrit : « La bouddhéité est la réalité la plus difficile à démontrer. Mais, puisque vous possédez les neuf autres états, vous devriez croire que vous avez aussi la bouddhéité[41]. » Le fait est que la bouddhéité doit être vécue pour être comprise, et la meilleure description possible doit nécessairement n'être qu'une discussion partielle des attributs du Bouddha.

Il existe dix titres honorifiques ou dix attributs du Bouddha, qui s'efforcent d'exprimer la sagesse, le pouvoir et la compassion infinie de la bouddhéité. Le nom Bouddha lui-même signifie l'« Éveillé », dont la sagesse englobe les principes fondamentaux de l'Univers et toute vie en lui. Un autre titre est l'« Ainsi-Venu » (jap. *Nyorai* ; skt. *Tathagata*), qui implique que chaque parole, chaque action du Bouddha est en unité avec la vie cosmique. Cela signifie une compréhension de l'éternité de la vie, et donc l'éveil.

Des titres tels que « Parfaitement et complètement éveillé », « Dirigeant du peuple », « Bien parti » et « Clarté et conduite parfaites » insistent sur

40. Écrits, 369-370.

41. Écrits, 362.

la compréhension des êtres qui caractérise le Bouddha. « Parfaitement et complètement éveillé » en particulier signifie la sagesse du Bouddha à comprendre toute chose de l'Univers tout entier de manière impartiale et à les envisager avec une compassion égale. « Dirigeant du peuple » suggère une force suffisante pour conduire tous les êtres humains vers le bonheur et pour triompher de tout élément obscur résidant dans les profondeurs du moi. Le mot sanscrit signifie à l'origine un titan qui « harmonise et contrôle ». En contrôlant les pulsions, il harmonise tous les éléments dans l'Univers, et, en réalisant en permanence des actes de compassion, il révolutionne sa propre vie.

« Bien parti » (dans le monde de l'éveil) signifiait à l'origine éteindre tout désir et accéder au nirvana, mais, les désirs ne pouvant être vraiment supprimés, nous devons considérer que cela implique qu'ils sont sublimés – rendus sublimes – et orientés vers le bénéfice d'autrui. Le Bouddha, possédant la force de contrôler les désirs, fait en sorte que ces derniers soient orientés vers des actes altruistes.

« Clarté et conduite parfaites » insiste sur l'union de la sagesse et de la conduite pratique. La perception de la vérité éternelle vient de l'expérience véritable. Le Bouddha explore toutes les sphères de la vie, y compris les activités de l'être humain : la société, la culture, la politique, l'économie et l'éducation. Le Bouddha sait pourquoi le prix des produits grimpe, pourquoi le système éducatif ne fonctionne pas comme il devrait, pourquoi le prix des terrains engendre des difficultés. Un autre de ses attributs est « Compréhension du monde ». Cela suggère que le Bouddha n'est pas un être absolument lointain, mais un être qui saisit tous les aspects de la vie réelle immédiate, et qui sait comment résoudre les problèmes actuels. Cela donne naissance au nom « Maître des dieux et des humains ». Dans ce cas, nous pouvons interpréter « dieux » comme signifiant « guides », et « humains », comme « personne ordinaire ». Le Bouddha est capable de guider tous les êtres humains et ce, quels qu'ils soient. Il capte leurs cœurs par sa sagesse, sa force et sa compassion. Ses actions reçoivent leur approbation et leur soutien, de sorte qu'il est possible de le qualifier du nom de « Digne d'offrandes ». Recevoir des dons indique que l'on a gagné l'admiration et le soutien des gens. Cela est mis en évidence par le titre d'« Honoré du monde ».

Dans le monde actuel une personne chez qui s'exprime la nature du Bouddha est à première vue une personne de bon sens. Elle est équilibrée, a un sens aigu des responsabilités et une foi solide, est aimable à l'égard d'autrui et capable de faire montre de souplesse dans sa pensée. Elle est par-dessus tout riche en compassion, en sagesse et en créativité.

Les individus dans l'état de bouddhéité ne paraissent pas très exceptionnels de prime abord. Leurs activités sont celles des bodhisattvas, qui sont à même de mener des vies bienveillantes parce qu'ils sont soutenus par la Terre et par la force vitale du Bouddha, qui est identique à la Loi merveilleuse. Les bodhisattvas sont éveillés à tous les aspects de la vie dans l'Univers et saisissent tous les principes qui lui sont sous-jacents. Ils comprennent également la société qui les entoure et les tendances de leur époque. En s'appuyant sur la force vitale de l'Univers, ils augmentent de manière illimitée leur propre force vitale. Leur liberté s'étend à travers tout l'Univers.

Leur joie est la joie des joies : une extase indescriptible émanant librement et spontanément de l'essence la plus profonde de la vie. Il y a la joie de la vie, la joie de la Terre, la joie des arbres et des fleurs, la joie des visages et des mouvements des hommes – tout est empreint de joie. Chaque souffle, chaque geste de la main, chaque pas dispense la joie, la gratitude et un amour de la vie. La naissance, la vieillesse, la maladie et la mort ne sont plus des souffrances, mais des éléments de la joie de vivre.

La lumière de la sagesse illumine l'Univers tout entier, détruisant l'obscurité fondamentale innée de l'être humain. L'espace vital du Bouddha s'unit et se fond à l'Univers. Le moi individuel fusionne avec l'Univers, et en un bref instant le flux vital s'étend jusqu'à englober tout ce qui est passé et tout ce qui est avenir. La force vitale du Cosmos jaillit, dans chaque instant du présent, telle une gigantesque fontaine d'énergie. Dans la bouddhéité, chaque moment présent renferme l'éternité, car l'ensemble de la force vitale est comprimée en un simple moment d'existence. Une personne dans l'état de bouddhéité est à peine consciente du passage du temps physique, parce que sa vie est épanouie et heureuse à chaque instant, comme si elle connaissait la joie de vivre pour l'éternité.

Cette impulsion ne trouvera sa pleine expression que si l'on suit la pratique enseignée par Nichiren Daishonin, qui se fonde sur la compréhension de la nature du Bouddha dans tout être, et qui vise à accéder à l'union avec la force vitale universelle. Grâce au bouddhisme de Nichiren, chaque personne peut manifester complètement la bouddhéité dans sa propre vie.

**CHAPITRE 2**

# Inclusion mutuelle

## *Exemples puisés dans la vie*

Considérons un instant ce qu'il advient lorsqu'un film est arrêté sur image, comme cela se produit souvent lors d'une retransmission sportive. En voyant l'action stoppée au moment critique d'un combat de sumo ou d'une course hippique, nous sommes à même de déterminer quel lutteur ou quel cheval a gagné. Cette information est extrêmement importante quoiqu'elle ne renferme pas toute l'histoire du combat ou de la course.

S'il nous était possible d'arrêter brusquement le temps à 15 heures précises, nous nous trouverions en présence d'individus saisis dans toutes sortes de positions et de situations – des hommes marchant dans la rue, des femmes préparant le goûter de leurs enfants, des enfants s'apprêtant à manger leur goûter, un scientifique écrivant un mot sur une feuille de papier, un gymnaste au milieu d'un effort, un automobiliste sur le point de griller un feu rouge.

C'est le genre d'images que nous renvoie la vie des gens lorsque nous la considérons par rapport aux dix états. Un homme déprimé qui traverse une rue est peut-être en cet instant précis dans l'état d'enfer; un autre à la mine réjouie dans l'état d'humanité ; les enfants qui attendent leur goûter dans l'état d'avidité ; le scientifique, dans l'état d'étude ; le gymnaste, dans l'état de bonheur temporaire ; l'automobiliste, dans l'état de colère. Nous sommes même capables d'anticiper dans une certaine mesure ce qui adviendra lorsque le temps reprendra son vol ; les enfants mangeront probablement leur goûter ; le scientifique achèvera d'écrire son mot ; le gymnaste terminera son mouvement. Il ne s'agit toutefois que d'une probabilité, car nous ne pouvons être tout à fait sûr que ce sera la réalité. L'automobiliste grillera peut-être le feu rouge, mais il n'est pas exclu qu'il freine au dernier moment. Le gymnaste risque de commettre une erreur et de faire une chute et le scientifique de décider qu'il se trompe et de rayer le mot qu'il écrivait pour le remplacer par un autre. Nous ne disposons d'aucun moyen de prévoir leur réaction, tout comme nous ne disposons d'aucun moyen de savoir si un individu ne va pas passer instantanément d'un état d'existence à un autre.

Nous pouvons utiliser la théorie des dix mondes pour décrire la condition d'un être humain à un moment donné, mais nous ne devons pas perdre de vue le fait que cette condition change en permanence. Aussi lent que soit le flux vital, il ne s'arrête jamais complètement. En conséquence, l'état dans lequel se trouve le moi change souvent d'un instant à l'autre.

Si une personne se trouvant en enfer évolue vers un autre état, sera-ce vers celui d'avidité, d'animalité, etc. ? Nous posséderions un principe de vie, si nous avions un moyen de déterminer cela. Un tel principe existe dans le bouddhisme sous la forme de la théorie de l'inclusion mutuelle des dix mondes (jap. *Jikkai gogu*), qui dit que chacun des dix mondes renferme tous les autres. Même si un état domine à un moment donné, les autres n'en sont pas moins présents, et chacun d'eux est susceptible de dominer l'instant d'après. Ainsi, le domaine complet de l'existence est en principe disponible au moi à tout instant.

Il me semble qu'il serait préférable d'illustrer cela à l'aide d'exemples puisés dans la vie réelle. Je me suis efforcé, en les choisissant, d'éviter l'exceptionnel et le terne. Des cas se caractérisant par une modification trop rapide paraîtraient étrangers à l'expérience humaine ordinaire, et les cas trop statiques illustreraient mal mon propos. Je me suis également employé à préserver l'anonymat des personnes impliquées.

Le premier exemple qui me vienne à l'esprit est celui du docteur A, qui dirige une clinique dans un bourg. Je découvris l'existence du docteur A il y a une dizaine d'années dans les journaux. L'Association médicale japonaise avait à cette époque décrété une grève et invitait les médecins à refuser de traiter leurs patients. Le docteur A ignora le mot d'ordre et continua à soigner ses malades. Les journaux lui consacrèrent des articles élogieux. Je considère que les médecins ne doivent pas permettre à quelque considération que ce soit de prendre le pas sur leur devoir à l'égard de leurs patients. Je trouvais d'une certaine manière que leurs revendications étaient justifiées, mais mon sentiment est que des médecins qui font la grève révèlent un sérieux défaut de caractère. Le docteur A n'a fait selon moi que son devoir.

Il convient toutefois de reconnaître qu'il lui fallut du courage pour défier la majorité, d'autant que les articles de journaux le mettaient dans une position très embarrassante. Beaucoup, à sa place, auraient tiré gloriole de la situation, mais le docteur A avait le sentiment qu'il n'avait rien fait dont il dût être fier. Ainsi qu'il l'expliqua, il vivait dans une région où il lui fallait parfois en hiver patauger dans plusieurs dizaines de centimètres de neige pour se rendre chez un patient. Il lui arrivait autrefois de délaisser les maisons les plus éloignées. Il en éprouve toujours de la culpabilité, bien qu'il ait désormais trouvé dans la philosophie bouddhique un moyen de surmonter ses faiblesses. Le docteur A a ainsi écrit : « Je suis maintenant heureux de m'oublier et d'œuvrer pour les malades. » Il est évident que son combat avec lui-même l'a conduit vers une philosophie qui lui a permis de dominer ses instincts inférieurs et même de refuser, lorsque l'occasion se présenta, de suivre les injonctions de l'association médicale qui appelait ses membres à la grève.

Une histoire peut-être encore plus exemplaire est celle d'un athlète que je nommerai B. B faisait partie de l'équipe de gymnastique japonaise lors des jeux Olympiques d'Helsinki. Il se déchira à cette occasion le tendon d'Achille. La blessure était grave au point qu'il lui fallut non seulement se retirer des jeux Olympiques, mais encore renoncer à la compétition. Il avait consacré toute sa vie au sport, et cet accident horrible le désespéra. Il se mit à boire et collectionna les altercations avec ses compagnons de beuveries. Il ne tarda pas à faire une consommation abusive de somnifères et dut être interné dans un hôpital psychiatrique. Il en ressortit bientôt, mais céda presque aussitôt à la tentation des somnifères et de nouveau dut être hospitalisé. Ce processus se répéta jusqu'à ce que B découvrît les enseignements de Nichiren Daishonin. Il décida de se tourner vers le bouddhisme pour y rechercher un soutien. Motivé par sa foi nouvelle, il prit la résolution de renoncer à son habitude et connut pendant six jours la torture du manque. Il écrivit par la suite : « Je m'éveillai surpris le septième matin. Le soleil inondait ma chambre. Il était presque aveuglant. Je me suis dit : “J'ai dormi !” Je me suis levé et j'ai ouvert la fenêtre. Une brise légère soufflait. J'ai inspiré profondément, l'air était délicieux. Nous étions au début de l'été et je voyais des feuilles vertes sur les arbres, des choux qui croissaient dans un champ voisin, un petit chien qui courait sur la route boueuse. J'avais gagné ! J'avais survécu au manque ! »

Il apprit ainsi ce qu'était le bonheur véritable. Il a trouvé depuis un nouveau sens à sa vie : entraîner les plus jeunes gymnastes. Il ne regrette plus la gloire et les honneurs que son accident lui a coûtés, il est aujourd'hui convaincu que former les jeunes est une activité qui vaut qu'on lui consacre sa vie.

Mon troisième cas n'est pas aussi spectaculaire que l'histoire de B, ni aussi exemplaire d'une éthique personnelle que celle du docteur A. Il nous montre comment une mère et sa fille vécurent des années d'amertume et de tristesse avant de connaître le bonheur.

La fillette, que je nommerai Emi, contracta une paralysie infantile alors qu'elle avait deux ans. Cela se passait peu après la guerre et aucun hôpital japonais n'était en mesure d'offrir un traitement approprié pour cette maladie. L'enfant fut soumise pendant quatre ans à des traitements par acupuncture, massages et sources d'eau chaude. Elle apprit ainsi à marcher mais n'en demeura pas moins considérablement handicapée lorsqu'elle fut en âge de se rendre à l'école. Marcher consistait pour elle à avancer le pied droit puis à traîner le pied gauche inerte. La mère observait d'un œil triste la lutte de sa fille, redoutant que la gamine ne pose un regard biaisé sur la vie, et que cette attitude n'aille en s'aggravant au fil des ans. Les craintes de la mère ne se concrétisèrent heureusement pas. L'enfant grandit et sa disposition demeura enjouée.

Emi termina ses études et trouva un emploi dans une école maternelle, où on ne tarda pas à la licencier car elle ne marchait pas assez bien pour pouvoir être envoyée en courses. Le coup était dur, mais la jeune fille ne perdit pas courage et trouva bientôt un nouvel emploi qu'elle conserva jusqu'à son mariage cinq ans plus tard. Elle fit une telle impression sur le président de la compagnie durant cette période que celui-ci résolut d'engager d'autres personnes souffrant de handicaps physiques.

Chacune des trois personnes de nos exemples aborda son problème à sa manière, mais toutes trouvèrent le bonheur au bout de leurs efforts. Elles entreprirent à leur niveau une véritable révolution humaine. Leur histoire prouve que si le moi est soutenu par une confiance en soi et le sentiment d'avoir une mission à remplir, la déesse fortune lui sourira. Envisageons maintenant ces histoires par rapport à la théorie de l'inclusion mutuelle des dix mondes.

J'imagine sans peine le docteur A à l'époque où il commença à pratiquer la médecine dans son petit bourg. Il vient de terminer sa journée et commence à se relaxer quand une personne l'appelle pour une urgence. Quelles modifications se produisent-elles dans l'état de l'existence du docteur A ?

« Il vient de terminer sa journée de travail et commence à se relaxer », il est donc probable qu'il se trouve dans l'état d'humanité. Peut-être même est-il dans l'état de bonheur temporaire si son dernier cas était un enfant malade qui répond de manière positive au traitement prescrit. Cette situation se modifie toutefois après l'appel urgent, et l'état dans lequel il pénétrera dépend de la manière dont il va réagir. Il est possible que le docteur A éprouve de la colère à l'encontre de la personne qui a la mauvaise idée de tomber malade à ce moment précis. Incapable de dominer son émotion, il se précipite dans la cuisine et reporte sa mauvaise humeur sur son épouse. Il est donc dans l'état de colère.

Il se peut en revanche qu'il souffre en silence, se maudissant de n'être pas capable de modifier la situation. Si tel est le cas, il est dans l'état d'enfer. Il se peut que le docteur A ait faim ou soif ou qu'il soit fatigué et que la nécessité de répondre à l'appel l'empêche de satisfaire ses besoins instinctifs, auquel cas il est dans l'état d'avidité. Espérons qu'il ne dise pas à son correspondant de rappeler le lendemain et se prépare calmement à dîner, car cela signifierait qu'il est dans l'état d'animalité.

Supposons qu'il était en plein bonheur temporaire et que l'appel le plonge en enfer, mais, au moment où il s'apprête à sortir dans le froid, quelqu'un lui annonce que le malade se porte mieux, et qu'il ne doit donc pas se déranger. En un éclair, le docteur A se retrouve de nouveau dans l'état de bonheur temporaire. La question qui se pose consiste à savoir où se trouvait le bonheur temporaire pendant que le docteur A était en enfer. Cet état cessa-t-il d'exister ? Non, puisqu'il réapparut un instant plus tard. Disparut-il plus simplement de la scène ? Non, son retour fut trop prompt. Se déplaça-t-il vers un tiers ? Non, car il est impensable que l'état d'un moi puisse être transféré bon gré mal gré à un autre. Alors qu'advint-il de cet état ?

La réponse est simple : il demeura présent à tout instant. L'état de bonheur temporaire est inhérent à la vie du docteur A, même s'il lui arrive de se retrouver dans l'état d'enfer, d'avidité ou de colère. Il est toujours présent mais sous une forme moindre, le docteur A l'ayant perdu de vue pendant un moment.

L'état de bonheur temporaire ne peut être perçu par les cinq sens et ne fait donc pas partie de ce que nous qualifierions d'« existant ». Or, le moi l'éprouve, il n'est donc pas « non existant », Seul le concept bouddhique de *kū* (latence, vacuité), évoqué précédemment, nous permet de résoudre ce paradoxe. L'état de bonheur temporaire, qui a dominé pendant un certain temps le moi du docteur A, se retire en quelque sorte dans un état de *kū* latent, potentiel, d'où il émergera dès que les circonstances le permettront. Le changement dans un sens ou dans un autre peut se produire de manière instantanée. En fait, le terme « changement » n'est peut-être pas approprié, car l'état de bonheur temporaire est toujours présent, et la seule question qui se pose est de savoir s'il est dans un état manifeste ou potentiel.

Ce qui vaut pour l'état de bonheur temporaire vaut également pour les autres états. Ainsi, nous avons vu que le docteur A qui avait connu l'état de bonheur temporaire était capable, selon les circonstances, de passer dans l'état d'enfer, d'avidité ou d'animalité. C'est parce que ces états sommeillent alors que celui de bonheur temporaire est manifeste. Les états supérieurs sont également omniprésents. Si le docteur A, recevant cet appel urgent, s'était oublié et n'avait songé qu'à se rendre au chevet du malade pour le soigner, il aurait accédé à l'état de bodhisattva. Il aurait même connu, pendant un temps, l'état d'étude ou d'éveil pour soi si une inspiration soudaine lui avait suggéré le traitement approprié.

Bref, quel que soit l'état dans lequel se trouve le moi, les autres sont également présents sous une forme potentielle. L'état de bonheur temporaire demeurait toujours en partie « potentiel », même lorsque le docteur A l'éprouvait, car il était toujours possible qu'une joie plus grande se manifeste à tout instant. Les dix états sont en permanence contenus sous forme potentielle dans un moment de bonheur temporaire, et il en va de même des autres états. Prenons un cas extrême, le potentiel de la bouddhéité est présent même dans l'état d'enfer, et vice versa.

Zhanran, le grand maître chinois Miaole (711-782), le neuvième patriarche de l'école Tiantai, écrivit : « La vie et l'environnement propres à l'enfer existent dans la vie du Bouddha. Par ailleurs, la vie et l'environnement propres au Bouddha ne transcendent pas la vie des simples mortels. » L'enfer doit être appréhendé dans un sens large, incluant les neuf états autres que la bouddhéité. Cela signifie que la bouddhéité contient les neuf autres états et que chacun des neuf autres états contient la bouddhéité. La torture abominable de l'enfer existe dans la bouddhéité, et la bouddhéité dans sa totalité existe en une pensée humaine.

Nichiren explique, dans *L'objet de vénération pour observer l'esprit*, la théorie de l'inclusion mutuelle des dix mondes en se référant au Sûtra du Lotus : le deuxième chapitre, Moyens opportuns (*Hōben-bon*), du Sûtra du Lotus dit que les bouddhas apparaissent dans ce monde « pour ouvrir la porte de la sagesse du Bouddha à tous les êtres ». Cela fait allusion au fait que les neuf mondes renferment le domaine de la bouddhéité. Le seizième chapitre, « Durée de la vie de l'Ainsi-Venu » (*Nyorai Juryō-hon*), dit : « [...] depuis que j'ai atteint la bouddhéité, un laps de temps extrêmement long s'est écoulé. La durée de ma vie est d'un nombre incommensurable d'*asamkhya* de *kalpas*, et pendant tout ce temps je suis resté ici, sans jamais entrer dans l'extinction. Hommes de bien, dès l'origine j'ai pratiqué la voie des bodhisattvas et la longévité que j'ai alors acquise n'est pas encore arrivée à son terme, mais durera deux fois le nombre d'années déjà écoulées[42]. » Le Sûtra évoque ici le domaine de la bouddhéité qui inclut les neuf autres mondes.

La terminologie du Sûtra du Lotus est si complexe que je ne tiens pas à la détailler, ce qui nous intéresse ce sont ses rapports avec les dix états. Or, Nichiren Daishonin dit de manière succincte que chacun des dix états contient les dix autres. D'aucuns ont essayé de les répertorier. Un schéma les présente de manière verticale, l'état d'enfer se dressant au sommet de la vie, les autres étant organisé en ordre descendant, la bouddhéité se trouvant à la base, ancrée au plus profond de la vie du Cosmos. Dans un autre diagramme, les dix états sont disposés de manière horizontale, tels les wagons d'un train. D'aucuns représentent les dix états de manière imbriquée, tels les fils d'un brocart.

Cette dernière vision est probablement celle qui se rapproche le plus de la vérité, bien qu'il s'agisse d'une simplification abusive. L'idée des états se succédant dans un ordre horizontal ou vertical est quant à elle totalement erronée. Les dix états ne sont ni linéaires, ni circulaires, ni carrés, ni sphériques. Il est impossible, comme pour la notion de *kū*, d'en donner une description complète ; on doit se contenter de dire ce que les dix états ne sont pas. Les dix états étant latents, ils sont libres de toute limitation. Ils peuvent être magnifiés à l'infini ou réduits à la taille d'un point géométrique.

Je dois parfois me résoudre, dans ma tentative d'explication de l'inexplicable *kū*, à me référer à l'analogie des ondes radio, qui sont autour de nous en grande quantité, mais ne peuvent être détectées et captées que grâce à des appareils de réception. Dans des circonstances normales, ces ondes n'interfèrent pas les unes avec les autres, bien qu'occupant le même espace. Elles prouvent donc que deux ou plusieurs choses peuvent occuper le même espace au même moment ; il en va de même des dix états dans la condition de latence *kū*. L'analogie ne doit toutefois pas être poussée trop loin, car il arrive que des ondes radio se perturbent ou se déforment mutuellement. Il convient de ne jamais oublier que ni les dix états ni le *kū* ne peuvent être considérés comme des concepts spatiaux.

L'analogie des ondes radio n'en est pas moins utile. Elle montre qu'il est possible par une simple action manuelle de rendre manifestes d'innombrables forces potentielles qui opèrent de manière continue et simultanée. J'ai remarqué au fil des ans que, même lorsque certaines personnes en arrivaient à saisir la différence entre le *kū* et le néant, elles n'en avaient pas moins tendance à considérer le *kū* comme étant

---

42. Le Sûtra du Lotus, Les Indes savantes, 2007, p. 219.

statique, alors qu'en réalité il est rempli d'un flux vital dynamique et chargé de toutes sortes d'énergies. Dans l'état de *kū*, les dix états vibrent constamment étant donné qu'ils forment la substance totale de nos vies. L'un après l'autre, et souvent à un rythme étonnant, ils deviennent manifestes dans notre vie physique ou spirituelle, chaque état portant en lui l'émergence potentielle de tous les autres, qui sont en changement et en développement constants, en tant que forces manifestes ou potentielles.

Le déplacement constant d'un état à l'autre est causé par notre force vitale fondamentale, qui autorise la fusion et l'interaction des divers états. Si la force vitale vibrante était arrêtée de manière artificielle pendant un moment, à l'instar du film de la retransmission d'un combat de sumo, nous verrions chacun des dix états distinct les uns des autres.

Les sûtras autres que celui du Lotus discutent des dix états de manière séparée, et ne révèlent rien du principe de l'inclusion mutuelle. Ces sûtras évoquant le concept du *kū*, il est curieux qu'ils n'en arrivent pas au moins à l'idée que les neuf premiers états sont fondus les uns dans les autres, même s'ils excluent le dixième, la bouddhéité. L'explication de cette lacune est que leur vision de la vie est imparfaite. Ils s'efforcent, dans leurs tentatives d'analyse, d'arrêter la vie pendant un moment. Ainsi, les dix états se séparent, parce que c'est la continuité de la force vitale qui les unit à l'origine, et si celle-ci est interrompue, fut-ce à fin d'analyse, la réalité de la vie ne peut être observée de manière complète. La situation est similaire à celle des expériences scientifiques dans lesquelles le fait même de pratiquer l'expérience altère l'objet, ou le processus examiné. Pour éviter ce travers, nous avons recours aux théories des trois vérités (jap. *santai*), de l'unité de la matière et de l'esprit (jap. *shikishin funi*) et de l'inséparabilité de la vie et de son environnement (jap. *eshō funi*), dont nous avons parlé auparavant.

On ne trouve, en lisant ce que je nommerai des textes pré-Lotus, qu'une explication partielle, donc déformée, et non une vision globale et parfaite de la vie. (J'utilise le terme « pré-Lotus » dans le sens évolutif plutôt que chronologique.) On ne voit les dix états que sous une forme hypothétique, non viable. Sans l'enseignement sublime du Sûtra du Lotus, il serait impossible de synthétiser les dix états en un tout significatif, vivant.

Résumons-nous : aucun des dix états n'est séparé des autres. Tous sont fondus en une entité de vie, éternellement en action même s'ils se trouvent dans un état de latence (*kū*). Chacun des états contient tous les autres, et à tout moment risque d'être supplanté au niveau manifesté par l'un d'eux. Il est possible, en théorie, que les dix états se manifestent en ordre ascendant de l'enfer à la bouddhéité, mais ce serait purement fortuit. La triste vérité est que trop d'individus ne connaissent que les trois voies mauvaises ou les six premiers états et demeurent totalement ignorants des états de bodhisattva et de la bouddhéité.

### *La révolution humaine*

Je suis convaincu qu'il est possible de répondre à la question de savoir comment connaître le bonheur véritable dans les dix états, en analysant les expériences du gymnaste et de la jeune infirme Emi, dont j'ai évoqué les cas précédemment.

Jeune gymnaste promis à un bel avenir et participant aux jeux Olympiques, B était sans aucun doute dans l'état de bonheur temporaire, mais au moment de son accident – il perdit l'équilibre au cours d'un saut et tomba sur le tapis se déchirant le tendon d'Achille – il fut projeté dans les profondeurs de l'enfer.

Le désespoir s'empara de lui, son seul soulagement par rapport à son enfer d'alcool, de querelles et de somnifères était un moment passager de colère, quand il se battait avec ses compagnons. L'énergie de la colère ne tardait pas à se dissiper et il se retrouvait dans l'enfer. Il était comme attaché à une laisse qui le ramenait constamment dans les profondeurs du désespoir. Le palais de son bonheur temporaire précédent avait été remplacé par une prison.

Il est probable que, si ses ambitions d'athlète ne s'étaient pas envolées, il aurait progressivement accédé à un état supérieur, mais, privé de tout espoir, il s'adonna aux drogues et à la boisson et dut en définitive être interné dans un hôpital psychiatrique. Sa guérison n'était que partielle lorsqu'il fut autorisé à rentrer chez lui et la rechute ne se fit pas attendre. Il devint bientôt évident que, en dépit de tous ses efforts et de toute l'aide des médecins et des infirmières, il était pris dans un cercle vicieux.

B était condamné à endurer les souffrances de l'enfer par manque de volonté – il convient toutefois de reconnaître pour lui rendre justice qu'une personne intoxiquée par les drogues doit avoir une volonté d'une force exceptionnelle pour réussir à renoncer à son vice. B était inconstant ; il manquait de persévérance et tendait à être très nerveux. Il avait également de bons côtés, parmi lesquels un besoin puissant de profiter de la vie et un bon sens suffisant pour l'inciter à se faire hospitaliser. B, à l'instar de tout un chacun, avait ses bons et ses mauvais côtés, mais à la suite de son accident sa personnalité globale semblait le précipiter vers l'enfer.

La personnalité, que nous pourrions définir comme étant la totalité du comportement et des tendances émotionnelles d'un individu, est étroitement liée aux dix états d'existence au même titre que les habitudes. Les traits de personnalité et les habitudes qui sont en apparence positives risquent, si un état d'existence négatif domine, d'œuvrer pour le mal. Si B avait évolué vers l'état de bodhisattva, comme il le fera en définitive, son désir de profiter de la vie aurait été mis au service du monde, mais dans les phases qui suivirent son accident, avant qu'il ne découvre le bouddhisme, ce même désir le conduisit vers la boisson, les beuveries et autres activités autodestructrices.

Certaines personnes sont affectueuses, judicieuses, riches en émotions, volontaires, modestes, intelligentes, capables de faire des projets ou de diriger. Toutes ces qualités sont bonnes en soi, mais, si l'état de la personne les possédant n'est pas bon, elles se révéleront parfois nuisibles. Une forte volonté associée à un ego dominateur provoquera plus de dégâts qu'une volonté faible. De même, une personne possédant un don de l'organisation, mais motivée par une ambition forcenée, tirera des plans visant à la conquête et à l'oppression du monde. Ou si elle est trop occupée d'elle-même, elle fera des plans mais ne les concrétisera jamais.

Les divers traits et habitudes qu'une personne possède ou acquiert se combinent pour former sa personnalité, et la majorité des personnalités tendent à manifester l'un des dix états de manière plus fréquente que les autres. Ainsi, après son accident, B inclina-t-il à rechercher l'enfer. Sans le bouddhisme, il aurait probablement été contraint de vivre en majeure partie dans l'état de colère ou d'animalité.

La formation de la personnalité et des habitudes se déroule essentiellement dans la vaste sphère de l'inconscient, mais la constitution physique et la disposition mentale ont également leur rôle à jouer. Lorsque le corps d'un individu est chargé d'énergie physique, il parvient souvent à surmonter les défauts de son caractère ou à les utiliser de manière positive. Prenons le cas de B, tant qu'il fut en condition physique supérieure et qu'il réussissait en tant qu'athlète, son manque de volonté s'exprimait par une modestie relativement plaisante. Sa personnalité était à cette époque dirigée vers les états d'humanité et de bonheur temporaire, et même lorsqu'il sombra dans les trois voies mauvaises il conserva assez de force physique et de pouvoir spirituel pour revenir à son état normal. Il est même probable qu'il accéda par moments, à l'étude ou à l'éveil pour soi lorsqu'il eut maîtrisé une nouvelle technique de gymnastique ou organisé un nouveau mode de vie. Il était fondamentalement heureux, et les écarts par rapport à cet état n'étaient ni fréquents ni prolongés.

La tendance essentielle de notre personnalité n'est pas limitée à un état. Il y a maints individus qui traversent un cycle d'enfer, avidité, animalité et maints autres qui s'élèvent au-delà de ces états vers la colère, l'humanité et le bonheur temporaire avant de replonger en enfer. Certains êtres relativement heureux alternent plus ou moins entre l'étude et l'éveil pour soi, parfois hélas au point de perdre le contact avec le monde environnant. Il est une histoire assez célèbre au Japon qui rapporte qu'un professeur était tellement absorbé par ses travaux qu'il ne remarqua même pas la guerre russo-japonaise (1904-1905). Il demanda un soir à un étudiant pourquoi il y avait un tel vacarme dans les rues. L'étudiant répondit : « Nous avons gagné la guerre, monsieur », et le professeur lui demanda : « Contre qui nous battions-nous ? »

Revenons-en à B. Son histoire illustre comment un accident relativement bénin peut modifier l'orientation générale d'une personnalité, transformant ce qui semble être au départ des faiblesses mineures en des défauts majeurs. L'attitude quelque peu réservée de B se révéla être un lamentable manque de volonté, et son désir de gagner ou de réussir ne lui fit plus connaître le bonheur temporaire mais la colère. Un changement circonstancié avait altéré l'orientation de sa personnalité, seule une expérience religieuse lui permit de la rediriger vers des états plus élevés et plus heureux. La révolution humaine spectaculaire que vécut B renforça sa volonté au point qu'il rompit sa dépendance à la drogue et aspira au bonheur en se consacrant à la formation des autres.

Une transformation aussi soudaine est moins fréquente que celle plus progressive d'Emi, qui découvrit le bouddhisme de Nichiren alors qu'elle était une enfant et qui fut renforcée dans sa foi de manière progressive.

Lorsqu'il devint évident qu'Emi souffrait de polio, ses parents étaient dans cet état d'angoisse extrême que nous nommons enfer ; il en allait de même dans une certaine mesure d'Emi. La fillette dut éprouver, durant son enfance, les trois voies mauvaises et il semble parfaitement possible qu'elle vécut dans l'état d'enfer lorsqu'elle prit véritablement conscience de son handicap ; ce qui est compréhensible quand on songe au fardeau qu'il lui faudrait porter pour le reste de ses jours.

Emi perçut en fait très tôt que l'état de bodhisattva et la bouddhéité existaient en elle, et elle réussit ainsi à surmonter les difficultés auxquelles elle se trouvait confrontée, devenant une jeune fille charmante, heureuse, qui apporta la paix et la joie à ses parents et offrit un exemple aux autres enfants atteints de polio.

Emi connut un choc effroyable, à l'instar de B, après avoir terminé ses études. Être licenciée pour cause de claudication n'était pas moins pénible que l'accident de B. Emi était cependant mieux préparée étant donné qu'elle œuvrait déjà depuis plusieurs années à sa propre révolution humaine. Le choc ne fut pas assez fort pour altérer la direction fondamentale de sa personnalité. Un individu plus faible, qui n'aurait pas eu sa foi pour le soutenir, aurait sans doute maudit l'injustice de la vie et aurait tourné le dos à la société. Emi, elle, n'abandonna pas. Elle disposait de courage et de vitalité, des qualités qui tenaient au fait que depuis longtemps elle avait adopté le bouddhisme comme principe de vie.

Un être humain, qui fonde sa vie sur la bouddhéité, ne se contente pas d'endurer la souffrance. Les expériences vécues dans les états inférieurs d'existence deviennent des occasions de croissance. La douleur et le chagrin deviennent des sources de sympathie et de compassion pour autrui, car en dernière analyse seuls ceux qui ont connu la souffrance sont en mesure de partager pleinement celle d'un tiers.

La souffrance humaine a une nature duale. Elle peut être soit une cause de misère soit une motivation de croissance. Si nous désespérons face à la souffrance, nous sommes perdus, mais, si nous la considérons comme une occasion de nous développer et de nous améliorer, nous constatons que notre expérience nous permet de mieux guider les autres vers le bonheur. Or, nous manifestons ce faisant l'état de bodhisattva.

Ceux qui ont connu l'état d'avidité acquièrent une gratitude plus profonde pour les ressources et la nourriture que la terre nous dispense et apprennent à faire montre d'une plus grande compassion à l'égard de ceux qui ont faim et de la nature elle-même. De même, ceux qui ont vécu dans une société où prévaut la loi de la jungle et où haine, jalousie et suffisance sont courantes sont mieux équipés pour comprendre la stupidité et la vanité de l'animalité et de la colère. Leur conscience leur permet d'aider les autres à confronter leur ego et à reconnaître la futilité de leurs désirs égoïstes.

Tout cela fait partie de la théorie de l'inclusion mutuelle des dix états. Lorsqu'on a adopté la bouddhéité pour principe de vie, et qu'on a compris que les neuf autres états sont contenus en elle, chacun de ces états, du plus bas au plus élevé, peut devenir le moteur d'une révolution humaine personnelle. Il est en revanche impossible d'opter pour la bouddhéité comme principe de vie, si l'on refuse le tumulte déchaîné des neuf autres états, car ils coexistent tous.

Permettez-moi de proposer une analogie. Nous avons le pouvoir, en tant qu'êtres humains, de digérer les aliments et de les assimiler ou de les convertir tous en une forme d'énergie somatique. Nous ne pouvons vivre sans nourriture, mais, si notre système digestif est faible et défectueux, certains aliments endommagent sérieusement notre organisme. Les aliments sont semblables aux influences des neuf états ; notre pouvoir digestif est pareil à la nature du Bouddha. Si nous sommes sains et que nous disposons d'un bon système digestif, tout ce que nous absorbons est assimilé ou éliminé comme il se doit, et nous croissons. De la même manière, lorsque la bouddhéité opère en nous, nous pouvons transformer des expériences des trois voies mauvaises en causes de croissance ultérieure. Elles ne nous affaiblissent pas, mais renforcent le fonctionnement de notre bouddhéité et lui confère une plus grande stabilité.

L'angoisse de l'enfer est, pour la personne qui fonde sa vie sur la bouddhéité, une expérience enrichissante car elle augmente son identification aux êtres dans la souffrance. L'avidité, une fois satisfaite, contribue à accroître sa gratitude pour les bienfaits de la nature, les fruits de la terre et la force vitale de l'Univers. La personne acquiert, en prenant conscience du fait que ses actions étaient motivées par ses instincts animaux, une meilleure connaissance des moyens d'éliminer une telle stupidité du monde. Après avoir éprouvé et surmonté sa haine à l'encontre d'autrui, elle apprend à la diriger contre les maux inhérents à notre société et à notre civilisation.

La personne, qui se fonde sur la bouddhéité, retirera plaisir des états d'humanité et de bonheur temporaire sans craindre le démon qui se terre au point culminant de ce bonheur. Ayant connu l'étude et l'éveil pour soi, elle est à même de surmonter son égoïsme et de consacrer sa sagesse à faire le bonheur des autres. En outre, les actes altruistes du bodhisattva ne manquent jamais de consolider le fondement de la bouddhéité dans sa vie. Bref, si une vie est fondée sur la bouddhéité, toutes ses activités, dans n'importe lequel des neuf autres états, contribuent à renforcer et à anoblir cette nature. L'individu accepte toutes les influences du monde extérieur et les transforme en stimuli favorisant son développement personnel. En aidant les autres à vivre, il concrétise sa propre transformation. C'est le principe de la révolution humaine se fondant sur la théorie de l'inclusion mutuelle des dix états.

Le moyen fondamental d'établir la bouddhéité comme fondement de sa vie consiste tout simplement à pratiquer le bouddhisme dans sa vie et dans son comportement quotidiens. La pratique continue, assidue du bouddhisme est le moyen de puiser la force vitale cosmique et de la faire s'écouler de manière puissante dans sa vie. La pratique véritable éveille la bouddhéité qui sommeille dans les profondeurs de notre vie. Je parle bien entendu de la pratique dans les neufs états d'existence réelle, car ce sont les champs dans lesquels la bouddhéité opère en tant que force active.

La bouddhéité est dotée d'une compassion et d'une sagesse infinies. Sa sagesse pénètre l'obscurité fondamentale qui corrompt la vie et essaie de la détruire. Sa compassion dispense l'énergie nécessaire pour vaincre cette force négative. Ces deux qualités deviennent ainsi manifestes dans les neufs états. Agissant dans ces états, elles sont nourries et accrues, renforçant la bouddhéité qui est en nous.

C'est la raison pour laquelle nous ne devons pas éviter les difficultés et les défis des neuf états, mais plutôt les affronter et les surmonter, les transformant ainsi en une expérience valable. En fuyant les difficultés, on refuse la chance de se développer et de s'améliorer. Tourner le dos aux ennuis n'est rien de plus que succomber aux illusions des neufs états. La marque de la bouddhéité est la capacité à affronter tous les défis et à les transformer en une expérience positive. En fait, la personne qui fonde sa vie sur la bouddhéité recherche même des difficultés nouvelles et de nouveaux défis qu'elle devra surmonter pour le bien du monde, ainsi que pour sa croissance et son développement propres.

Une personne, qui connaît la souffrance de par sa propre volonté, manifeste sa bouddhéité. En plongeant dans le monde de la souffrance et du conflit, elle concrétise sa transformation personnelle et connaît l'indépendance au sens le plus complet du terme. Un individu dans l'état de bouddhéité est disposé à renoncer à la richesse, à un statut social élevé ou à une carrière brillante pour affronter les trois voies mauvaises ou vivre au milieu des six états de transmigration.

D'un point de vue superficiel, on accède au bonheur dans les états d'humanité et de bonheur temporaire, et les quatre états inférieurs ne renferment que souffrance et misère. D'un point de vue plus vaste, aussi longtemps que la bouddhéité est manifeste chez un être humain, il sera à même de trouver le bonheur, l'indépendance et l'épanouissement dans chacun des dix états, y compris les trois voies mauvaises.

La souffrance subie pour accéder à la bouddhéité est une souffrance souhaitable ; de même que le chagrin éprouvé pour accéder à la bouddhéité est un chagrin souhaitable. La voie menant à la bouddhéité est pavée de souffrances et de chagrins.

### *Les possibilités infinies de la vie*

Je me souviens d'un film qui produisit sur moi une très forte impression, *Johnny s'en va-t-en guerre*, l'histoire d'un jeune homme qui fut grièvement blessé au cours de la Première Guerre mondiale. La plupart des gens auraient considéré qu'il était bien malheureux d'avoir survécu.

Happé par l'explosion d'une bombe, il avait perdu les bras et les jambes, les yeux, les oreilles, le nez et même la langue. Au milieu de son visage s'ouvrait un trou béant et il était à tout point de vue un simple tas de chair, gardé en vie grâce aux merveilles de la médecine. Son esprit fonctionnait toujours avec clarté, mais il ne disposait d'aucun moyen de le faire savoir – tout comme il ne disposait à l'origine d'aucun moyen de savoir ni où ni dans quel état il était. Johnny ne valait guère mieux qu'un légume. La question que soulevait le film était : « Qu'est-ce qu'être vivant ? »

L'œuvre réalisée par Dalton Trumbo était tirée de son roman publié, sous le même titre, peu après le début de la Seconde Guerre mondiale[43]. J'ignore s'il s'agit d'une histoire vraie. Même si ce n'est pas le cas, la question posée est pertinente, car il y a de nos jours beaucoup de « végétaux » – d'aucuns victimes de la guerre, d'autres de la pollution – que la science maintient en vie mais est incapable de guérir. Qu'est donc un être humain dans cet état ? Qu'est sa force vitale ?

Le sens tactile était la seule perception sensorielle préservée chez le soldat du film. Il était capable de sentir quand quelqu'un touchait son torse, et de le bouger légèrement en guise de réponse. Il n'avait pas la moindre conscience de l'espace ni du temps lorsqu'il reprit connaissance, mais il ne tarda pas à acquérir une certaine notion du temps en devenant sensible à des modifications mineures de la température. Il savait lorsque la chambre se réchauffait que le soleil brillait et qu'une nouvelle journée commençait. Il apprit, petit à petit, à déterminer l'heure qu'il était.

Quelle existence abominable ! Aucun moyen de connaître son environnement, aucun moyen de s'exprimer, pas la moindre liberté d'action. Comment l'esprit affronte-t-il une telle situation ? Nous sommes en permanence dépendants des autres, mais nous nous plaisons à croire que nous subvenons à nos propres besoins. Nous aimons imaginer toute chose dans l'Univers par rapport à sa relation avec nous. Nous prenons plaisir à nous manifester sous quelque forme idéale. Qu'advient-il lorsque l'esprit humain est contraint de vivre presque entièrement par lui-même, comme dans le cas de ce soldat ?

La vie, pour un tel individu, doit avoir une qualité onirique, car toute activité est mentale comme dans un rêve. Le soldat de notre histoire errait entre les souvenirs et les fantasmes. Il n'était capable au début que de répondre de manière passive aux stimuli externes. Il imaginait des rats rongeant son corps, lorsqu'il ressentait la douleur provoquée par ses blessures. Il parvint ensuite à analyser les stimuli externes de manière

---

43. Dalton Trumbo, *Johnny s'en va-t-en guerre*, Actes Sud, coll. Babel, 2004.

plus rationnelle. Un jour il comprit en un éclair que ce qu'il avait pris pour un rat courant sur sa poitrine était en fait un doigt écrivant des lettres. Il déchiffra les mots qui disaient « Joyeux Noël » et frappa la tête contre son oreiller pour signaler en morse qu'il avait reçu le message. L'infirmière qui avait écrit ces vœux sur sa poitrine lui répondit en lui caressant le front. Le soldat avait non seulement rétabli le contact avec le monde, mais encore il s'était forgé une amitié qui allait s'avérer solide.

Privé de ses membres, de ses organes sensoriels et de la possibilité de parler, cet homme avait toujours la vie. Le flux de la vie universelle s'écoulait toujours au plus profond de lui, et l'énergie de sa force vitale le soutenait. Ayant trouvé un moyen de communiquer, il commença à percevoir quelle était sa condition et dans l'état presque inanimé dans lequel il se trouvait, il réussit à tirer le meilleur parti du peu qu'il lui restait. Le film était en quelque sorte le drame fabuleux d'une victoire humaine.

L'histoire de ce soldat est, d'une autre manière, un avertissement pour notre époque. L'ère contemporaine est une culture mécanisée, dans laquelle l'être humain individuel tend à être réduit à une simple unité dans une société de masse gargantuesque. Les individus s'imaginent être libres, mais le plus souvent ils réagissent simplement à un flot de propagande. Se sentant petits et impuissants à l'intérieur, ils ne trouvent pas le moyen de s'exprimer. Ils parlent de « renverser l'ordre établi » ou de « réveiller la société » ou de « s'y soustraire », mais ces idées mêmes ne correspondent qu'à des modes.

L'individu moderne dans la société industrielle et technologique présente, au sens large, une ressemblance étroite avec le soldat du roman de Trumbo. Il a des membres et même tous ses organes sensoriels, mais il a perdu son sens de l'identité et son indépendance d'esprit. Il est même le plus souvent incapable de voir que son existence est passive et négative. Il est à cet égard dans un état pire que celui du soldat. Perdre son identité et ne pas en être conscient, c'est perdre sa valeur innée en tant qu'être humain.

Il importe plus que jamais dans notre société mécanisée et informatisée de retrouver le trésor inhérent à chaque vie humaine. Une révolution humaine intérieure n'est pas décelable visuellement, mais à long terme elle se fait ressentir avec force dans le monde extérieur, transformant petit à petit l'environnement.

Nous devons nous efforcer de comprendre comment une vie humaine peut œuvrer activement dans le monde externe auquel elle est reliée de manière inséparable. Comment peut-elle influencer son environnement tout en se renouvelant elle-même en permanence ? J'aimerais, pour fournir un élément de réponse à ces questions, me reporter à la théorie des dix facteurs de la vie, qui explique comment les dix états deviennent manifestes et comment leurs mouvements sont modulés.

## *Apparence, nature et substance*

Les dix facteurs (jap. *jū nyoze*) sont énumérés dans le deuxième chapitre, « Moyens opportuns », du Sûtra du Lotus. On y lit : « La véritable entité de tous les phénomènes ne peut être comprise et partagée que par des bouddhas. Cette réalité consiste en l'apparence, la nature, l'entité, le pouvoir, l'influence, la cause inhérente, la relation [ou cause externe], l'effet latent, l'effet manifeste et leur cohérence du début jusqu'à la fin[44]. »

Le mot *nyoze*, que nous traduisons en français par « facteur », signifie littéralement « ainsi » ou « comme ceci ». C'est l'entité constante, immuable comprenant tous les phénomènes changeants – la nature essentielle de la vie. Nos vies passent constamment de l'un des dix états d'existence à un autre. Les dix facteurs offrent un moyen d'examiner et de comprendre tout état éphémère de la vie dans sa forme véritable et exacte, où que celle-ci se situe. Les dix facteurs précisent les éléments qui s'associent pour nous amener à passer d'un état à un autre.

Les trois premiers, apparence, nature et entité (ou substance) ont un caractère quelque peu différent des sept autres, car ils sont concernés par la vie même, alors que les autres sont concernés par le fonctionnement de la vie. Le dernier facteur, la cohérence du début jusquà la fin, est également d'un autre ordre.

Nous avons déjà vu que Nichiren Daishonin a dit dans un texte évoquant les trois premiers des dix facteurs : « L'apparence désigne l'apparence de nos corps sur le plan de la couleur et de la forme. » Elle représente donc les aspects physiques de la vie. Nichiren Daishonin écrit dans son traité intitulé *Sur le principe des trois mille mondes en un instant de vie*[45], que « l'apparence est le corps ; le deuxième volume du *Sens profond du Sûtra du Lotus* (*Hokke gengi*), une œuvre du grand maître Tiantai, explique que "l'apparence est manifeste de manière extérieure et est discernable par la vue" ». Le premier facteur est donc l'aspect physique, tangible de la vie.

---

44. *Le Sûtra du Lotus,* Les Indes savantes, 2007, p. 43.

45. *The Writings of Nichiren Daishonin,* volume 2, Soka Gakkai, 2006, p. 44 (non traduit en français).

Ainsi que nous l'avons signalé au chapitre III, le facteur de l'apparence correspond à *ketai*, la vérité ou perception provisoire, alors que la nature inhérente correspond à *kūtai*, la perception de ce qui est latent, et l'entité correspond à *chūtai*, la perception ou vérité de la Voie du Milieu. Les trois vérités (*santai*), ainsi que les trois premiers facteurs, sont unis de manière inséparable, et chacun renferme les deux autres. Nous serons incapables de nous faire une image précise de la vie tant que nous ne comprendrons pas l'apparence, la nature et l'entité tout d'abord séparément, puis en tant que tout unifié.

Cela est implicite même dans la première réflexion de Nichiren Daishonin citée ci-dessus, car se référer à « l'apparence de nos corps sur le plan de la couleur et de la forme » donne à entendre que ce que nous percevons par les yeux ne constitue pas toute la vérité. Nichiren Daishonin suggérait l'existence d'une force intérieure plus profonde responsable des phénomènes visuels.

L'expression « est discernable par la vue » devrait être envisagée dans un sens large, incluant ce que nous sommes en mesure d'analyser de façon empirique – tout ce que nous pouvons voir par des moyens scientifiques, comme par exemple le fonctionnement intérieur d'un organisme humain. La science médicale a révélé et analysé dans les moindres détails, ces dernières années, la plupart des éléments importants du corps, y compris les organes internes, le système musculaire, le système nerveux, le système circulatoire, et même les cellules formant ces systèmes et ces organes. Nous savons désormais que les divers types d'informations déterminant nos caractéristiques fondamentales sont contenus dans les gènes héréditaires au sein de ces cellules, et la science a démontré comment ces gènes retenaient et transmettaient l'information. Nous connaissons les substances fondamentales nommées ADN (acide désoxyribonucléique) et ARN (acide ribonucléique), et les chercheurs étudient maintenant la vie sur le plan moléculaire. Tout ce savoir est compris sous le générique de l'apparence.

II est même possible désormais d'inclure dans cette catégorie certains aspects physiques classés traditionnellement dans le domaine spirituel. Ainsi, les ondes cérébrales peuvent être considérées comme appartenant au monde de l'apparence, bien qu'il y ait des éléments spirituels plus profonds, tels la sagesse, la disposition et le caractère, qui appartiennent au domaine de ce que nous nommons la nature.

Nichiren Daishonin dit à propos de ce deuxième facteur : « La nature inhérente est notre esprit. » Il développe cette formule dans *Sur le principe des trois mille mondes en un instant de vie* : « La nature inhérente est l'esprit. Et le volume deux du *Sens profond du Sûtra du Lotus* dit :

"La nature inhérente est éternelle et inaltérable". » Voilà une déclaration qui, en apparence, surprend, car nous savons tous que l'esprit et l'âme d'une personne se modifient en réponse à son expérience et à son environnement. Pourtant, les modèles d'activité spirituelle varient en fonction de l'individu, et il existe quelque chose chez chaque personne qui la distingue de toutes les autres. Que nous nommions cela personnalité ou individualité ou nature, c'est l'élément immuable sans lequel un individu ne serait pas lui-même.

Il est bien évident qu'il est difficile de modifier une personnalité pervertie, mais telle n'est pas la signification de « éternelle et inaltérable » dans ce cas. Maints adultes modifient leur attitude à l'égard de la vie, et tous les enfants traversent des changements physiques et mentaux importants au cours de leur croissance. Or, chaque enfant est la même personne lorsqu'il est devenu adulte que lorsqu'il est né, et c'est à cette qualité immuable que se réfère la « nature inhérente ». Celle-ci n'est pas identique au « véritable soi », qui est la réalité ultime de la vie, mais nous sommes en droit de l'envisager comme étant le tempérament, la personnalité ou la sagesse du « véritable soi ».

L'entité ou substance est composite. Elle inclut – et est incluse dans – l'apparence et la nature. En un mot, elle est l'essence de la vie. Nichiren Daishonin dit : « L'entité est l'ensemble de nous-même. » Il précise : « L'entité est la combinaison de notre corps et de notre esprit. Le deuxième volume du *Sens profond du Sûtra du Lotus* dit : "La totalité signifie l'entité principale". »

L'entité n'existe pas en dehors de la vie, mais en elle. C'est en fait notre vie, car elle englobe les aspects tant physique que spirituel de notre existence. Mais quand Nichiren Daishonin dit : « L'entité est la combinaison de notre corps et de notre esprit », il ne veut pas dire qu'elle résulte de la simple association des deux éléments, mais plutôt qu'il s'agit de la fonction les intégrant en une entité. Elle ne peut exister indépendamment d'eux, tout comme eux ne peuvent exister indépendamment d'elle. L'esprit et le corps sont inextricablement mêlés dans l'entité. C'est l'une des plus grandes intuitions du bouddhisme.

## *La dynamique de la vie*

Si les trois premiers des dix facteurs comprennent les états physique et spirituel de la vie, les six suivants incluent en quelque sorte les manières dont la vie fonctionne. Ils sont en effet concernés par la dynamique de la vie.

Nichiren Daishonin dit à propos du quatrième facteur, le pouvoir : « Le pouvoir est à la fois corps et esprit. *La grande concentration et pénétration* du grand maître Tiantai, dit : “Le pouvoir est la pratique de l'endurance”[46]. » La « pratique de l'endurance », voilà qui est quelque peu obscur, mais je pense que nous pouvons considérer que cela se rapporte à l'utilisation de la force intérieure pour affronter les changements de la vie : la force intérieure dont la vie est dotée de manière inhérente est le pouvoir que possède une vie constituée d'apparence, de nature inhérente et d'une entité ou de substance. Le pouvoir est l'énergie potentielle et peut être dirigé vers son environnement – bref, c'est la force motrice de la vie d'une personne.

Nichikan Shonin, le vingt-sixième grand patriarche de la Nichiren Shoshu dit dans *Le triple enseignement secret* : « Le pouvoir est la capacité d'agir dans chacun des dix mondes[47]. » Le pouvoir est donc la capacité qu'a la vie de vivre. On établit une distinction, en physique, entre la force appliquée de l'extérieur et celle inhérente à un objet. Les forces extérieures sont considérées, dans le bouddhisme, comme étant des « causes externes », et le pouvoir se réfère uniquement au pouvoir interne, l'énergie vitale inhérente à la vie humaine.

Le pouvoir est constitué à la fois de l'énergie physique et de l'énergie mentale. En un sens plus large, nous pourrions dire que le pouvoir inclut des facteurs tels les pouvoirs économique et politique dans la société, ceux-ci émergeant en définitive de l'énergie latente dans chaque vie individuelle. L'énergie mentale inclut un vaste échantillon de pouvoirs, tels que l'affection, la volonté de vivre, la capacité à déceler la vérité, ou la compassion, qui nous incite à aider les autres. Le pouvoir varie sur le plan de la forme et de l'intensité dans les différents états du développement humain.

Une personne dans l'état d'enfer possède une faible force vitale, et le peu qu'elle possède est dirigé contre elle-même. Ce n'est pas un potentiel créatif, il œuvre bien au contraire vers la mort. Dans les états d'avidité et d'animalité, l'énergie physiologique est manifeste sous la forme de désirs instinctifs ; dans l'état de colère, la force apparaît comme un goût du pouvoir ; dans les états d'humanité ou de bonheur temporaire, le pouvoir se concrétise sous la forme de la raison ou de la conscience, alors que, dans les états d'étude et d'éveil pour soi, il est jugement supérieur ou intuition. Tout pouvoir est chargé de compassion dans les états de bodhisattva et de bouddha.

---

46. Non traduit en français.

47. Nichikan Shonin, *Sanjū Hiden-shō* in *Fuji Shūgaku Yōshū*, vol. III, p. 17.

La force vitale se manifeste sous des formes compatibles avec les dix mondes de nos vies en mutation constante. En général, il est évident que le pouvoir, ou l'énergie potentielle, gagne en force et en qualité des états d'existence les plus bas aux plus élevés, et si une personne devait progresser à travers ces états, un par un, elle acquérrait au fur et à mesure l'énergie nécessaire pour résister à la domination des instincts physiques. Elle commence, dans les états supérieurs, à manifester des énergies sociales, spirituelles et psychiques et, si elle progresse suffisamment, elle acquiert le pouvoir de la compassion, qui comprend toutes les autres énergies et les dirige vers le soulagement des souffrances d'autrui. La compassion est l'activation suprême de la force vitale humaine et l'incarnation des valeurs les plus élevées dans la vie humaine.

Lorsque le pouvoir est manifeste, l'influence, le cinquième des dix facteurs, devient possible sur le plan physique ou spirituel. Nichikan Shonin écrit : « L'influence est l'utilisation de la pensée, de la parole ou de l'action pour créer le bien ou le mal. » Nichiren Daishonin dit : « L'influence est à la fois corps et esprit. *La grande concentration et pénétration* de Zhiyi dit : "L'influence c'est créer". »

L'influence est donc la manifestation concrète ou l'influence visible du pouvoir, auquel elle est inextricablement liée. Cela dit, je m'empresse de préciser que, bien qu'étant liés, ils ne sont pas toujours proportionnels. Le pouvoir inhérent est parfois grand et l'action résultante réduite ; et vice versa. Cela est dû sans conteste aux modifications qualitatives que subit le pouvoir en passant d'un état d'existence à un autre. L'action peut être mentale aussi bien que physique, et son influence immédiate peut n'être apparente que dans les profondeurs de la vie humaine, plutôt que dans le monde phénoménal. Zhiyi (Tiantai) définit l'influence comme étant le fait de créer parce qu'elle s'emploie à élaborer des valeurs ou des antivaleurs.

Le pouvoir, tel qu'il se manifeste à travers l'influence, engendre des valeurs positives ou négatives. L'action dont nous parlons est une réaction à quelque influence de l'environnement, si nous envisageons le pouvoir par rapport à la loi physique selon laquelle pour toute action il y a une réaction égale et opposée. L'élément important, d'un point de vue pratique, est la manière dont nous manifestons complètement et effectivement notre pouvoir inhérent sous l'une ou l'autre forme d'influence.

Les quatre facteurs suivants sont concernés par la causalité, tant latente que manifeste. Le pouvoir et l'influence sont reliés à des concepts spatiaux, ces quatre facteurs sont quant à eux en relation avec le concept temporel. La vision bouddhique de la cause et de l'effet est plus subtile, mais également plus satisfaisante, que la plupart des autres systèmes épistémologiques, parce que le bouddhisme insiste considérablement sur la relation de cause à effet.

Nichiren Daishonin explique ainsi la cause inhérente, le sixième des dix facteurs : « La cause inhérente est esprit. Zhiyi écrit dans *La grande concentration et pénétration* : "L'effet latent résulte de la cause inhérente, aussi nommée karma". » Nichikan Shonin précise dans *Le triple enseignement secret* : « Une pensée ultérieure est bonne ou mauvaise si la pensée précédente était bonne ou mauvaise. La première pensée est la cause enracinée, ou cause inhérente, et la suivante est l'effet enraciné ou effet latent. » Les mots « ultérieure » et « précédente » se réfèrent à une séquence logique, plutôt que temporelle, car la cause inhérente et l'effet latent existent de manière simultanée au cœur de la vie humaine dans la condition potentielle de *kū*. Les autres systèmes rapprochent en général la cause et l'effet des concepts d'espace et de temps, alors que le bouddhisme enseigne qu'ils sont immanents à la vie humaine, coexistants et inséparables.

Le *Sûtra de la contemplation sur les étapes de l'esprit* (*Shinjikan gyō*) dit : « Si vous voulez comprendre les causes créées par le passé, observez les résultats qui se manifestent dans le présent. Et, si vous voulez comprendre les résultats qui se manifesteront à l'avenir, observez les causes créées dans le présent. » On retrouve une référence au temps, mais ce texte suggère en réalité que la cause passée et l'effet futur sont en définitive apparents dans le présent. Une action éphémère de notre vie dans le présent conduit automatiquement à la formation du moment suivant, et la cause inhérente et l'effet latent sont à tout moment en nous.

Un certain laps de temps s'écoule entre la cause et l'effet lorsque nous observons des phénomènes physiques. Or, si nous examinons la réalité de la cause et de l'effet dans notre vie, nous constatons que toutes les causes formées par le passé y sont condensées au même titre que les effets latents. Cette vision est particulière au bouddhisme. Les effets, qui deviendront en définitive manifestes, relèvent de notre propre responsabilité. Nous devons élaborer une vision correcte de notre vie présente et nous employer à créer des causes produisant des effets positifs, si nous désirons obtenir des effets manifestes souhaitables à l'avenir. C'est cette idée de causalité qui fait du bouddhisme une religion de révolution humaine.

La science recherche des lois causales au moyen d'une approche analytique et inductive. Les scientifiques sont, en un sens, concernés par le *comment* des choses, alors que le bouddhisme est soucieux du *pourquoi*. Les deux concepts ne s'excluent pas même s'ils sont émis à des niveaux différents. Les causes et les effets perceptibles aux physiciens s'accordent invariablement aux lois scientifiques de la causalité : même la théorie incertaine relative aux mouvements des particules élémentaires est en quelque sorte une loi, bien que sa seule signification réside sans doute dans le fait que les causes du déplacement apparemment fortuit des particules n'ont pas encore été déterminées. Les causes sont souvent plus complexes qu'il n'y paraît de prime abord. Ainsi, est-il impossible d'expliquer l'ensemble du comportement humain en fonction des théories freudiennes, pourtant sa contribution, consistant à appliquer le principe de causalité à l'étude de l'esprit, fut immense. Voici un exemple encore plus patent. Il est courant que l'on ne soit pas en mesure d'expliquer une maladie contagieuse uniquement par rapport à des bactéries ou à des virus, tous les individus exposés aux germes ne contractant pas la maladie. Des facteurs internes invisibles sont dans ce cas responsables des différences de réactions individuelles.

L'approche des physiciens consiste à examiner les phénomènes perceptibles. Il en va de même en définitive des psychologues qui, bien qu'œuvrant apparemment sur le plan spirituel, fondent néanmoins leurs études sur des phénomènes mentaux observables. La psychologie s'efforce de poursuivre son étude des secteurs subconscients et inconscients de la vie humaine, mais les psychologues admettront que dans bien des cas leurs lois de la causalité sont inapplicables. Ils sont, plus particulièrement, incapables d'expliquer cet élément de l'esprit humain qui est dans la condition latente de *kū*.

Le bouddhisme s'efforce de faire pénétrer la lumière de la sagesse dans les sphères plus profondes de la vie, où les critères utilisés dans l'étude des phénomènes observables perdent leur efficacité. Les lois physiques de la causalité sont fondamentalement limitées parce qu'elles impliquent des concepts spatio-temporels, alors que les domaines de l'esprit humain et de la vie humaine transcendent ces limites. Seule la théorie bouddhique de la causalité permet de comprendre le fonctionnement de l'esprit dans l'état latent.

Le septième des dix facteurs, la cause externe, est la condition environnementale activant la cause inhérente. C'est en quelque sorte un catalyseur responsable de la circulation harmonieuse de la force vitale en réponse à la cause inhérente. La vie humaine n'existe jamais isolée d'un environnement. Chaque activité de la vie est le résultat de quelque stimulus externe. La véritable cause est en même temps la cause inhérente dans l'être humain. Voici un exemple simple : si quelqu'un vous frappe et que vous rendiez le coup, l'agression est le stimulus de la réaction, mais n'est pas la cause ultime. Vous prétendrez peut-être avoir rendu le coup qu'on vous avait donné, mais en réalité vous n'avez frappé votre antagoniste que parce que vous êtes vous. La cause réelle était en vous, prête à être activée par une cause externe.

Cette dernière a une nature duale. D'une part, elle agit sur une cause extérieure, mais d'autre part, elle devient une partie de votre force vitale intérieure. Elle est convertie en expérience et elle conditionne les réponses ultérieures à des stimuli semblables. Bref, elle devient un élément de la cause inhérente accumulée en vous.

Les causes externes sont susceptibles de faire dominer n'importe lequel des dix mondes dans votre vie, mais nous savons que tous les individus ne réagissent pas de la même manière à un même stimulus. D'aucuns ne rendraient pas le coup par lâcheté ou par peur, certains par bienveillance et par sagesse. Les causes externes risquent de se révéler démoralisantes, mais il se peut qu'elles se transforment en expériences enrichissantes.

Imaginons une personne qui vient d'apprendre de la bouche de son médecin qu'elle est atteinte d'un cancer incurable. Une telle cause externe plongera sans doute la majorité des patients dans l'état d'enfer, dans les profondeurs insondables de la misère. L'individu ayant élevé sa vie à un niveau supérieur se dira peut-être : « Voilà une rude épreuve. Je dois la surmonter pour réaliser ma révolution humaine. » En agissant ainsi, il transforme la cause extérieure tragique en une opportunité de croissance, voire de bonheur ultérieurs. Le point capital est la manière selon laquelle la cause externe est assimilée à la cause inhérente (et par conséquent à l'effet latent) en mutation permanente. Le principe de la révolution humaine veut que nous bâtissions et modifiions à chaque instant notre cause inhérente en fonction des causes externes.

Ainsi que je l'ai déjà dit, la cause inhérente et l'effet latent existent simultanément. Qu'est-ce donc qui les différencie ? Je pense que nous sommes en droit de dire que la cause inhérente est essentiellement la tendance qui s'est formée en nous jusqu'au moment présent, et que l'effet latent est la direction future de notre vie au même moment. Des causes et des effets divers sont toujours présents dans les profondeurs de la vie humaine dans la condition potentielle de *kū*. Étant donné que nous ne sommes pas en mesure de percevoir cette condition, mais uniquement ses manifestations, la cause et l'effet nous paraissent séparés par un intervalle de temps, mais tous deux sont créés et existent simultanément. Ce sont les deux faces de la même médaille. À l'instant où une cause est produite, comme cela se passe parfois à la suite de l'assimilation d'une cause externe dans le creuset de la cause inhérente, un effet correspondant prend forme dans un état latent. Prenons un exemple concret. Si vous éprouvez de la haine envers quelqu'un, ce sentiment modifie votre vie. Ce changement s'ajoute à l'accumulation de votre cause inhérente, et un effet latent est aussitôt engendré. Si la personne vous frappe, il est probable que vous lui rendiez son coup, l'effet latent de haine étant déjà présent, attendant d'être activé. Il n'existe aucun moyen de savoir quand un effet latent deviendra manifeste. Une fois formé, il demeure en nous jusqu'à ce que la cause inhérente soit provoquée par un stimulus extérieur.

Cela nous amène au neuvième des dix facteurs, qui est l'effet manifeste. Voici ce qu'en dit *Le triple enseignement secret* : « L'effet manifeste, bon ou mauvais, est la réponse visible à une cause inhérente et à un effet latent. » Ainsi, en envisageant l'effet manifeste, rien n'interdit de considérer la cause inhérente et l'effet latent comme étant la cause combinée. Il n'est pas nécessaire de distinguer entre eux pour décrire l'effet manifeste dans le domaine phénoménal. Un point capital ici est que la cause externe ne crée pas un effet manifeste. Elle active en revanche la cause interne qui, avec l'effet latent, produit l'effet manifeste. La différence est d'une importance extrême.

L'effet manifeste, étant dans le monde physique ou phénoménal, contient les éléments spatio-temporels, et il s'écoule un laps de temps apparent entre le moment de la cause et la manifestation de l'effet. En fait, l'effet manifeste naît au même moment que la cause, même si cela n'est pas immédiatement évident. Les changements phénoménaux semblent être discontinus dans le temps, mais, en réalité, ils sont continus dans le monde macrocosmique. Le développement de l'effet manifeste peut être comparé à la croissance d'un enfant. Celui-ci grandit continuellement chaque seconde, chaque jour, chaque mois, chaque année, mais nous ne remarquons sa croissance qu'après un temps assez long. De même, l'effet manifeste fait son apparition dès la naissance de la cause, mais un certain temps s'écoule avant que nous n'en prenions conscience.

Résumons-nous. Il n'est possible de comprendre la loi de causalité inhérente à la vie intérieure d'un être humain que dans le cadre des catégories du monde spirituel, et l'effet manifeste n'existe que dans le monde physique. La cause inhérente et l'effet latent sont présents de manière simultanée, mais ne sont pas observables à l'aide des instruments de la physique ou de la chimie. Du point de vue psychosomatique, la cause inhérente, l'effet latent et l'effet manifeste sont inséparables en raison du principe selon lequel l'esprit et la matière forment une harmonie parfaite.

Si nous désirons comprendre le fonctionnement de la vie humaine en mutation constante, nous devons non seulement examiner la nature de la vie même, mais encore évaluer les influences extérieures et la manière dont le moi intérieur y réagit. La vie étant complète à chaque instant, elle est d'une certaine manière semblable à un point géométrique et notre analyse de la direction dans laquelle elle évolue est assez semblable à un problème de calcul différentiel dans lequel nous déterminons l'inclinaison d'une courbe en un point donné par un examen minutieux des facteurs se trouvant dans son entourage immédiat. La direction de la vie à un point donné dans le temps peut de même être déterminée par un simple examen minutieux et détaillé du pouvoir, de l'influence, des causes inhérentes, des causes externes, des effets latents et des effets manifestes opérant dans le voisinage de ce point.

Les neuf premiers des dix facteurs sont les outils analytiques que nous utilisons pour étudier le fonctionnement de la vie et les lois le gouvernant d'un instant à l'autre. Il reste à synthétiser les éléments en un tout significatif, et c'est à ce stade qu'intervient le dernier des dix facteurs, la cohérence du début jusqu'à la fin. Voici ce qu'en dit *Le triple enseignement secret* : « L'apparence est le début et l'effet manifeste la fin. La cohérence du début jusqu'à la fin est la totalité des facteurs. »

## *Le principe d'individualité*

Chacun des dix mondes (ou états) incluant tous les autres, les textes bouddhiques parlent des cent mondes, c'est-à-dire chaque monde tel qu'il existe dans chacun des autres. En outre, chacun des dix facteurs existant dans chacun des cent mondes, nous avons le concept des mille facteurs dans les cent mondes.

Je prendrai comme illustration une photo de presse célèbre représentant une mère vietnamienne serrant contre son sein le corps de son enfant décédé. Son visage exprime l'horreur et le désespoir à l'état pur. Quiconque est familier de la théorie des dix états conclurait que la femme est dans l'état d'enfer. Nous pouvons dire, par rapport aux dix facteurs, que son apparence, sa nature interne et son entité souffrent tous les tourments de l'enfer. La photo ne nous renseigne pas sur la manière dont est mort le bébé, mais son décès a nettement bouleversé la mère qui sanglote et gémit en tenant son enfant dans ses bras en un vain effort pour le protéger. La mort du bébé, la cause externe, a activé la cause inhérente du chagrin qui existait au plus profond de la vie de la femme. Le pouvoir lui a fait commettre une action vaine dont la nature est déterminée par l'effet latent, et dont l'effet manifeste est visible. La cohérence du début jusqu'à la fin, provoquée par la fusion et l'interaction des neuf premiers facteurs, est une vie plongée dans les affres ultimes de la souffrance.

Si la paix revenait au Viêt Nam, cette mère pourrait accéder à l'état d'humanité, ou à celui de bodhisattva ou encore à celui de bouddha, car tous ces états sont latents dans celui d'enfer. Sa conduite s'accorderait donc à un autre ensemble de facteurs. Ainsi, si elle pénétrait dans l'état de bodhisattva, le souvenir du décès de son enfant deviendrait peut-être le facteur externe déclencheur de la cause interne de la compassion, l'amenant par exemple à adopter un orphelin de guerre.

Les dix états sont toujours présents dans toutes leurs permutations, ainsi que les dix facteurs, non seulement chez cette mère, mais dans toute vie. Toute vérité et toute vie peuvent être analysées en fonction de ces concepts. L'idée des mille facteurs dans les cent mondes est un principe universel et objectif, applicable à chaque instant du processus de vie. Cela ne résume pourtant pas toute la réalité, en effet nous trouvons dans chacun des états d'existence des personnes se comportant différemment et présentant des personnalités et des caractéristiques qui leur sont propres. Il n'est pas deux personnes qui soient exactement identiques, et cela vaut quel que soit l'état dans lequel elles se trouvent.

Considérons, par exemple, la condition d'un homme brisé par une douleur atroce à l'estomac. Lui aussi est en enfer, et les dix facteurs de cet état s'appliquent à lui au même titre qu'à la mère vietnamienne. Tous deux sont submergés par la douleur qui active leur potentiel à souffrir et mine une quantité considérable de leur énergie vitale. Il existe des différences entre l'homme malade et la Vietnamienne, leurs souffrances ont un caractère différent. Il nous reste à expliquer en quoi consiste cette différence.

Disons d'une manière plus générale que toutes les formes de vie sont semblables en ceci qu'elles sont compréhensibles de manière inhérente par rapport aux mille facteurs dans les cent mondes. Toutes sont pourtant différentes puisqu'il est possible de différencier une vie dans l'Univers de toutes les autres. L'élément fondamental permettant de discriminer chaque entité individuelle est ce que je nommerai le principe d'individualité.

Quelle est en réalité la différence entre l'homme qui souffre de douleurs gastriques et la mère qui vient de perdre son bébé ? D'emblée, on constate qu'ils sont de sexe opposé, et que leurs corps sont dissemblables.

Sur un plan strict, tous les corps humains sont différents les uns des autres, or, l'élément physique et l'élément spirituel étant inséparables, il s'ensuit que tous les esprits humains sont différents les uns des autres.

La mère accablée de souffrance songe à son enfant de manière très vivante. Elle se souvient de son sourire innocent, de ses petites mains et de ses yeux pétillants. Son esprit vogue vers des jours plus heureux où elle et les siens étaient réunis. Un sourire allume peut-être son visage jusqu'à ce qu'il lui revienne que son époux est également décédé et qu'elle doit désormais affronter le monde seule. Les perspectives d'avenir sont effrayantes, mais, en dépit du caractère désespéré de sa situation, elle a la volonté d'aller de l'avant. Remplie d'amour et de défiance, elle s'accroche à son enfant mort.

Ce qui se passe dans l'esprit de l'homme malade est très différent. Il s'efforce de déterminer la localisation exacte de la douleur. Se situe-t-elle au sommet de l'estomac ou un peu plus vers la droite ? Il pense qu'elle ne se dissipera pas de sitôt et se demande dans combien de temps arrivera le médecin. S'agit-il d'un ulcère ? Souffre-t-il d'un cancer ? Ces pensées s'agitant dans son esprit, il tord son corps dans toutes les positions susceptibles de lui apporter un soulagement passager.

La mère et l'homme malade ont de multiples points communs. Tous deux manifestent des réactions typiquement humaines ; tous deux spéculent au sujet de la signification et des effets probables de la situation à laquelle ils sont confrontés. Et, ce qui est peut-être plus important, tous deux s'emploient à assimiler leur expérience dans leur moi. Leurs pensées spécifiques sont quant à elles très différentes, de même que l'expression physique de ces pensées. Le bouddhisme fournit une clé à la diversité que nous rencontrons ici et dans tous les aspects de la vie humaine, il s'agit de la théorie des cinq agrégats. Celle-ci explique comment se forme notre idée de la réalité.

## *Les cinq agrégats*

Les cinq agrégats (*go-on*) sont la forme (*shiki*) ; la perception (*ju*) ; la conception (*sō*) ; la volonté (*gyô*) ; la conscience (*shiki*). Nous pouvons dire, si nous appliquons le principe de l'identité de la loi physique de la vie et de la loi spirituelle de la vie (*shikishin funi*) que la forme signifie la loi physique de la matière vivante et de l'ensemble de la composition physique de la vie. Les quatre autres appartiennent à la loi spirituelle de la vie. Le physique et le spirituel ne faisant qu'un et étant inséparables, la forme est la condition des quatre autres agrégats, et vice versa.

La conscience, qui inclut le discernement et la sagesse, est le point de départ de la perception, de la conception et du jugement et c'est en même temps la force intégrante qui les unit. Bref, toutes les activités mentales sont centrées sur la conscience.

Celle-ci soutient la vie humaine de l'intérieur et œuvre pour la doter d'un sens. Il est donc courant qu'on la mentionne en dernier lieu dans la liste des cinq agrégats. Il est erroné d'envisager ces derniers selon un arrangement séquentiel, car ils sont en fait inséparables les uns des autres.

Nichiren Daishonin écrit dans *Sur le principe des trois mille mondes en un instant de vie* : « *On* signifie "agrégat" et le premier est la forme, qui renvoie aux cinq types de couleur ou de forme [tout ce que perçoivent les sens]. Le deuxième est la perception, qui signifie recevoir ou absorber quelque chose. Le troisième est la conception, qui est selon le *Trésor de l'analyse de l'Abhidharma* (*Kusha-ron*) "la formation d'une image mentale". Le quatrième est la volonté qui signifie "agir sur". Le cinquième est la conscience, c'est-à-dire le "discernement". Le cinquième volume de *La grande concentration et pénétration* (*Maka Shikan*) reprend un extrait du *Commentaire sur le Sûtra des dix étapes* de Nagarjuna : "Il y a tout d'abord la conscience, qui est discernement ; puis la perception qui est l'acte de recevoir ; la conception consiste à former une image ; la volonté à déterminer si on l'accepte ou non ; la forme est perçue grâce au fonctionnement de la volonté."[48] »

Cette déclaration profonde nécessite quelque explication, en particulier pour ce qui est des définitions du philosophe indien Nagarjuna. Je crois que, lorsque Nagarjuna dit que la conscience signifie « discernement », il sous-entend que la conscience est la capacité à considérer quelque chose, à le définir, et à comprendre sa signification. La conscience inclut des impressions inconscientes ou subconscientes et est en fait la totalité de l'activité mentale et spirituelle, remontant jusqu'à l'essence de la vie cosmique. La capacité de l'esprit à percevoir un objet commence avec la conscience.

La perception signifie absorber quelque chose, le recevoir avec l'esprit. Le mode de perception est soit subliminal soit supraliminal. La conception est, ainsi que le dit le *Trésor de l'analyse de l'Abhidharma*, la formation d'une image mentale. Cette image peut être un reflet exact d'un élément externe, ou impliquer l'usage des pouvoirs imaginatifs dépassant le temps et l'espace dans l'Univers même. Elle peut être influencée par

48. *The Writings of Nichiren Daishonin*, volume 2, Soka Gakkai, 2006, p. 74 (non traduit en français).

des souvenirs du passé ou par des idéaux pour l'avenir. Il arrive que ce ne soit rien de plus que des fantasmes vides, mais, quoi qu'il en soit, elle mène à la volonté, qui implique non seulement l'acceptation ou le rejet de ce qui est perçu, mais encore une décision quant à la manière d'agir sur cette image. La question qui se pose consiste à savoir si nous adoptons une approche active ou passive à l'égard de notre perception. Il est ainsi permis de considérer que la mère vietnamienne a réagi de façon active en serrant le corps de son enfant, alors que l'homme malade a eu une réaction passive.

La déclaration selon laquelle « la forme est perçue grâce au fonctionnement de la volonté » est interprétable de diverses manières. Il s'agit en un sens d'une illustration du caractère inséparable de la loi physique de la vie et de la loi spirituelle de la vie, la forme ne pouvant exister sans l'idée. Notre perception des objets physiques est due à la réflexion de notre impulsion mentale dans les objets mêmes. Notre volonté mentale devient, dans un autre sens, manifeste dans nos réactions corporelles.

Si l'esprit n'œuvrait pas pour motiver l'action, nous ne serions en mesure de percevoir ni nos mouvements physiques ni l'existence. Dans le cas de la mère serrant son bébé contre son sein, l'action de l'esprit était exprimée de manière simultanée par les bras. Peut-être était-elle inconsciente de la force dans ses bras, mais le pouvoir s'écoula en eux à la suite de l'idée qui occupait son esprit. L'énergie du corps et le fonctionnement de l'esprit sont inextricablement liés. Notre énergie vitale, qui est la manifestation de notre vie même, devient volonté dans l'esprit, et il en résulte une émanation d'énergie physique, qui est l'agrégat de la forme.

Nous sommes en droit de conclure que la conscience, la perception, la conception et la volonté sont des manifestations de l'énergie spirituelle. Elles fusionnent parfaitement avec les actions de notre corps, et le fait que nous ne percevions les objets comme étant réels qu'à travers l'action de notre volonté est une démonstration supplémentaire du caractère inséparable des lois physique et spirituelle de la vie.

Ayant examiné les relations reliant les cinq agrégats, nous sommes en mesure d'envisager le point important, à savoir que ces agrégats diffèrent en fonction de l'individu. Les cinq agrégats constituent ensemble ce que l'on nomme le domaine ou le monde des agrégats (*go-on seken*). Le terme *seken* signifie « monde », mais *Le triple enseignement secret* précise que : « *Seken* connote la division. » Cette notion signifie que le monde est constitué de maintes personnes différentes, chacune ayant son propre monde des agrégats individuel. La personnalité de chacun est différenciée de celle des autres par l'action de ces agrégats, ceux-ci déterminant la manière dont nous répondrons à la réalité, et donc la nature même de cette réalité.

Une variété infinie d'activités mentales et physiques deviennent possibles grâce au fonctionnement des cinq agrégats. L'activité des agrégats remplira la vie de chagrin et de douleur ou permettra à la compassion et à la sagesse de s'exprimer. Il existe d'innombrables possibilités. La configuration des agrégats d'une personne tourmentée peut contribuer uniquement à la priver de sa vitalité, de sorte qu'elle passe d'un enfer à un autre. Elle évolue alors parmi les êtres sensibles de l'enfer.

*Le triple enseignement secret* dit : « Les cinq agrégats de la vie sont la forme, la perception, la conception, la volonté et la conscience. Si tous sont présents chez les individus qui fondent leur vie sur l'un des neuf mondes autres que la bouddhéité, ils obscurciront la Loi véritable de la vie clémente. Leurs actions forment des causes qui deviendront en définitive une accumulation de multiples formes de souffrances. En revanche, si notre vie se fondait sur la bouddhéité, étant remplie de compassion, elle forgerait un bonheur durable. »

Si un être sensible se trouve dans n'importe lequel des neuf premiers états, les agrégats œuvrent de manière à dissimuler la Loi bouddhique et à provoquer la multiplication de chagrins, mais si un être humain est dans l'état de bouddhéité, les agrégats conduisent à une compréhension de la Loi bouddhique et à une accumulation de bonheur.

En réalité, nos activités vitales se déroulent dans les limites des neuf états, et l'effet de la conscience et des autres agrégats consiste à affaiblir notre énergie créatrice potentielle, qui a son origine dans la force vitale cosmique. Plus actif est notre esprit ou notre âme, plus nous nous dissimulons la bouddhéité. Nous entravons le fonctionnement de notre force vitale. Il en résulte un accroissement de souffrance. Telle est la signification de la déclaration : « Les agrégats conduisent à des cycles de vie et de mort répétitifs », car les « cycles de vie et de mort » sont synonymes de souffrance.

Les agrégats s'emploient à accumuler du bonheur lorsque nous prenons conscience de la présence en nous de l'état de bouddha et que nous établissons cet état comme fondement de notre vie. Au lieu d'endiguer le flux de notre force vitale, ils libèrent l'énergie de la compassion, ce qui a pour conséquence que nos actions ne nous emprisonnent plus dans les états d'existence inférieurs, mais nous dévoilent d'autant la bouddhéité et renforcent les fondements de notre vie dans cet état.

### *Les êtres sensibles et l'environnement*

Le monde des cinq agrégats est intimement lié à ce que le bouddhisme nomme le monde des êtres sensibles (*shujō-seken*). Cette notion paraît plus complexe qu'elle ne l'est, car elle désigne simplement un monde dans lequel chaque être vivant est considéré comme étant différent de tous les autres. Après tout, le monde est ainsi fait ; il n'est pas deux êtres individuels qui soient absolument identiques sur le plan physique, il s'ensuit qu'il n'en existe pas deux qui soient identiques sur le plan mental.

*Le triple enseignement secret* dit : « Le monde des êtres sensibles est le nom de tous les êtres sensibles dans les dix états. La fusion temporaire des cinq agrégats est qualifiée d'être sensible. L'être sensible le plus accompli est dans l'état de bouddhéité, c'est pourquoi le *Traité de la grande perfection de sagesse* (*Daichido ron*) dit : "L'être sensible auquel nul n'est supérieur est le Bouddha". »

Un être vivant est, selon cette définition, la « fusion temporaire des cinq agrégats ». En d'autres termes, un être humain individuel est à tout instant une configuration temporaire de forme, de perception, de conception, de volonté et de conscience. Cela est une autre manière de dire : 1. qu'un être humain est une fusion d'éléments physiques et spirituels, et 2. que sa personnalité représente à chaque instant un rassemblement des cinq agrégats en mutation constante.

C'est une question d'importance. Si nous considérons les forces instantanées qui opèrent en nous, nous considérons en fait les cinq agrégats : comment concevons-nous quelque chose, comment nous formons-nous une opinion à son propos, comment notre volonté agit-elle à son égard. En revanche, si nous considérons l'entité vitale en tant que telle, nous nous intéressons à des êtres sensibles, qui, ainsi que nous l'indique la citation précédente, existent dans les dix états. On remarquera que dans chacun de ceux-ci les êtres sensibles diffèrent les uns des autres. En conséquence, la femme vietnamienne et le malade de notre exemple sont tous deux dans l'état d'enfer, mais n'en diffèrent pas moins l'un de l'autre sur le plan tant des circonstances particulières que de la personnalité individuelle.

Chaque individu se situe dans l'un des dix états et dispose du potentiel d'évoluer instantanément vers n'importe lequel des neuf autres. Les dix facteurs opèrent en permanence chez tout un chacun. Le fait que nous soyons tous différents les uns des autres est dû aux activités des cinq agrégats, dont la fusion est l'être vivant individuel. Il ne nous manque plus qu'un élément pour compléter la vision bouddhique d'une entité humaine, il s'agit du monde de l'environnement.

*Le triple enseignement secret* dit : « Le monde de l'environnement est le lieu où vivent les êtres dans les dix mondes. » Nous comprendrons mieux ce que cela signifie si nous nous souvenons du principe de l'inséparabilité de la vie et de son environnement (*esho funi*). Chaque vie est individuelle, et, lorsqu'elle se manifeste dans ce monde, l'existence unique qu'elle forme constitue instantanément un environnement qu'elle estimera compatible. Il nous suffit, pour percevoir la vérité de cette notion, d'envisager l'environnement d'une personne particulière, dans lequel nous décèlerons toutes les inclinations et les caractéristiques de sa vie. Si nous essayons d'imaginer un être humain dépourvu d'un environnement, nous ne pouvons parler que d'un être mythique.

La vie étendant son influence à l'environnement, celui-ci se modifie automatiquement en fonction de la condition de vie. Un environnement, qui est le reflet de la vie intérieure de ses habitants, adopte donc toujours les caractéristiques de ceux qui y vivent. En outre, la Terre étant une forme de vie, les dix facteurs et la théorie de l'inclusion mutuelle des dix états sont applicables à chacun et à chaque environnement.

J'ai évoqué en détail les dix mondes, ou les dix états d'existence, ainsi que les caractéristiques de chacun, au chapitre 1 de la partie II. J'aimerais ajouter quelques précisions relatives aux états de la vie par rapport à leur environnement.

Un extrait du *Triple enseignement secret* nous apprend que : « L'enfer est une demeure de fer chauffé au rouge, et l'avidité est un lieu situé cinq cents *yojana* sous le monde humain. » Cela traduit de manière très suggestive l'atrocité de l'environnement de l'enfer, un état dans lequel les êtres vivants sont privés de leurs désirs et de leur droit de vivre. Cela nous rappelle en outre que le séjour d'une personne dans l'état d'avidité, c'est-à-dire dans l'impossibilité de satisfaire ses désirs instinctifs, se situe à une distance considérable du monde approprié aux êtres humains. Cette personne est, en quelque sorte, confinée dans un puits souterrain profond, incapable de se procurer ni nourriture ni boisson.

L'extrait se poursuit ainsi : « Les êtres dans l'état d'animalité vivent dans l'eau, sur terre et dans les airs. » Les implications de ce commentaire sont plus complexes qu'il n'y paraît, il nous incite en effet à réfléchir au rôle joué par l'eau dans la vie des poissons, par la terre dans la vie des animaux et par l'air dans celle des oiseaux. Nous constatons ce faisant que chaque environnement fonctionne d'une manière appropriée à la satisfaction des besoins instinctifs de ses habitants. Les êtres humains se trouvant dans l'état d'animalité utilisent cependant leur environnement d'une manière limitée. Ils sont à la merci de désirs égoïstes ; aussi leur environnement – qu'il s'agisse de leur foyer, du bureau ou de grands espaces – ne sert qu'à leur procurer la satisfaction de leurs pulsions instinctives.

Le passage consacré à la colère est en apparence obscur : « La colère se situe sur le rivage ou le fond marin. » Réfléchissons pour commencer à la condition d'une personne se trouvant dans l'état de colère. Son esprit est perverti par le désir, et, dans chaque situation, il y aura un élément qui suscitera le désir de compétition.

La mer est en soi importante dans cette image, car la colère était traditionnellement le domaine des *asura*, et il semble probable qu'ils aient été liés, dans le mythe indien antique, à la mer. Des vagues déchaînées bousculent et malmènent un individu dans l'état de colère. Même une mer calme renferme une grande quantité d'énergie capable de submerger toute forme de vie en un instant. Bref, la colère est un monde de conflit, et être dans cet état revient à lutter en permanence contre l'eau.

L'humanité est, selon *Le triple enseignement secret*, « la vie sur terre, et le bonheur temporaire est la vie dans un palais ». La « terre » ne se réfère pas dans ce cas à notre planète mais à des environnements favorisant le bien-être, la stabilité et une vie riche en valeur humaine. La colère pervertit les sentiments des personnes prisonnières de son étreinte. Même si elles sont calmes en apparence, il y a une rancœur intérieure, de la suspicion, de la jalousie ou de la haine. En revanche, les sentiments des individus se trouvant dans l'état d'humanité sont calmes et paisibles. Le « palais » est aussi une métaphore. Ainsi que nous l'avons vu précédemment, le désir est une source d'énergie dans la vie. Un « palais » est donc un environnement dans lequel tous les désirs associés aux six états inférieurs peuvent être satisfaits.

Un point important distinguant les six états inférieurs des quatre états nobles est le suivant : les êtres humains dans les voies inférieures ont pour objectif la satisfaction de leurs désirs et de leurs pulsions. Leur bonheur dépend entièrement de conditions environnementales. Les individus ne réussissent à manifester le pouvoir nécessaire pour contrôler leur force vitale d'une manière positive que lorsqu'ils sont en mesure d'atteindre l'un des états nobles.

Le passage que je viens de citer se poursuit comme suit : « Ceux qui sont dans l'état d'étude ou d'éveil pour soi vivent dans un pays provisoire, les bodhisattvas, dans un pays de récompense véritable et les bouddhas, dans le pays éternel de l'éveil. »

Les états d'étude et d'éveil pour soi sont qualifiés de provisoires parce que les êtres humains s'y trouvant sont en mesure, où qu'ils vivent en réalité, de transformer leur environnement en celui de ces deux états. Cela est dû au fait que le moi se trouvant dans ces états est, ainsi que nous l'avons vu auparavant, un moi de réflexion ; il est capable de pénétrer la loi inhérente à tous les phénomènes et de percevoir leur impermanence. Dans l'état d'éveil pour soi en particulier, l'individu peut découvrir la vérité, la beauté et le bien cachés dans le monde en mutation constante.

Les bodhisattvas ne vivent pas dans un autre monde. Ils évoluent au milieu des êtres humains dans la société telle qu'elle est, mais, par la pratique de la bienveillance et de l'altruisme, ils défient purement et simplement la vanité, l'égoïsme et le mal, transformant ainsi tout environnement en un autre qui permette à leur compassion de s'exprimer. Ainsi, leur environnement est un « pays de récompenses véritables ».

Le monde des bouddhas est encore plus brillant, car la sagesse qu'il dispense irradie à travers le voile de l'illusion et révèle la bouddhéité chez tout ce qui vit. Ceux qui se trouvent dans l'état de bouddha sont non seulement en harmonie parfaite avec la Loi merveilleuse, mais encore possèdent le vrai pouvoir de compassion, c'est-à-dire un pouvoir invincible, jamais en repos et assez puissant pour soulager la souffrance. Contrairement à l'enfer, qui nous prive du droit à la vie, le pays éternel de l'éveil de la bouddhéité nous garantit ce droit. Il fait plus encore. Il recharge toute chose d'une vitalité créative et dispense en fait le pouvoir de créer une vie nouvelle.

### *Trois mille mondes possibles*

J'ai déjà évoqué le principe des trois mille mondes en un instant de vie (*ichinen sanzen*). Nous devons maintenant nous faire une idée plus exacte de sa signification, car il se situe au cœur de la philosophie bouddhique, et sa compréhension nous donne une vision de la véritable substance de la vie, qui est tout à la fois complète et impartiale.

La question posée dans *Le triple enseignement secret* est la suivante : Comment l'instant de vie qui est infinitésimalement court peut-il contenir trois mille mondes ? Voici la réponse : « Trois mille mondes possibles en un instant de vie » a deux significations possibles selon le Sûtra du Lotus : « contenir » et « imprégner ». L'ensemble de l'Univers est contenu dans chaque vie à chaque instant de son existence. Inversement, chaque instant de vie imprègne en permanence l'ensemble de l'Univers. L'instant de vie est une particule de poussière contenant les éléments de tous les mondes de l'Univers. C'est une goutte d'eau dont l'essence ne diffère en rien du vaste océan lui-même.

Les êtres humains se trouvant dans les états autres que la bouddhéité ne sont à même de voir que les phénomènes chronologiques de la vie humaine. Ce faisant, ils ne comprennent pas son essence et en arrivent à confondre l'évanescence de l'instant de vie et sa véritable nature, ce qui est une erreur. L'instant de vie est directement lié à la force vitale cosmique, et il est illimité en termes spatio-temporels. Nous ne prenons conscience de cette notion qu'en étendant notre quête de la vérité dans des sphères toujours plus profondes de la vie.

Une autre manière de comprendre l'instant de vie consiste à le considérer comme une entité, tout en reconnaissant que toutes les entités sont en relation harmonieuse avec la totalité de la vie cosmique sans perdre pour autant leur unicité.

Nous percevrons la signification de l'unicité si nous nous demandons : pourquoi « trois mille mondes » ? Nous avons vu, lors de notre discussion du concept des dix mondes, que le nombre dix n'était pas choisi au hasard, mais représentait à la fois le nombre maximal et minimal nécessaire pour englober tous les états d'existence. Le nombre trois mille n'est pas plus arbitraire. Il est le résultat de la multiplication des mille facteurs dans les cent mondes par trois (trois correspondant au nombre de principes de l'individualité). L'individualité existe, bien entendu, dans la configuration unique des cinq agrégats, mais celle-ci a deux autres sources. L'individualité existe et est manifeste parmi les êtres sensibles ainsi que dans le monde de l'environnement. Cela signifie que « trois mille mondes », évoquant les myriades de formes qu'adopte la vie, est une expression de la totalité de tous les phénomènes.

Les nombres ne devraient toutefois pas distraire notre attention de la signification fondamentale du principe même. Le bouddhisme nous fournit une analyse profonde et exhaustive de la totalité de la vie, et met en lumière sa profondeur, son ampleur, son expansion, son mouvement et sa force motrice ainsi que la loi de la cause et de l'effet. Il reste à se demander comment un instant de vie imprègne l'ensemble de l'Univers.

La condition nécessaire à cela est une vie dans l'état de bouddha. La loi de la causalité opère, dans ce cas, tant vers l'intérieur que vers l'extérieur. La bouddhéité devenant manifeste, elle se transforme en une partie intégrale, toujours plus puissante, de la force vitale. Une personne dans cet état réalise pleinement le potentiel des cinq agrégats dans sa vie, et est à même de construire un bonheur durable, indépendant des changements dans l'environnement.

Le pouvoir de la compassion et de la sagesse émerge et devient actif, vers l'extérieur. La bouddhéité s'étend et influence tous les autres individus. Ceux qui sont dans un état de vie aussi bas que l'état d'enfer, ceux qui sont confinés à la transmigration dans les six états inférieurs, ceux chez qui l'expression de la force vitale est entravée par la vanité ou l'autosatisfaction – tous ceux qui sont touchés par l'influence de la bouddhéité découvrent l'opportunité de créer leur propre révolution humaine et d'améliorer leur karma, jusqu'à ce que leur bouddhéité innée s'exprime à son tour.

Il me paraît approprié de présenter une analogie avec le monde de la physique. Lorsque se produit la fission nucléaire, l'explosion du premier atome est imperceptible. Mais deux atomes se divisent ensuite, puis quatre, etc. Bref, une réaction provoquée par un seul atome croît en intensité jusqu'à ce qu'un grand nombre de particules bombardent la masse principale du matériau fissible. Une quantité énorme d'énergie est libérée lorsque le point critique est atteint. Je me suis souvent dressé contre les dangers des armes nucléaires, mais nous ne devons pas oublier que l'énergie nucléaire comporte également des applications pacifiques. Souvenons-nous en outre que les réactions atomiques sont des phénomènes aussi bien naturels que déclenchés par l'être humain.

Un individu accédant à l'état de bouddha est pareil à un atome déclenchant une réaction de fission. Son flux vital est pur et prodigue ; il entraîne des modifications remarquables dans les profondeurs des autres vies. Les personnes et leur environnement se trouvant dans le flux vital de la bouddhéité seront pénétrés du pouvoir et de la joie de vivre, au même titre que l'herbe qui a commencé à se dessécher retrouvera vigueur sous l'influence d'une pluie salutaire ou que les chameliers épuisés seront revitalisés par l'eau fraîche d'une oasis. Cette réaction en chaîne peut se propager dans n'importe quel environnement : de l'individu à la famille et des voisins à la communauté ; ou des médecins ou des infirmières à leur patient et à toute la population d'un hôpital. Elle dispense en se répandant une nouvelle qualité vibratoire à l'environnement, des changements se produisent à une échelle toujours plus grande, et le monde entier est transformé. Je considère que cet état offre le seul espoir de sauver notre planète et l'humanité de la destruction.

En pratique, le principe révélé dans les trois mille mondes en un instant de vie requiert les idéaux les plus élevés, la détermination extrême et l'effort constant. Alors et seulement alors, ceux qui comprennent ce principe seront en mesure d'influencer de manière profonde et positive tous les types d'individus et de modifier leur environnement. Les personnes de foi dont la vie ne fait qu'un avec la Loi merveilleuse s'efforcent de vivre en harmonie avec elle et sont investis de la mission consistant à déclencher la réaction en chaîne menant à la création du pays éternel de l'éveil, un monde dans lequel tous les êtres pourront développer leur propre bouddhéité.

PARTIE III

# La vie et la mort

CHAPITRE PREMIER

# La nature de la mort

## *La mort, l'inévitable*

L'une des questions fondamentales de la vie est : « Qu'est-ce que la mort ? » Est-ce un point final au-delà duquel rien n'existe ? Est-ce la porte vers une nouvelle forme de vie, une transformation plutôt qu'un terme ? Inversement, devons-nous considérer la vie comme n'étant qu'une brève phase d'activité qui cesse en définitive ? Ou se poursuit-elle indéfiniment sous l'une ou l'autre forme ?

Ces questions ont de tout temps été parmi les plus essentielles en philosophie et en religion. Nichiren Daishonin, dans sa jeunesse, réalisa qu'il devait « d'abord étudier la mort, et seulement ensuite les autres sujets[49] ». De même, le point de vue existentiel de Martin Heidegger est que la vie humaine est « une existence dirigée vers la mort », et que le potentiel de mort est inhérent à la vie humaine dès l'instant de la conception. Ces considérations furent émises par des penseurs qui ont recherché, en affrontant le destin inévitable de la mort, à enrichir la vie humaine.

Toute étude de la vie qui ne prend pas en considération la mort se condamne à n'obtenir aucun résultat satisfaisant. Nous savons tous cela au fond de nous, mais nous avons néanmoins tendance à éviter le sujet. Même lorsque nous nous trouvons en présence de la mort – à l'occasion du décès d'un proche par exemple – nous nous accrochons inconsciemment à une illusion : nous faisons exception à la règle, immunisés contre la mort et nous n'avons aucune raison de l'envisager par rapport à nous, tout au moins pas dans l'immédiat.

---

49. *The Writings of Nichiren Daishonin*, volume 2, Soka Gakkai, 2006, p. 759 (non traduit en français).

La vérité est que la conscience de la mort est un privilège particulier de l'humanité. Les autres mortels n'ont, semble-t-il, qu'une conscience très brève de la mort, lorsque celle-ci les guette. L'appréhension de la mort est donc l'une des qualités qui distingue l'être humain des animaux inférieurs ; elle doit être considérée comme une marque de l'intelligence supérieure de l'être humain. Or, celui-ci, en raison même de ce privilège, est souvent obsédé par la peur de la mort et se livre à des extrémités absurdes pour l'éviter.

Les paroles de Nichiren Daishonin nous invitent en fait à affronter la mort avec calme et sans passion plutôt qu'à détourner notre regard de l'inévitable. Une telle attitude nous permettrait de développer le courage et la détermination de rendre nos vies plus riches et plus fécondes. Si chacun refusait de songer à la mort, il n'y aurait ni philosophie ni religion et nos vies seraient considérablement appauvries, pour ne pas dire réduites à l'état bestial.

On a décrit la confrontation de la mort comme étant la mère de la philosophie. On pourrait aussi la qualifier de mère de la science, une partie importante de la recherche scientifique étant consacrée à élaborer des moyens de prolonger l'espérance de vie. La médecine moderne est un résultat de l'effort de l'être humain pour contrôler sa destinée, et toutes les merveilles de la recherche médicale sont en fait le produit de notre peur de la mort.

Les scientifiques médicaux seront sans doute les premiers à reconnaître que la mort n'a pas été conquise et qu'elle ne le sera probablement pas. Aussi longtemps que nous demeurons des organismes vivants, il nous est impossible de nous libérer de la mort. Les cellules de notre corps se renouvellent constamment, mais cette remarque ne vaut pas pour les cellules cérébrales, dont la longévité impose une limite biologique à notre espérance de vie. D'aucuns disent qu'elles ont une durée de vie maximale de cent vingt-cinq ans. Si c'est exact, les progrès médicaux ne permettront jamais de prolonger la vie au-delà de cet âge. En fait, les personnes ayant vécu aussi longtemps peuvent être comptées sur les doigts d'une main.

La science et la médecine sont en mesure de nous protéger contre maintes maladies et dans une certaine mesure de prolonger notre existence, elles ne proposent toutefois aucune solution au problème de la mort. Nous devons nous tourner vers la philosophie et la religion pour trouver les réponses ultimes.

L'étude du passé prouve que les êtres humains ont compris cette vérité depuis l'aube de l'existence humaine. L'anthropologue américain R. S. Solecki déclare, dans un rapport consacré aux vestiges de l'homme de Néandertal en Irak, avoir trouvé des traces de pollen répandu autour d'une tombe. Cela indique que même l'homme de Néandertal honorait ses morts en déposant des fleurs sur leurs tombes : cette attitude nous permet de supputer que ces êtres humains primitifs croyaient en l'existence continue de la vie après la mort. Solecki postule que la société de Néandertal avait déjà conçu l'idée d'un « paradis » quelconque, transcendant les limites normales de la réalité. Je soupçonne moi-même qu'ils percevaient intuitivement, à l'instar d'êtres humains d'époques ultérieures, la force vitale fondamentale qui vibre dans la nature et dans l'Univers.

Les primitifs d'Océanie, qui étaient identiques sur le plan biologique à l'*Homo sapiens*, croyaient en une force surnaturelle nommée « mana », qui habitait selon eux toutes choses dans l'Univers. Il semble qu'ils considéraient la vie comme étant l'état dans lequel *mana* est active et croissante, alors que la mort est l'inverse.

Les êtres humains, aussi primitifs soient-ils, observent les rythmes des saisons et les mouvements des corps célestes, et sentent que la vie humaine est aussi sujette à un changement continu en accord avec les pulsations de l'Univers. Ils voient la vie retourner à la Terre Mère, à la mort et réapparaître à la naissance. La croyance aux cycles récurrents de naissance et de mort sont courants parmi les peuples primitifs. La *mana* d'Océanie est considérée comme étant une vitalité inhérente qui rend possible la mort et la renaissance chez tous les êtres vivants. L'idée est fondamentalement identique au concept grec plus sophistiqué de pneuma. La sagesse humaine percevait, même chez les ancêtres les plus primitifs de l'être humain, une force omniprésente agissant à travers l'Univers.

Les êtres humains développèrent par la suite divers types d'animisme, selon lesquels toutes choses dans l'Univers, y compris les êtres humains, possédaient une âme propre. La vie est en général considérée dans ce type de religion comme l'état dans lequel l'âme habite un corps particulier, et la mort, celui dans lequel l'âme est libérée de ses contraintes physiques. Cette idée mène directement à la doctrine de l'immortalité de l'âme, un principe commun à maintes religions supérieures.

Les religions judéo-chrétiennes relient l'immortalité de l'âme au concept de la création par une déité toute-puissante. Elles considèrent en général que l'âme est créée par Dieu au moment de la conception, et qu'elle continue à exister après la mort. Les âmes des croyants qui ont foi en Dieu s'élèvent vers le paradis et vivent dans l'éternité ; celles des incroyants sont condamnées à jamais au purgatoire ou à l'enfer.

Le christianisme prétend également qu'il y a un jugement dernier – les trompettes sonneront, les morts se lèveront, et tous les morts et tous les vivants apparaîtront devant Dieu pour recevoir la récompense ultime de leur âme. Il est à noter que le christianisme croit en la vie après la mort, mais considère qu'il n'y a qu'une résurrection, après laquelle l'âme continue à exister éternellement.

La croyance en l'immortalité personnelle est également un dogme de l'islam. Selon la foi islamique, les morts seront répartis en trois groupes lors du jugement dernier : ceux qui seront appelés à demeurer auprès du trône d'Allah ; ceux qui seront envoyés vers un paradis, et ceux qui seront condamnés à l'enfer. Le zoroastrisme croit en deux types de jugement : l'un auquel chaque âme individuelle est soumise immédiatement après la mort et un autre auquel tout le monde, vivant ou décédé, participe simultanément.

Ces religions, au même titre que le judaïsme, dont sont issus le christianisme et l'islam, présentent un certain nombre de similitudes. Tout d'abord, chacune considère que la vie individuelle est créée par la déité au moment de la conception. Ensuite, chaque âme continue à exister après la mort du corps. Enfin, les morts seront tous rappelés à la vie au jour du jugement dernier, lorsque la déité décidera de la destinée éternelle de chacun.

Il est à remarquer qu'aucune de ces fois, que nous qualifierons pour des raisons pratiques d'occidentales, n'ont acquis une influence dominante en Orient. L'attitude orientale face à la vie et à la mort, telle qu'observée en Inde et en Extrême-Orient, est fondamentalement différente de l'occidentale. Il me revient, en comparant les deux visions, une analogie qui fut employée par feu le comte Coudenhove-Kalergi, qui déclara que les Orientaux considèrent que la vie est une page d'un livre, alors que les Occidentaux s'imaginent qu'il s'agit de l'ensemble du livre. Selon la conception orientale, mourir signifie arriver au bas de la page et passer à la suivante ; selon la conception occidentale, vivre revient à lire le livre et à arriver à la fin. Le christianisme et les autres religions principales de l'Occident (y compris l'Asie occidentale) enseignent que la manière dont on conduit une période de vie limitée – la manière dont on lit un livre – détermine la destinée une fois pour toute. Les religions orientales considèrent en revanche qu'une vie humaine ne constitue qu'un acte dans un drame sans fin.

Le matérialisme est, notons-le au passage, très répandu dans la majeure partie du monde aujourd'hui et est semblable aux religions occidentales. La vie est l'ensemble du livre, la différence principale étant que les matérialistes considèrent qu'il n'y pas de suite une fois le livre terminé – il n'est pas d'âme qui survive à la mort du corps. Cela fait toute la différence entre ceux qui croient en la religion et ceux qui n'y croient pas.

L'attitude orientale à l'égard de la vie et de la mort se retrouve dans l'hindouisme et dans le bouddhisme, car, en dépit de leurs différences, ces deux grandes religions adhèrent à la doctrine de la transmigration, l'idée selon laquelle la vie, étant éternelle, parcourt une chaîne interminable de morts et de renaissances. La mort physique n'est pas un point final, mais une simple transformation des facteurs et des fonctions qui constituent et soutiennent collectivement une vie individuelle. La vie est ininterrompue et s'étend du passé infini au futur infini. La vie est comme dans l'analogie du comte Coudenhove-Kalergi une page d'un livre, mais ce dernier n'a ni commencement ni fin. Peu importe le nombre de pages tournées, l'histoire se poursuit indéfiniment.

La transmigration est étroitement associée à la croyance orientale au karma, la somme totale des causes accumulées au cours d'une vie particulière, qui détermine l'avenir de cette vie. Les religions occidentales considèrent en général que la destinée d'un être humain durant la vie est déterminée par la volonté de Dieu, et que le destin de son âme dans la vie après la mort est soumis au jugement divin. Les croyances orientales affirment en revanche que la destinée d'un être humain est déterminée par son karma, et donc qu'elle résulte naturellement des lois de cause et d'effet.

Le bouddhisme en particulier considère que les joies et les peines de la vie actuelle sont les résultats des causes accumulées durant les vies antérieures. En outre, il estime que les causes accumulées durant la vie présente sont des facteurs déterminant les vies futures à travers l'éternité. Le grand maître chinois Tiantai a écrit dans le *Sens profond du Sûtra du Lotus* (*Hokke gengi*) : « Mes souffrances présentes résultent du passé ; les fruits de ma pratique actuelle de la foi viendront dans le futur. »

Il me semble qu'un chrétien qui mènerait une vie de souffrance du jour de sa naissance à celui de sa mort n'aurait d'autre ressource que de reprocher à Dieu son manque de bienveillance. Il est logique d'affirmer que Dieu crée le mal au même titre que le bien. Si nous acceptons les principes bouddhiques, nous constatons que les causes essentielles de nos ennuis résident dans notre propre vie. Il est donc possible, en acceptant la responsabilité de nos souffrances, de les soulager et d'accéder à un état indestructible de paix et de bonheur. Lorsque les êtres humains découvrent qu'ils sont les maîtres de leur destinée, ils trouvent également une étoile brillante d'espoir qui leur permet de voir à travers le voile de l'illusion. Selon moi, le concept bouddhique de la vie est beaucoup plus sensé pour l'être humain moderne que l'idée selon laquelle toute la responsabilité est à rejeter sur Dieu.

En 1972 et en 1973, j'ai eu une série de discussions avec le professeur Arnold Toynbee[50]. Je le tiens pour l'un des plus grands esprits de notre temps. J'ai été ravi de noter que nous étions en accord sur de nombreux points. Nous étions tous deux d'avis que le concept bouddhique-hindou du karma représente une explication plus raisonnable et plus plausible du destin que celle fournie par la tradition judéo-chrétienne. Le professeur Toynbee qualifiait souvent le christianisme, l'islam et le bouddhisme de « religions supérieures », impliquant que celles-ci s'efforçaient de mettre les êtres humains en contact direct avec la réalité spirituelle ultime. Ces religions ayant des visions similaires du principe ultime de la vie et du Cosmos, elles s'accordent quant à l'éternité de la vie.

Certaines des multiples religions du monde ne sont guère plus que des superstitions ; d'autres se soucient essentiellement de jeter des sorts. On rencontre, même parmi les religions supérieures, des références à des mondes fantasques et des croyances irrationnelles – des cieux peuplés d'anges ailés jouant de la harpe, des paradis où des bouddhas sont assis sur des fleurs de lotus, etc. Il n'en demeure pas moins qu'une croyance fondamentale en l'éternité de la vie humaine subsiste dans l'esprit de l'être humain depuis des millions d'années.

Le professeur Toynbee voyait dans les religions supérieures la sagesse accumulée des penseurs du passé, qui s'efforcèrent de communier avec la réalité spirituelle ultime. Si nous rapprochons la « réalité spirituelle ultime » de la « vie cosmique », il devient évident que les religions supérieures recherchent constamment cet élément de vie originel et essentiel. Bref, la sagesse humaine s'est tournée, en s'attaquant au problème de la mort, vers la signification intérieure de la vie cosmique afin d'expliquer l'éternité de la vie.

Le professeur Toynbee estimait que toutes les religions supérieures parvenaient, en définitive, à élaborer des concepts équivalents à celui de vacuité ou état latent bouddhique (*kū*). Le *kū* est donc le lieu de la réalité spirituelle ultime. Toutes les religions s'emploient à expliquer la présence éternelle vibrant dans l'état latent et donc à comprendre l'éternité de la vie, mais leurs quêtes aboutissent à une grande diversité de doctrines conflictuelles. Si nous désirons découvrir l'aspect véritable de la vie en relation avec la mort, nous devons balayer les concepts partiels et incomplets de *kū* et nous tourner vers la véritable vision bouddhique.

---

50. Ces échanges sont rassemblés dans l'ouvrage *Choisis la vie*, L'Harmattan, 2009.

## *La vie après la mort*

Le professeur Michitaro Tanaka, une autorité en matière de philosophie grecque et professeur honoraire à l'université de Kyoto, cite, à propos de la transmigration, le cas de Pythagore. Le philosophe vit des hommes qui maltraitaient un chien et les pria de le laisser en paix, car il avait reconnu dans l'animal la réincarnation d'un ami décédé. Le professeur Tanaka mentionne également une comédie grecque dans laquelle un débiteur affirma au cours de son procès qu'il n'avait aucune raison de payer ses dettes car il n'était plus désormais le même homme que celui qui avait emprunté l'argent[51].

Il y a un élément de vérité dans la prétention du débiteur : n'avez-vous jamais vu la photographie d'un bébé souriant dont vous saviez qu'il était devenu un adulte au comportement répréhensible ? N'avez-vous jamais éprouvé de difficultés à reconnaître le visage d'un ami dans une photo de classe prise de nombreuses années auparavant ? Une partie du caractère d'une personne demeure identique au fil du temps, mais une partie plus importante se modifie, souvent au point que la disposition de l'intéressé est totalement transformée. Si son apparence a changé au point de le rendre méconnaissable et si sa disposition s'est considérablement altérée, s'agit-il toujours du même individu, ou est-il devenu différent comme le créancier de l'histoire l'affirme ?

Il me paraît inutile de répondre qu'il s'agit toujours de la même personne, car dans la vie réelle personne ne s'imagine être devenu quelqu'un autre parce que du temps s'est écoulé. Il est quelque chose en nous qui garantit l'identité de notre moi. Le professeur Tanaka en arrive à la conclusion que, à défaut de postuler l'existence d'une « âme », il nous est impossible d'expliquer cette identité continue. Il me semble que ce que le professeur Tanaka nomme âme est identique à ce que j'ai qualifié d'entité (*nyoze tai*), l'un des dix facteurs de la vie. Il se manifeste dans l'apparence (*nyoze sō*) et dans la nature (*nyoze shō*). La substance est indépendante du changement phénoménal, mais se manifeste dans tout changement.

Le professeur Tanaka écrivit : « Une prémisse fondamentale de la doctrine de la transmigration est que l'âme conserve son identité et sa continuité. Si un chien renaît dans le corps d'un être humain, il doit durant ce processus boire les eaux du Léthé, qui suppriment le souvenir d'une existence précédente. En fait, il n'y a pas continuité de

51. *In* Michitarō Tanaka, *Jinseiron-funi,* Shinshosha, 1968, p. 53, 74-75.

mémoire, dans cette existence actuelle, entre mon enfance et le moment présent. Qu'est-ce donc qui fait que je suis toujours la même personne aujourd'hui que lorsque j'étais enfant ? Les êtres humains ont souvent tendance de nos jours à refuser de parler de l'immortalité de l'âme, mais y a-t-il une grande différence entre le fait de croire à l'existence d'une identité nous reliant à notre enfance et à la croyance de nos ancêtres en l'immortalité de l'âme ? » Le point de vue du professeur Tanaka est identique au mien, si nous remplaçons le mot « âme » par ce que j'ai nommé le moi essentiel.

L'être humain ne conservant aucun souvenir de sa vie avant la naissance, il incline à penser que sa première existence a débuté dans le ventre de sa mère. Le même raisonnement nous amènerait à conclure que, puisqu'un adulte est incapable de se remémorer son enfance avec précision, son identité s'est modifiée depuis cette époque. En conséquence, si vous acceptez l'idée que vous êtes la même entité qu'au jour de votre naissance, vous ne pouvez rejeter celle selon laquelle vous étiez peut-être quelqu'un d'autre dans une vie antérieure.

Les matérialistes jugent cette notion ridicule, et il est de bon ton parmi les intellectuels de l'ignorer. Yoshio Nakano s'exprime comme suit, dans un ouvrage intitulé *Ningen no Shinikata* (La manière dont nous mourrons) : « Mon désir est que mon âme soit détruite avec mon corps. Ce serait la solution la plus heureuse, et c'est celle que j'espère[52]. »

D'aucuns aspirent à l'extinction, d'autres, au seuil de la mort, se forcent à vivre dans un effort pour satisfaire quelque ambition ou quelque rancune. Quoi qu'il en soit, personne ne peut être certain que l'existence s'achève bien à la mort. Nakano lui-même poursuivait en disant : « Je ne possède toutefois aucune preuve de l'impossibilité de la vie après la mort. Je ne puis que supposer que, lorsque les cellules de mon organisme cesseront de fonctionner, mon âme s'éteindra aussi. J'ai le sentiment qu'une telle mort serait une merveilleuse libération, mais le fait que je la souhaite ne la rend pas réelle. »

L'idée de la mort représentant l'extinction totale de la vie est en général soutenue par trois types d'arguments. L'un consiste à citer des « preuves empiriques », c'est-à-dire les récits d'individus qui affirment avoir frôlé la mort et avoir la conviction que celle-ci doit être l'extension de ce qu'ils ont connu en ce moment. Plus scientifique est le concept selon lequel la vie devient impossible lorsque le corps a été réduit à de simples composés ou éléments chimiques. Les matérialistes plus sérieux

52. In *Ningen no Shinikata,* Shinshosha, 1969, p. 107.

prolongent cet argument en insistant sur le fait que l'activité spirituelle ne peut exister sans une activité physique ; selon cette conception, l'esprit est la fonction de nos cellules cérébrales et ne peut donc continuer à exister après l'extinction des cellules cérébrales.

Un passage de *Ningen ni tsuite* (De l'être humain) de Michio Takeyama constitue un exemple typique du premier type d'argument. L'auteur, alors qu'il était âgé de six ans, perdit conscience à la suite d'une chute grave. Il reprit ses esprits juste au moment où on s'apprêtait à lui faire subir une anesthésie générale. L'effet de cette dernière lui parut, par la suite, être identique à la mort. Il se souvient que : « On plaça un masque sur ma bouche et mon nez. Le chloroforme tombait sur le masque goutte à goutte, et l'odeur m'étouffait… Je comptais, ainsi qu'on me l'avait conseillé, "un, deux, trois…" Je sentais des vagues se déchaîner dans ma tête, elles devinrent de plus en plus violentes, puis j'entendis un craquement, un bruit impétueux. J'avais l'impression que ma tête allait exploser, mais le bruit s'interrompit et je me sentais sur le point de m'endormir. Je fus attiré dans un tourbillon de confusion, d'où je passai dans l'oubli complet[53]. » Voilà qui ne présente guère de rapport avec la mort, pour un esprit objectif, mais Takeyama n'est pas le seul à croire que l'« oubli complet » que d'aucuns connaissent dans certaines circonstances est en fait ce qui nous attend après la mort.

Cela n'est rien de plus qu'une supposition, fondée sur une ressemblance superficielle entre la mort et le sommeil. Une perte de conscience profonde ne signifie pas, après tout, une perte temporaire de l'existence. La vie se poursuit, comme dans le sommeil, dans les vastes régions de l'esprit subconscient.

Quoi qu'il en soit, pour chaque récit dans lequel ceux qui ont frôlé la mort rapportent l'extinction de leur activité mentale, il en est un autre suggérant que la conscience se poursuit sous une forme ou sous une autre après la mort. Je me souviens d'une expérience frappante vécue et décrite par un biologiste britannique, le professeur Sir Patrick Geddes. Rosalind Heywood le cite dans *Man's Concern with Death* (édité par Arnold Toynbee, qui l'agrémenta d'un essai). Lord Geddes écrit : « Je commençai à me sentir très mal le samedi 9 novembre quelques minutes après minuit et à deux heures du matin je souffrais d'une gastroentérite aiguë […] À dix heures, j'avais développé tous les symptômes d'une intoxication […» mon pouls et ma respiration avaient atteint un rythme impressionnant […] je compris que j'étais gravement malade

53. In *Ningen ni tsuite,* Shinshosha, 1966, p. 337-338.

et j'envisageai ma position financière. J'eus ensuite l'impression que ma conscience s'obscurcissait, mais je réalisai de manière soudaine que ma conscience se séparait d'une autre conscience qui était également moi[54]. »

Voilà qui fait songer à ces rêves au cours desquels nous avons conscience de rêver. Les médecins parlent dans ce cas d'une séparation du moi. Lord Geddes utilise, pour décrire son état, les termes conscience du corps et conscience du moi. La conscience du moi assistait à l'effondrement progressif de la conscience du corps au fur et à mesure que le cœur, le foie et le cerveau s'affaiblissaient. Lord Geddes avait simultanément la sensation que sa conscience du moi se détachait et se fondait à un flux vital plus large. C'est ce que l'on nomme une expérience « hors du corps ». Rosalind Heywood se demande si la mort n'est pas semblable à cela – la désintégration de la conscience du corps s'accompagnant de la fusion de la conscience du moi à un flux de vie plus vaste. Mon sentiment personnel est que la conscience paraît peut-être s'éteindre au moment de la mort, comme durant le sommeil, mais qu'en fait elle n'est pas annihilée. Elle plonge plutôt dans les profondeurs de la vie et s'unit à la force vitale de l'Univers. Quoi qu'il en soit, les expériences du type de celle vécue par Lord Geddes enlèvent toute crédibilité au second argument contre la vie après la mort – l'idée selon laquelle la vie doit cesser complètement lors de la désintégration du corps en produits chimiques fondamentaux.

Il convient toutefois de reconnaître un certain élément de vérité dans la conception matérialiste voulant qu'en l'absence d'activité physique il ne peut exister d'activité spirituelle. On sait que cette dernière est liée aux cellules cérébrales ; sans le fonctionnement du cortex cérébral, il n'y aurait ni processus de pensée ni spéculations religieuses. Il n'en résulte pas pour autant que la conscience est le produit du cerveau. Je vois plutôt le cerveau comme la manifestation physique de la conscience de base. C'est la localisation tangible où se déroule l'activité mentale.

La réfutation globale et d'une logique impeccable par Henri Bergson des théories matérialistes relatives à la vie et à la mort est bien connue. Il expliqua, au cours d'une conférence tenue en 1912 et intitulée « L'esprit et le corps »[55], la relation entre le cerveau et la conscience en les comparant à une pince à linge par laquelle des vêtements sont suspendus. Ces derniers représentent la conscience et la pince, le cerveau. Les vêtements ont besoin du support du cerveau, mais ils n'en sont pas moins une entité

54. In *Man's Concern with Death*, Hodder and Stoughton, 1968, p. 195.

55. In *L'énergie spirituelle - Essais et conférences*, Paris, 1919.

séparée. Vous n'apprendrez rien à leur sujet en examinant les pinces, tout comme vous n'apprendrez rien au sujet de ces dernières en examinant les vêtements. Si les pinces tombent, les vêtements font de même, mais les pinces ne sont que le support et non le créateur des vêtements.

Le cerveau risque toutefois de souffrir de troubles spirituels si les cellules nerveuses sont endommagées. Qu'elles meurent et la conscience perdra sa manifestation physique, mais il ne faut pas en déduire que l'ensemble de la vie, y compris la conscience et le subconscient, aient été annihilés. Diverses fonctions de l'esprit peuvent survivre et se mouvoir en harmonie avec la vie cosmique, dont toute vie individuelle fait partie.

Ayant discuté du cerveau et de la conscience, Bergson conclut que le fonctionnement de l'esprit s'étend bien au-delà du champ du cerveau physique. Il affirmait que l'esprit continue à exister après la mort. En fait, il avait une telle confiance en son argument qu'il acheva sa conférence en déclarant que la charge de la preuve reposait désormais sur les épaules de ceux qui s'obstinaient à nier la possibilité de la vie après la mort.

Les visions de Bergson connaissent depuis quelque temps un regain de popularité. C'est une évolution encourageante qui tend selon moi à confirmer que celui qui dit la vérité sera toujours entendu, même si son message connaît des périodes d'éclipse.

Toutes les religions supérieures (sans parler de maintes philosophies) qui s'efforcent d'expliquer la vie après la mort en arrivent en définitive au concept de latence *kū*. J'ai essayé de montrer ici que la clé de l'énigme ne sera trouvée, à long terme, que dans la religion, car il n'y a pas et il n'y aura peut-être jamais d'explication scientifique totalement satisfaisante. En outre, il n'existe aucune preuve scientifique du fait que la vie après la mort soit une impossibilité. Ceux qui croient en l'approche religieuse ne doivent pas se laisser ébranler par les arguments des matérialistes. Un examen plus attentif révèle qu'une partie considérable de la logique scientifique qu'ils affichent n'est que superficielle, à supposer qu'elle soit réelle.

## *Une loi de la conservation*

On trouve une approche intéressante du sujet de la vie au-delà de la mort dans un ouvrage intitulé *Ningen wa shindara dō naru ka*[56] (Qu'advient-il de l'être humain après la mort ?) du docteur Kinjiro Okabe, professeur honoraire de l'université d'Osaka. Le docteur Okabe,

56. Kinjiro Okabe, *Ningen wa shindara dō naru ka*, Kyoritsu Shuppan, 1974.

étant un physicien, utilise une méthode qui l'assimile, selon son expression, à un « détective scientifique », ce qui signifie que, à partir de faits scientifiques connus, il tire des déductions relatives à la nature de l'inconnu et de 1'« inconnaissable ». Pour un homme qui se fonde sur les lois de la physique, le docteur Okabe se rapproche de manière remarquable du bouddhisme dans ses conclusions relatives à la vie et à la mort.

L'élément clé de l'argument du docteur Okabe est le principe de la conservation d'énergie. Ce principe fondamental de la science moderne affirme que nulle énergie ne se perd jamais, bien qu'elle puisse être convertie en d'autres formes, dynamiques ou potentielles. Ainsi, l'énergie électrique fournie à une ampoule lumineuse ne se dissipe pas ; elle est transformée en une quantité équivalente d'énergie optique et thermale. L'énergie dynamique ne peut résulter que de la transformation d'une quantité équivalente d'énergie potentielle, et vice versa. Bref, il est impossible de créer ou de détruire de l'énergie. La matière étant exprimable en termes d'énergie, il existe aussi une loi de la conservation de la matière.

Le docteur Okabe estime qu'un principe similaire doit s'appliquer à la vie, qui est une forme d'existence et doit donc logiquement être soumise aux lois universelles de la physique. Voilà une position qui me paraît compréhensible ; si l'on considère les êtres vivants comme des complexes énergétiques, cette énergie doit être composée d'énergie physique et d'énergie spirituelle. Je ne vois pas pour quelle raison celles-ci ne seraient pas soumises au principe de la conservation d'énergie.

Le docteur Okabe introduit un concept qu'il nomme le « cœur de l'âme », semblable, sinon identique, à l'âme postulée par Michitaro Tanaka. Notre vie, dit le docteur Okabe, est l'état actif du cœur de l'âme, alors que la mort est son état passif. La signification des états passif et actif, qui semblent être des termes empruntés à la physique, est assez claire. L'état actif se réfère à la manifestation visible de la vie : les mouvements des membres, le fonctionnement du cerveau, l'expression des émotions. Lorsque survient la mort, ces fonctions vitales entrent dans une phase latente. Elles paraissent, sur un plan superficiel, avoir cessé d'exister, mais conservent en réalité leur potentiel vital. Cette condition est l'état passif du docteur Okabe, ou la mort.

Le docteur Okabe croit que le noyau de l'existence oscille, en réponse aux circonstances environnantes, entre les états actif et passif, c'est-à-dire entre la vie et la mort. Le docteur Okabe a élaboré sa théorie par extrapolation des lois physiques, ses conclusions sont pourtant très proches du concept de la transmigration. Il est peut-être plus simple d'expliquer l'idée de la vie et de la mort alternant en cycles par une analogie, quoique j'aimerais préciser que ce concept ne nécessite pas d'explication pour plus de la moitié de la population mondiale – celle vivant en Inde et en Extrême-Orient. Il lui paraît en effet plus logique que toute analogie.

Comparons la vie à la pluie. Celle-ci tombe, une partie pénètre dans le sol, une autre s'écoule en ruisseaux, qui forment des cours d'eau plus larges, qui se déversent dans des fleuves et l'eau de pluie finit ainsi par arriver à l'océan. L'eau s'élève ensuite, de la surface de l'océan, sous forme de vapeur, qui se condense en gouttelettes pour former les nuages avant de retomber sur terre en pluie. L'eau de pluie est liquide pendant un certain laps de temps et vaporeuse pendant un autre, mais sa structure chimique n'est pas altérée durant le cycle hydrologique.

La vie et la mort sont comparables aux formes physiques de la pluie. L'eau est liquide et visible ; la vapeur est un gaz souvent invisible. Toutes deux sont toutefois formées de molécules contenant deux atomes d'hydrogène et un d'oxygène. De même, la vie et la mort ne sont que deux aspects de la même existence fondamentale, qui passe d'un état à l'autre, puis revient au premier, en un cycle infini.

En combinant la physique avec un mode de raisonnement original, le docteur Okabe fouilla profondément la nature de la vie dans ses incessantes transformations à travers passé, présent et avenir. Le Bouddha Shakyamuni – grâce à une intuition religieuse plutôt qu'à une induction scientifique – découvrit non seulement la véritable nature de la vie et de la mort, mais encore toutes les lois gouvernant le fonctionnement de la vie et du Cosmos. Tournons-nous maintenant de la science vers la religion, de la conservation de l'énergie vers les flux de la vie et de la mort tels que les vit le Bouddha.

## *La mort, un expédient*

Shakyamuni dit que la vie est composée de quatre souffrances fondamentales : la naissance, la maladie, la vieillesse et la mort. Il se retira du monde, pour trouver un moyen de libérer l'être humain de sa souffrance, et entreprit sa quête de l'éveil. Je suppose que son objectif principal était de trouver le type de connaissance qui permettrait à l'être humain de vaincre l'angoisse de la mort. Non pas de la fuir, mais de surmonter les douleurs qui l'accompagnent. La mort est en effet le problème fondamental. La vieillesse apporte ses ennuis et ses peines : nous perdons notre fraîcheur, notre beauté et nous devenons ridés ; nous voyons notre famille et nos amis nous quitter ; nous nous retrouvons seuls et nos forces déclinent. Il ne fait aucun doute que la plus grande terreur de la vieillesse est qu'il s'agit d'un processus menant inévitablement à la mort. La maladie entraîne peut-être une angoisse physique et mentale, mais la conscience du fait que la maladie est souvent annonciatrice de mort provoque une détresse encore plus grande. La naissance est considérée comme le début de toute souffrance, essentiellement parce qu'une personne qui naît ne peut éviter de mourir un jour.

Les quatre souffrances dérivent toutes en définitive de la vulnérabilité et de la frayeur de l'être humain à l'égard de la mort. Tous les êtres vivants craignent instinctivement la mort, mais la peur de l'être humain est particulière parce qu'il est le seul animal doté de la capacité mentale d'appréhender la mort et de se demander ce qui existe au-delà. Cette conscience engendre des terreurs que ne connaissent pas les animaux et incite l'être humain à rechercher l'immortalité. Autrefois, les monarques recherchaient par-dessus tout un élixir de vie ; les hommes du peuple rêvaient de vivre à jamais dans un paradis. J'ai lu récemment que des Américains atteints de maladies incurables désiraient être congelés dans l'espoir que des médecins seront un jour en mesure de les décongeler et de les guérir. L'attachement à la vie est rarement poussé à des extrémités aussi morbides, il est toutefois assez fort pour inciter un nombre important d'individus à rejeter dans l'oubli l'idée même de la mort, comme s'il s'agissait d'une créance dont ils pourraient reculer indéfiniment l'échéance. Lorsqu'ils se décident enfin à affronter la réalité, ils recherchent consolation dans le concept d'une âme indestructible ou d'un autre monde dans lequel ils renaîtront et seront à l'abri de la mort. Nous l'avons vu, de telles idées sont exprimées ou reflétées dans maintes religions, sinon dans toutes.

Même le bouddhisme reprend l'idée que les fidèles renaîtront après leur mort dans une terre pure située à l'ouest, où tous vivront à jamais dans la béatitude, la gloire et l'éveil parfait. Cette conception, qui compte de multiples adeptes, ne représentait pas à l'origine une théorie définitive relative à la vie après la mort, mais un moyen d'attirer les gens au bouddhisme. Le dessein originel de Shakyamuni était de balayer l'attachement futile de l'être humain à ce monde afin qu'il soit capable d'affronter directement le problème de la mort. Il prit grand soin de clarifier la nature réelle de la mort. Alors que la majorité des êtres humains ne désirent pas mourir ni même penser à la mort, il s'éleva bravement au-dessus de cette aversion humaine instinctive et accepta les quatre souffrances comme étant la condition normale de la vie. Il contempla, pleinement conscient de la souffrance humaine, l'essence de la vie et de la mort.

Le bouddhisme a souvent été critiqué parce qu'il mettait un accent négatif sur la souffrance qu'apporte la vie. Mais quelle attitude pourrait être plus positive que celle consistant à confronter la réalité de la mort et des souffrances qui l'accompagnent, et à trouver un moyen de les accepter ?

Il est vrai que le bouddhisme prêche l'éternité de la vie, la théorie défendue n'a toutefois rien d'un palliatif simple pour ceux qui sont horrifiés par l'idée de la mort. Bien au contraire, l'impermanence de toute chose et les quatre souffrances propres à toute vie humaine, qui comptent parmi les enseignements les plus fondamentaux du bouddhisme, sont des doctrines que l'être humain moyen risque de juger dégrisantes, voire plus effrayantes que la mort. Loin de travestir la vérité, le bouddhisme nous invite à l'accepter avec calme et sans peur. Il aborde sans détour le fait que tout ce qui vit mourra. Nous nous demandons : pourquoi devons-nous mourir ? La vie et la mort sont-elles fondamentalement séparées, ou intimement liées ? À quel type de courant ou de flux la vie appartient-elle ? Shakyamuni rechercha avec courage, patience et ouverture d'esprit, les réponses à ces questions dans le cadre de sa propre vie. L'éveil qu'il découvrit est la vie éternelle.

Shakyamuni dit en décrivant cet éveil : « Ainsi, je me souvins de mes vies passées – la première vie, la deuxième vie, la troisième vie, la quatrième vie, la cinquantième vie, la centième vie, la millième vie, la cent millième vie, les formations innombrables de l'Univers, les destructions innombrables de l'Univers, les formations et les destructions de l'Univers. Je me souvins des noms que je portais, des noms de mes familles, des noms de mes tribus, de ce que je mangeais, des plaisirs et des peines que j'éprouvais. »

Il est erroné de considérer que la vie ou la mort soit absolue, et d'ignorer l'autre. Toutes deux sont des éléments intrinsèques de l'existence humaine. La vie de l'être humain s'écoule éternellement en grandes vagues, la vie et la mort alternant au fil du temps. Shakyamuni perçut cela en se remémorant le flux de ses propres vies. Il ne s'agissait pas d'une doctrine romantique de l'immortalité née d'un désir de vivre. Il comprit que la vie devait être éternelle en raison de la loi de la cause et de l'effet qu'il retrouva à travers sa propre série d'existences. La mort advient, selon son concept, pour qu'il puisse y avoir une vie nouvelle. Sa fonction est semblable à celle du sommeil : c'est une période de repos avant un nouveau réveil.

Cette idée est exprimée dans le chapitre XVI du Sûtra du Lotus, « Durée de la vie de l'Ainsi-Venu », où la mort est considérée comme un expédient, qu'il ne faut pas ignorer, mais qui est subordonné à la vie. Cette vision est à bien des égards un hymne à la vie, mais celui-ci ne nous incite pas à éviter la mort ni à l'oublier. Le dessein du Sûtra du Lotus, tel celui de Shakyamuni, est de nous permettre de goûter aux joies de la vie sans demeurer ignorants de la nature et de l'essence de la mort.

Permettez-moi d'insister sur le fait que le bouddhisme n'est pas, comme le prétendent certains critiques, une religion pessimiste ou détachée du monde. Elle ne prêche pas non plus un optimisme effréné. Son message est que la joie de vivre doit être recherchée, non en fuyant les souffrances de la vie, mais en les affrontant jusqu'à leur terme. Le bonheur véritable ne naît pas de la fuite ; le bonheur fondé sur l'illusion ne subsiste pas. L'éveil vient de la confrontation à la vérité, aussi déplaisante soit-elle.

L'idée de la mort considérée comme un expédient est une révélation, mais n'est pas une explication complète de la relation entre la vie et la mort. Peut-être la vie devrait-elle aussi être considérée comme un expédient, conçu pour guider les êtres humains vers une vision plus saine de la mort. L'explication de Nichiren Daishonin, qui voit dans la vie et la mort deux aspects de la même entité, est plus profonde. Il dit dans *Les enseignements oraux* (*Ongi kuden*) : « Considérer la naissance et la mort avec répulsion et tenter d'y échapper est qualifié d'illusion, ce qui correspond au point de vue de l'illumination acquise[57]. Le fait de voir et comprendre la nature originellement inhérente de la naissance et de la mort est qualifié d'éveil, ce qui correspond à l'illumination originelle. Aujourd'hui, quand Nichiren et ses disciples récitent *Nam-myōhō-renge-kyō*, ils s'éveillent à la nature originellement inhérente de la naissance et de la mort, et à la nature originellement inhérente du flux et du reflux. Nous pouvons aussi dire que la non-existence (*mu*) et l'existence (*u*), la naissance et la mort, le flux et le reflux, ce qui existe en ce monde et entre dans le nirvana, tout cela, sans exception, correspond aux actions de la nature inhérente éternellement présente [58]. »

La mort n'est, en dernière analyse, ni un phénomène impermanent ni un expédient. Elle est, avec la vie, inhérente à l'existence fondamentale et

57. Le terme « illumination acquise » est utilisé par contraste avec le terme « illumination originelle ». Selon la doctrine de l'illumination originelle, l'illumination n'est pas quelque chose que l'on acquiert par la pratique religieuse mais qui existe dans notre état de vie originel. De ce point de vue, l'« illumination acquise » entre dans la catégorie de l'illusion, et non dans celle de la véritable illumination.

58. *Orally Transmitted Teachings* (Les enseignements oraux), Soka Gakkai, 2004, p. 127 (non traduit en français).

elle coexiste avec la vie cosmique. L'éveil de Shakyamuni démontre que la mort ne doit pas être évitée ni considérée comme un objet d'effroi. Nichiren Daishonin nous donne une vision plus claire et plus complète de la vie et de la mort appartenant au flux éternel de l'être universel.

L'éveil révéla à Shakyamuni le vaste panorama de la vie humaine tel qu'il s'étend à travers l'espace et le temps. Il dut voir des êtres qui perdaient la vie peu après leur naissance et d'autres qui vivaient jusqu'à un âge avancé. Du point de vue opposé, il doit y avoir parmi les morts des êtres qui renaissent presque aussitôt et d'autres qui attendent ce moment pendant une éternité. Il arrive que la mort soit un continuum paisible, mais également qu'elle soit un cauchemar apparemment interminable. Dans les deux cas, elle sera transformée en définitive en vie. La mort, dans le cas du moins de l'existence individuelle, est un moyen d'emmagasiner de l'énergie pour la vie, une période de repos précédant un retour à l'activité.

Le cycle vie-mort est souvent comparé aux périodes alternées de sommeil et de veille dans la vie ordinaire. L'analogie est valable, car quelques heures de repos nous restaurent et nous préparent à une nouvelle journée, au même titre que la mort nous prépare à une vie nouvelle. Une seconde similitude vient, dirais-je, du fait que ni le sommeil ni la mort ne détruisent notre identité. Une personne qui s'endort est bien la même à son réveil ; par ailleurs, une entité vitale qui meurt est la même entité vitale lors de sa nouvelle naissance. En ce sens, il est permis de considérer la mort comme un expédient.

Il convient de noter que les psychologues considèrent que le sommeil joue un rôle plus actif qu'on ne l'imaginait habituellement. Nous rêvons durant notre sommeil et les psychanalystes affirment depuis Freud que les rêves sont les expressions de nos espoirs et de nos frustrations. Ils soulagent les frustrations auxquelles nous avons été incapables de répondre éveillés. Un exemple souvent cité est celui d'une personne qui éprouve de la colère à l'encontre d'un tiers, mais est dans l'impossibilité d'exprimer ce sentiment durant sa vie réelle. S'il lui arrive de rêver qu'elle donne libre cours à sa rage, il est probable qu'elle se réveillera fraîche et dispose, et soulagée de son malaise. Les rêves sont ainsi une catharsis de l'esprit.

Il n'est pas rare que de bonnes idées ou inspirations se présentent à nous alors que nous sommeillons. « Cela m'est venu au cours d'un rêve » est une expression que nous avons tous utilisée un jour ou l'autre. Le professeur Teruo Okuma de l'université de Tottori a écrit au sujet de ce phénomène : « Les rêves sont les expressions du véritable moi. Ils libèrent les désirs et les soucis généralement refoulés durant les heures de veille. »

Dans certaines situations, l'esprit émet des idées plus efficaces ou plus créatives quand il dort que quand il veille.

Que le sommeil soit un état inférieur n'est plus une conception défendable. Le sommeil fait partie intégrante de notre action vitale. Selon les propres termes du professeur Junji Matsumoto de l'université de Tokushima : « La veille et le sommeil peuvent être considérés comme des états alternatifs dans un flux de conscience continu. Ces états changeants se combinent aux autres fonctions du cerveau pour produire des activités spirituelles et vitales. » Il convient d'observer que la « conscience » inclut dans ce contexte le subconscient et l'inconscient.

Revenons-en au sujet de la vie et de la mort. Nous sommes maintenant dans une meilleure position pour examiner les explications profondes proposées par le bouddhisme de Nichiren Daishonin.

Shakyamuni décrivit, dans sa sagesse, les phases de la vie et de la mort, mais ne jugea pas bon de définir l'essence indestructible du flux d'existence universel. Il prêcha que l'enseignement ultime du bouddhisme était la perception de cette réalité essentielle, mais il ne la décrivit jamais à l'aide de mots.

Le flux incessant de la vie en tant qu'existence fondamentale jaillit, telles les vagues d'un océan, des profondeurs de tout être. Il se développe continuellement du passé infini au futur infini, tout en déroulant le rythme incessant de la vie et de la mort. Notre moi, qui est l'essence fondamentale de notre vie, manifeste les changements momentanés permanents, mais demeure ancré dans le grand flux de la nature, qui poursuit son voyage éternel. Le moi connaît par moments la joie de vivre ; à d'autres la tranquillité de la mort. La vie et la mort sont remplies, pour certains, de souffrance et de chagrins. Quoi qu'il en soit, ce sont deux fonctions ou expressions du flux éternel de la vie. Tous les courants de vie individuels sont fondus dans la réalité élémentaire de l'Univers. Ce flux total est un courant cosmique, un et indivisible : le courant de vie universel qui sous-tend – et est manifesté dans – toutes les actions et toutes les choses est la Loi merveilleuse exposée par Nichiren Daishonin. Le pouvoir clément de la Loi merveilleuse réside dans les profondeurs intérieures de tout ce qui est dans l'Univers. Nos vies existent, ont toujours existé et existeront toujours simultanément à l'Univers. Elles n'ont pas vu le jour avant l'Univers, elles ne sont pas apparues de manière fortuite, elles ne furent pas créées par un être surnaturel. Nichiren Daishonin enseigna que la vie et la mort sont les aspects alternatifs par lesquels notre véritable moi se manifeste, et tous deux font partie de l'essence cosmique.

Nichiren Daishonin écrivit dans le *Sanze shobutsu sōkammon* (*La déclaration ultime des Bouddhas des trois phases de la vie*) : « Les deux principes de la naissance et de la mort sont des principes qui concernent le monde onirique de la naissance et de la mort, les illusions, des exemples de réflexion inversée. Quand nous employons l'état d'éveil de l'illumination originelle pour acquérir une compréhension correcte de la nature de notre esprit, nous voyons qu'il n'a pas de naissance qui puisse être qualifiée de début et qu'il ne connaîtra jamais de mort qui correspondrait à la fin. N'est-ce pas ce que signifie saisir l'esprit qui est en dehors de la naissance et de la mort ? Cet esprit n'est pas consumé par les flammes à la fin d'un *kalpa*, n'est pas détruit par le désastre des flots, ne peut être tranché par un sabre ni transpercé par une flèche. On peut le placer dans une graine de moutarde et la graine de moutarde n'en sera pas agrandie, pas plus que l'esprit n'y sera à l'étroit. On peut le placer dans les vastes cieux et les cieux ne seront pas trop larges pour lui, pas plus que l'esprit ne sera trop étroit pour pouvoir les remplir[59]. »

La « nature de notre esprit » est la Loi merveilleuse, qui est la totalité de l'existence universelle, immanente à tous les êtres. Nichiren Daishonin réaffirme ici que notre nature n'a ni début ni fin, mais est contemporaine de l'Univers.

Il semble que les premières formes de vie soient apparues il y a quelque trois milliards d'années. Les êtres humains le sont quant à eux il y a un million, voire deux millions et demi d'années. Il serait toutefois superficiel d'affirmer que la vie ait commencé à l'une de ces deux dates, ou que le moi de l'existence humaine soit né en même temps que les êtres humains. La vie et le moi existaient bien avant de prendre une forme manifeste sur cette Terre. Ils continueront de même à exister durant toute l'éternité, à travers les répétitions infinies du drame de la vie et de la mort.

Il n'y a guère longtemps, on m'a demandé si une personne fatiguée de la vie était en droit d'y échapper en commettant un suicide ou en payant un tiers pour la tuer. La réponse, qui est négative, est implicite dans la citation ci-dessus : « [...] l'essence de la vie ne peut être brûlée par les flammes de l'enfer ni emportée par les flots ni tranchée par le sabre ni percée par une flèche. » Toute forme de vie, existant depuis l'origine de – et parallèlement à – l'Univers, est indestructible. Disons, pour reprendre la terminologie du professeur Okabe, que l'énergie cosmique – la source

59. *The Writings of Nichiren Daishonin*, volume 2, Soka Gakkai, 2006, p. 843 (non traduit en français).

inépuisable de toute activité, physique ou spirituelle – fonctionne en accord avec la loi de la conservation de l'énergie. Elle n'est ni créée ni annihilée, quels que soient le nombre et la diversité de ses transformations. Le moi est impérissable, et la souffrance ne cesse pas avec la mort.

Le passage disant que l'essence de la vie peut être contenue dans la graine d'une fleur ou remplir l'ensemble de l'Univers est inexplicable si on ne se réfère pas au concept de latence *kū*, car c'est en étant dans cet état que l'entité merveilleuse transcende les confins de l'espace et du temps. Nous avons tendance à considérer l'état de *kū* comme inactif, au même titre que l'eau au fond des océans, mais en fait il est à tout jamais chargé de l'énergie vibrante de la vie.

La mort n'est pas non plus statique. De même que nous parlons des activités de la vie, nous sommes en droit d'évoquer les activités de la mort, bien que celles-ci soient dérobées à nos yeux. Maintes entités de vie doivent bénéficier d'une période de paix et de tranquillité après la mort, mais d'autres connaissent la terreur, les tourments et la misère. Les activités de la mort sont comparables aux innombrables ondes radio transmises dans les airs. D'aucunes sont heureuses, véhiculant de la musique ou des rires et de bonne nouvelles ; d'autres renferment une propagande violente et haineuse. Quel que soit leur contenu, elles ne s'interrompent ni ne se perturbent aussi longtemps qu'elles n'occupent pas la même longueur d'ondes. Nous sommes incapables de détecter ces ondes sans un appareil de réception ; ce dernier nous permet en revanche de voir et d'entendre celles que nous désirons capter. D'une manière générale, le moi qui meurt demeure « branché » sur l'état d'existence précédent. Il est donc logique de supposer que si certains « moi » sont soumis à l'angoisse et à la souffrance, d'autres suivent des ondes de joie. Les fonctions, les opérations ou les activités de la mort, bien que différentes en consistance de celles de la vie, n'en sont pas moins soutenues par son essence. La mort, ne faisant qu'un avec la vie, est originelle et éternelle.

Notre moi, qui manifeste soit la mort soit la vie, fait partie intégrante de la vie cosmique. L'état suprême de bouddhéité demeure vivant, même chez une personne dans l'état d'enfer, car l'énergie de la Loi merveilleuse imprègne les courants de fond les plus profonds de la mort. Le Bouddha, rempli d'une compassion profonde, éclaire les réalités de la vie et de la mort telles qu'elles sont. Cela reflète l'intuition du Bouddha selon laquelle il existe une réalité constante et ultime de toutes les formes de vie, ainsi que l'expression de la possibilité d'être « sauvé » qui permet d'apaiser les souffrances des défunts.

CHAPITRE 2

# La vie dans l'espace extérieur

## *Probabilité*

Nous avons envisagé la vie et la mort comme étant les phases alternatives de l'existence éternelle, mais, tant que nous limiterons notre discussion à nous-mêmes et à notre planète, nous ne pourrons parler véritablement d'éternité. La Terre n'est qu'un des satellites tournant autour de l'étoile relativement petite que nous nommons le Soleil. Il existe d'innombrables étoiles similaires dans la Voie lactée, et la Galaxie même n'est qu'une des multiples îles galactiques de l'Univers connu.

La Terre serait âgée de plus de quatre milliards d'années. Le Soleil devrait être plus vieux, mais nous sommes incapables de préciser de combien[60]. Ce qui paraît certain c'est que tous deux mourront un jour, soit lors d'une gigantesque explosion du Soleil, soit à l'occasion d'une désintégration interne ou de tout autre processus[61]. Quoi qu'il en soit, ni la Terre ni le Soleil ne sont éternels au sens strict ; même la vie de la Voie lactée serait limitée par rapport à celle de l'Univers. Le fait observable que tous les corps célestes sont en permanence soumis au changement peut être considéré comme une manifestation spectaculaire de la doctrine bouddhique selon laquelle tous les phénomènes sont éphémères.

La Voie lactée ressemble, du point de vue des astronomes, à d'autres galaxies et le Soleil à d'autres étoiles. N'est-il pas possible qu'il existe, dans l'immensité de l'Univers, des systèmes solaires semblables au nôtre, dans lesquels des planètes abriteraient la vie, à l'instar de la Terre ? Aujourd'hui que de la matière organique simple peut être créée en

60. On considère aujourd'hui que le Soleil est âgé d'environ 4,57 milliards d'années.

61. Le Soleil se dilatera pour finalement se transformer en géante rouge, le scénario d'une supernovae n'est pas possible.

laboratoire, l'existence de la vie dans d'autres parties de l'Univers paraît plus probable qu'en ces jours où l'on croyait qu'il était impossible de synthétiser de la matière organique à partir d'ingrédients inorganiques.

Il y a quelques années, le docteur Cyril A. Ponnamperuma, éminent biochimiste et professeur de l'université du Maryland, rapporta la découverte de composés de type pyrimidine dans un fragment de météorite. Le docteur Ponnamperuma et son équipe avaient déjà trouvé des acides aminés dans une autre météorite. Les substances isolées étaient, dans les deux cas, si différentes de celles prélevées chez les êtres vivants de la Terre qu'elles devaient avoir été amenées de l'espace par les météorites. La pyrimidine étant un composant des acides nucléiques rencontrés dans la matière vivante, et les acides aminés, de la protéine, la découverte du docteur Ponnamperuma suggère que les briques élémentaires de la vie existent en dehors de notre planète. Les fragments de météorites étudiés n'étant qu'un petit échantillon de ceux qui sont tombés sur la Terre, et ceux-ci n'étant eux-mêmes qu'un minuscule échantillon de ceux qui traversent l'espace, la tentation est grande de conclure que les acides nucléiques et aminés doivent être largement distribués à travers l'Univers.

La simple présence de ces matériaux n'implique pas toutefois que la vie se soit manifestée ni qu'elle se manifestera. Certaines conditions environnementales doivent être remplies : il est difficile d'imaginer que la vie puisse exister sous une forme reconnaissable dans des circonstances très différentes de celles en vigueur sur notre planète. Tout d'abord, les étoiles observées à ce jour, notre Soleil par exemple, étant trop chaudes pour accueillir des êtres vivants, ceux-ci devraient se situer sur une planète. Cette dernière devrait évoluer selon une orbite stable ni trop proche ni trop éloignée de son étoile, faute de quoi les variations de température seraient trop importantes pour soutenir la vie. Une troisième condition est que la planète devrait être assez grande pour que son champ gravitationnel piège l'oxygène ou d'autres gaz nécessaires à la vie.

Les planètes n'émettent pas de lumière propre, il nous est donc impossible d'apercevoir celles qui se trouvent en dehors de notre système solaire. Il devrait, en théorie, être possible de déceler la présence de planètes en mesurant les irrégularités de mouvement des étoiles, mais celles-ci sont minimes et les mesures complexes. On croit néanmoins que l'étoile de Barnard, découverte en 1916 par l'astronome américain Edward E. Barnard et située à quelque six années-lumière de la Terre, a une planète de la taille de Jupiter. On croit également qu'un certain nombre d'étoiles à proximité immédiate de notre système solaire possèdent des planètes.

Le nombre énorme d'étoiles rend improbable le fait que notre système solaire soit le seul en son genre. Or, s'il en existe deux, pourquoi pas trois ou quatre, ou cinquante, ou cent ou mille ? La plupart des astronomes considèrent aujourd'hui que l'Univers renferme des centaines de millions de planètes ayant plus ou moins les mêmes conditions environnementales que la Terre. Il subsiste une question de probabilité. Dans les meilleures circonstances, il risque de s'écouler un temps assez long avant que les potentialités de la vie portent leurs fruits. Remarquez par exemple que dans le seul cas que nous commencions à peine à connaître, celui de la Terre, il semble que la première vie organique ne soit apparue que quelque deux milliards d'années après la formation de la planète.

Envisageons un dé. Nous constatons qu'il a six faces, il y a donc une chance sur six pour qu'une face particulière occupe le sommet lorsque je l'aurai fait rouler. Cela ne signifie pas toutefois que chacune apparaîtra à tour de rôle, ni qu'il existe un moyen de prédire combien de fois vous devrez lancer les dés avant d'obtenir le numéro que vous désirez. Les conditions de l'apparition de la vie sont comparables à une face de dé, à la différence que les scientifiques ignorent combien ce « dé » possède de faces : peut-être des dizaines, peut-être des millions.

Il y a bien longtemps que les philosophes bouddhiques, se fondant sur l'intuition religieuse plutôt que philosophique, ont développé l'idée selon laquelle l'Univers contiendrait un nombre infini de terres de Bouddha s'étendant dans toutes les directions dans l'Univers et englobant l'ensemble du temps, du passé infini à l'avenir éternel. Ils parlent des trois domaines temporels : passé, présent et avenir (*sanze*) et des dix (ou toutes les) directions (*jippō*), l'ensemble faisant partie de la vie universelle. Nichiren Daishonin écrit : « Les quatre directions – est et ouest, sud et nord –, un mont Sumeru, les six cieux du monde du désir et le ciel de Brahma s'assemblent pour former un monde doté de quatre continents. On appelle un ensemble de dix millions de monts Sumeru et de mondes dotés de quatre continents un système de mondes mineur. On appelle un ensemble de mille systèmes de mondes mineurs un système de mondes intermédiaire. Et on appelle un ensemble de mille systèmes de mondes intermédiaires un système de mondes majeur[62]. » Cela signifie, dans un langage plus simple, qu'il existe un nombre infini de mondes soutenant la vie, chacun ayant son propre bouddha. Le bouddhisme n'est donc ni fermé ni ancré dans notre petit monde. Il s'étend indéfiniment et englobe tous les phénomènes et toutes les lois, tant microcosmiques que macrocosmiques.

62. *The Writings of Nichiren Daishonin*, volume 2, Soka Gakkai, 2006, p. 942.

Il semble peu probable que nous réussissions à établir le contact avec des êtres extraterrestres dans un avenir proche, à cause des distances extrêmes nous séparant des autres étoiles et planètes. Nos écrivains de science-fiction ont donc tout loisir d'inventer des petits hommes verts peuplant Mars et des monstres amorphes venant de planètes étrangères pour envahir la Terre. Il est possible que les êtres vivant sur d'autres corps célestes soient trop différents de nous pour que nous soyons en mesure ne fut-ce que de les imaginer. Si l'on considère la variété incroyable d'êtres vivant sur la Terre, il n'y a aucune raison de supposer que les créatures d'autres mondes présentent une ressemblance physique avec les êtres humains. Tout ce que nous sommes en droit d'avancer à ce propos est que la forme humaine s'est montrée appropriée au développement des facultés mentales, et qu'elle possède les organes sensoriels pour percevoir le son, la lumière et les odeurs. Il est par conséquent raisonnable de supposer que certaines formes de vie au moins sur ces autres planètes devraient présenter une structure générale évoquant la nôtre.

En revanche, même s'il existe une similitude, il pourrait très bien y avoir également des variations radicales, dues par exemple à des différences telles qu'une force de gravité inférieure ou supérieure. Sur Mars, où la gravité de surface est égale à 0,38 fois celle de la Terre, des êtres vivants, par ailleurs ressemblant aux êtres humains, seraient logiquement plus grands et plus minces ; sur Jupiter, où la gravité est 2,65 fois celle de la Terre, les êtres vivants affecteraient une apparence plus trapue et plus vigoureuse. Les extraterrestres seraient probablement de couleur différente et leurs organes sensoriels pourraient avoir des capacités supérieures ou inférieures aux nôtres.

Nous devons en outre prendre en considération la possibilité de différences chimiques. La vie animale sur Terre, y compris les êtres humains, se fonde sur le fait que les protéines sont actives dans l'eau. Nos corps sont composés de protéines et soutenus par l'eau et ses composants. On considère cependant que des graisses ou des matériaux gras, connus en général sous le nom de lipides, pourraient être le matériau principal des cellules vivantes dans les circonstances adéquates. Les lipides ont une capacité de croissance suffisante, c'est-à-dire une instabilité suffisante, pour soutenir la vie, et ils sont distribués largement à travers l'Univers. Étant capables de constituer des groupements macromoléculaires, ils disposent du potentiel de devenir des entités vitales hautement organisées. Isaac Asimov, un biochimiste américain connu pour ses œuvres de science-fiction, estime que le fluorocarbone et le fluorine de silicone seraient également à même de former des macromolécules et de servir de substance aux corps vivants.

Les protéines sont actives non seulement dans l'eau, mais aussi dans l'ammoniaque liquide. L'ammoniac se liquéfiant autour de - 33° C, la vie à base de protéines serait possible à ces basses températures. Les lipides seraient capables de vivre dans le méthane avec pour « eau » l'hydrogène. Les fluorocarbones et les fluorines de silicone pourraient former des macromolécules dans un milieu constitué de soufre liquide. Asimov a recensé six combinaisons susceptibles d'engendrer la vie : 1. des lipides dans l'hydrogène ; 2. des lipides dans le méthane ; 3. des protéines dans l'ammoniaque ; 4. des protéines dans l'eau ; 5. du fluorocarbone dans le soufre ; 6. du fluorine de silicone dans le soufre.

L'hydrogène se liquéfiant vers moins 240° C et le soufre à plus de 100° C, la vie, à partir de ces substances chimiques, serait possible à des températures qui la détruiraient sur Terre. Cela accrédite la possibilité d'une forme de vie dans d'autres régions de notre système solaire. Quoi qu'il en soit, la possibilité que la vie existe sur d'autres planètes est considérablement accrue si l'on envisage des substances autres que les protéines.

Le silicone, un composant du fluorine de silicone, est très différent du carbone, qui est un composant essentiel des protéines. Nous associons le silicone aux roches, mais, si un type de substance organique se développait à partir du silicone, il est probable qu'il aurait une consistance semblable à celle du caoutchouc. En théorie, un corps vivant constitué d'une telle substance ressemblerait à une roche tout en fonctionnant comme un organisme.

Que nous soyons ou non en mesure de communiquer avec des êtres vivants, qui ne seraient pas constitués de protéines, est un autre problème. Il ne fait aucun doute que la perception sensorielle et le mode de pensée de tels êtres seraient très différents des nôtres. Du point de vue physique et chimique, l'air que nous absorbons risquerait d'être un poison virulent pour des êtres formés d'une « chair » non protéique. Même en supposant que ces êtres aient la même capacité mentale que nous, aurions-nous un sujet de conversation possible ?

Il n'est pas exclu que des êtres d'une intelligence supérieure aient élaboré des concepts mathématiques, physiques et chimiques similaires aux nôtres. Un programme spatial américain, intitulé Projet Ozma, a tenté d'établir un contact avec des êtres extraterrestres en diffusant des formules mathématiques. En revanche, à moins que ces êtres ne soient similaires à nous, il semble qu'il y ait peu de chance que nous parvenions à communiquer dans les domaines de la littérature, des sciences sociales ou des arts.

### *La vie sur Terre*

Aucune conclusion définitive n'étant possible en ce qui concerne la vie extraterrestre, reportons notre attention sur la vie telle qu'elle s'est développée sur Terre, où la communication et la compréhension mutuelles sont possibles. Le fait demeure que le « vaisseau spatial Terre » contient la seule vie à propos de laquelle nous possédions une connaissance précise. Nous devons nous demander, en élaborant une philosophie de la vie, comment il se fait que des êtres vivants, animaux, végétaux et microorganismes innombrables, soient apparus sur cette planète.

Il existe en général deux théories. L'une est que la vie est arrivée sur Terre d'une autre planète ; l'autre qu'elle fut engendrée ici-même. La première nous laisse confrontés au problème d'expliquer comment la vie naquit ailleurs.

L'être humain a concentré sa réflexion sur la seconde théorie, en partie en raison de cette difficulté, et en partie parce que l'idée voulant que la Terre ne soit pas le centre de la création est relativement récente. L'Ancien Testament décrit comment Dieu créa l'Univers et tout ce qui l'habite en une période de six jours, consacrant le septième au repos. Les théologiens chrétiens calculèrent, il y a bien longtemps, que cet événement se produisit environ quatre mille ans avant la naissance du Christ. L'idée d'un monde créé par une déité se retrouve parmi les mythologies de presque tous les peuples ; ce fut en outre l'explication généralement acceptée jusqu'à l'avènement de la science. La connaissance humaine s'enrichissant, de plus en plus de personnes doutent de l'existence même des dieux, et donc de l'idée que l'un d'eux se trouve à l'origine du monde.

Si ce dernier ne fut pas créé par un dieu, il ne nous reste guère d'autres choix que de considérer la vie comme un développement spontané s'étant produit dans le cadre de l'évolution de la Terre. L'idée en soi n'est pas nouvelle. Aristote croyait que les anguilles naissaient de la boue chauffée et les abeilles de la rosée. La notion selon laquelle les créatures vivantes naissaient de l'air persista jusqu'à ce que Pasteur prouve qu'elle était erronée, en révélant que la fermentation était produite par des organismes vivants en suspension dans l'air. Les scientifiques croient désormais que la vie primitive apparut à la suite de certaines réactions chimiques et physiques qui intervinrent il y a 2,5 à 3 milliards d'années.

La découverte de matière organique dans les météorites nous interdit d'exclure totalement la possibilité que quelque forme de vie arriva sur notre planète de l'espace. Nos connaissances des conditions extérieures sont tellement limitées que nous avons tout intérêt à considérer que la vie commença sur notre planète. Il nous faut, si nous voulons déterminer de quelle manière, envisager l'état de la Terre durant les premières phases de son développement.

Pour autant que le sachent les scientifiques, la Terre était recouverte, il y a trois milliards d'années, de masses nuageuses. Des éruptions volcaniques se produisaient en permanence, et de la roche fondue se répandait à sa surface. La fumée et les flammes jaillissaient de multiples fissures ; de la vapeur s'élevait même lorsqu'il pleuvait. La surface se refroidit peu à peu et une écorce se forma. L'eau se rassembla pour former les océans. L'atmosphère était constituée d'émanations volcaniques, contenant de la vapeur, du méthane, de l'azote, de l'ammoniac, du sulfure d'hydrogène, et de l'acide carbonique. Il y avait peu ou pas d'oxygène libre et par conséquent pas de couche protectrice d'ozone, telle celle que nous connaissons aujourd'hui. Les radiations ultraviolettes du Soleil battaient sans merci la surface de la Terre.

Il est paradoxal de constater que cet environnement infernal, qui aurait probablement détruit toute vie venant de l'extérieur, était une nécessité pour la formation de la vie. Ce n'est que grâce à cette chaleur que les acides aminés et nucléiques, qui constituent les protéines, purent prendre forme.

L'explication la plus populaire de ce qu'il advint ensuite fut donnée en 1922 par le biochimiste russe Aleksandre I. Oparin (1894-1980), qui affirma que la vie était apparue en deux phases. Tout d'abord, grâce aux rayons ou éclairs ultraviolets, les composants atmosphériques tels que le méthane et l'ammoniac furent synthétisés en acides aminés et en adénine (un composant fondamental de l'acide nucléique). Les composés organiques résultant de cette opération furent entraînés par la pluie jusqu'à l'océan, qui devint progressivement une sorte de « soupe primitive ». Une répétition de réactions chimiques dans ce milieu conduisit en définitive à une phase nouvelle, à savoir la création de ce qu'Oparin nomme les coacervats, les premières cellules vivantes primitives.

Il existe d'importantes variations sur ce thème. Ainsi, John D. Bernal (1901-1971), de l'université de Londres, postula que la vie aurait été engendrée à la surface d'argile humide sur les rivages, plutôt que dans la mer elle-même.

De telles théories présentent deux points communs. Le premier est que la surface primitive de la Terre offrait des conditions favorables au développement de la vie. Le second que la vie ainsi formée apparut spontanément sur Terre. Elle ne fut pas créée par un être extérieur ni importée d'une source étrangère.

Certains savants et philosophes, bien qu'acceptant ces prémisses essentielles, ont émis l'hypothèse selon laquelle l'apparition de la vie sur Terre fut un événement purement fortuit – un événement unique qui ne pourrait jamais se reproduire ailleurs ou en un autre moment. L'implication de cette version est que la vie telle que nous la connaissons est propre à la Terre. Le fait le plus important soutenant cette idée a trait à la chimie des organismes vivants.

Les molécules protéiques sont composées de centaines d'acides aminés. Ceux-ci existent sous deux formes connues : les acides aminés L et les acides aminés D, qui sont, au sens géométrique, des reflets l'une de l'autre. Synthétisées en laboratoire, les formes aminées L et D sont produites en proportions égales. Or il est curieux de constater que tous les êtres vivants sur Terre sont composés exclusivement d'acides aminés L. Une opinion veut que seul un ensemble de réactions purement accidentel aurait pu produire ce résultat.

D'aucuns suggérèrent que des formes de vie à base d'acides aminés D ont peut-être existé autrefois mais se sont éteintes au cours de l'évolution ultérieure de la Terre. Ces théories sont également viables, mais, en supposant que seuls les acides aminés L existaient à l'origine, ne disposons-nous pas d'une autre explication que celle du hasard ? Je ne le crois pas.

Une origine fortuite est une injure à la loi des probabilités. Parmi les multiples arguments cités, je suis sensible en particulier à celui avancé par le professeur Haruhiko Noda, de l'université de Tokyo, dans son ouvrage *Seimei no kigen* (Les origines de la vie), qui me paraît d'une compréhension aisée.

Le nombre des différents acides aminés entrant dans la structure des protéines n'est que de vingt, et nous devons admettre qu'ils étaient tous présents sur notre planète dès l'origine. (Prétendre que l'un ou l'autre faisait défaut serait illogique, tous étant indispensables à la vie.) Ces acides sont assemblés en chaînes pour former les molécules protéiques.

Le professeur Noda commence son raisonnement en envisageant une protéine composée de chaînes d'acides aminés de cent liens. La probabilité pour que la molécule désirée soit obtenue au hasard n'est que de une sur $10^{130}$. Même si la production était maximale, il faudrait encore $10^{100}$ combinaisons pour obtenir la molécule du type désigné. En théorie, on devrait disposer, pour réaliser une expérience débouchant sur la production de cette molécule spécifique, de $10^{75}$ tonnes de matière, alors que la matière constituant l'Univers connu est estimée à $10^{49}$ tonnes. Ainsi, même si l'ensemble de l'Univers était composé d'acides aminés, ce qui n'est pas le cas, il ne contiendrait pas assez de matière pour satisfaire les exigences de la loi des probabilités. D'aucuns prétendent que, même si l'Univers était formé dans son ensemble des ingrédients essentiels des acides aminés, il ne serait pas encore certain qu'un milliard d'années de réactions successives suffisent à engendrer l'acide nucléique le plus simple.

Une probabilité n'est jamais qu'une probabilité. Nous ne pouvons totalement éliminer l'éventualité selon laquelle l'apparition de la vie sur Terre soit un événement unique dans l'éternité. Nous disposons toutefois de plus de raisons de supposer que l'Univers lui-même est doté d'une tendance intrinsèque à se développer vers la vie. Disons, pour employer un style imagé, que l'Univers est une grande matrice enceinte de tout temps du miracle de la vie. Ainsi que le dit le professeur Noda : « Si l' "impossible" s'est produit une fois pour toutes, sans raison, il ne reste plus de place à la discussion. Il est toutefois inconfortable de n'avoir aucune réponse. La possibilité subsiste cependant que toute matière dans le monde naturel renferme un besoin interne d'engendrer la vie. »

Si nous acceptons cette alternative – que la nature est toujours prête à créer la vie ; que l'inclination vers la vie est immanente à l'Univers lui-même –, il s'ensuit que la vie macrocosmique possède quelque force intégrale lui permettant de produire et de nourrir toutes les formes de vie existantes et de les inciter à pratiquer leurs propres actes de procréation. Le professeur Noda affirme que même la matière inorganique est orientée vers la vie[63].

Teilhard de Chardin[64] semble avoir partagé cette opinion. Il compare la vie à une sorte de gaz comprimé toujours disposé à jaillir de la moindre fissure de l'Univers. La Terre, qui s'est formée il y a quelque cinq milliards d'années, exista durant deux milliards d'années avant que n'apparaisse la vie. Teilhard de Chardin considérait ce laps de temps comme une période de préparation durant laquelle la scène était dressée pour la transformation de la matière inorganique en matière organique.

En un sens, la différence entre la vie et la non-vie n'est pas aussi nette que nous le croyons. Les composés organiques tels que le méthane et l'ammoniac sont aussi exempts de vie que les substances inorganiques. Toutefois, les produits chimiques organiques étant synthétisés en des acides aminés, en des acides nucléiques et en des protéines complexes,

---

63. Haruhiko Noda, *Seimei no kigen*, Nippon Hoso Shuppan Kyokai, 1966, pp. 337-338.

64. Pierre Teilhard de Chardin (1881-1955) : prêtre jésuite français, chercheur, paléontologue, théologien et philosophe.

ils subissent .une transition qui mène à la vie primale. Noda et Teilhard de Chardin, quoique exposant des théories différentes, semblent suggérer une conclusion unique : un potentiel de vie capable de donner naissance aux myriades d'êtres qui émergèrent en définitive existait sous forme d'une masse gigantesque bien avant la genèse de la vie sur Terre.

Maints scientifiques croient que toutes les substances et les conditions environnementales nécessaires à la vie devaient être présentes dès les premières phases du développement de la Terre. J'irais plus loin encore et j'affirmerais qu'il y avait en outre une force vitale essentielle, qui doit être inhérente à l'Univers dans son ensemble. Il serait en effet aussi difficile, en dernière analyse, d'expliquer pourquoi une planète ou un système solaire seraient seuls à contenir cette potentialité, que d'imaginer que la vie est apparue sur Terre de manière fortuite.

Nous pouvons dire, tout au moins, que la probabilité de la vie est déterminée par une force dirigée vers la vie présente dans l'Univers, qui fait que certaines planètes possèdent les conditions et les matériaux fondamentaux nécessaires à l'émergence de la vie sous l'une ou l'autre forme. Un environnement en apparence parfait ne produira pas nécessairement la vie. Nous devons supposer que, dans certains cas, l'évolution de la vie est entravée par des forces extérieures. Nous ignorons la ou les formules gouvernant la formation de la vie, et peut-être ne disposons-nous d'aucun moyen de les connaître. Il se peut – et il est quasiment certain – que de multiples facteurs fortuits, tels que des accidents de temps ou de lieu entrent en ligne de compte. Il doit être possible, selon moi, qu'en tout lieu où la scène est dressée par le potentiel de vie cosmique, des manifestations nouvelles de vie apparaîtront, présentant des caractéristiques adaptées aux conditions spécifiques de l'environnement. L'Univers est une étendue illimitée d'espace, et il y a un flux illimité d'activité. Nous avons toutes raisons de supposer que les matériaux bruts de la vie sont présents dans nombre de ses parties, ainsi que de multiples types d'êtres vivants ou potentiellement vivants.

La vie telle que nous la connaissons sera probablement détruite à la suite du déclin prévu du système solaire et de la Terre. Mais, si nous parvenons à prouver que d'autres régions de l'Univers offrent des conditions adaptées à la vie, nous aurons la confirmation scientifique de la possibilité que la naissance et la mort s'écoulent à travers le Cosmos, répétant éternellement le cycle de la transmigration. Même sans cette vérification scientifique, rien ne nous empêche de croire en cette idée.

**CHAPITRE 3**

# L'origine de l'être humain

## *L'évolution humaine*

On considère de manière générale que trois milliards d'années se sont écoulées entre la formation de la vie organique sur notre planète et l'apparition des êtres humains. Des formes innombrables de vie se sont formées et se sont éteintes durant ce laps de temps. Pas moins d'un million d'espèces animales et d'un quart de million de types de végétaux survivent aujourd'hui. La description de l'ensemble de l'évolution nous obligerait à nous intéresser aux organismes tant éteints que vivants. Une telle démarche étant impossible sur un plan pratique, le sujet est le plus souvent limité à des types spécifiques, parmi lesquels le plus important à nos yeux est l'être humain.

Le généticien américain Theodosius Dobzhansky postula trois phases fondamentales dans le développement de l'espèce humaine. La première, évoquée au chapitre précédent, est la période au cours de laquelle la vie primale prit forme à partir de la matière inorganique. La deuxième est l'ère où apparurent ce que nous considérons normalement comme étant des êtres vivants. La troisième, relativement plus brève, est celle qui vit nos ancêtres se distinguer du reste de la création.

La majorité des théories évolutionnistes s'intéressent aux deuxième et troisième phases. Le texte de référence est bien entendu l'ouvrage de Charles Darwin, *De l'origine des espèces*, dans lequel l'auteur déclare modestement : « La lumière sera faite sur l'origine de l'être humain et de son histoire. » Il est vrai qu'il demeure maints points mystérieux relatifs à l'évolution des créatures vivantes en général, et de l'être humain en particulier, mais le livre de Darwin établit les principes de base de toute étude ultérieure en la matière. Ceux-ci sont largement acceptés de nos jours, et il est difficile d'imaginer la fureur qu'ils suscitèrent lorsque Darwin les publia en 1859.

À cette époque, le monde chrétien croyait dans sa quasi-totalité à la version de la création présentée par la Bible. La Genèse, ayant rapporté comment Dieu créa le Ciel et la Terre, précise qu'il dit le cinquième jour : « Que les eaux grouillent de bestioles vivantes » et le sixième : « faisons l'être humain à notre image, selon notre ressemblance. » Des théologiens érudits avaient calculé depuis longtemps que cette scène s'était déroulée en 4004 avant J.-C. ; seuls les agnostiques étaient disposés à nier que l'Ancien Testament devait être accepté de manière littérale. Le grand biologiste Thomas H. Huxley lui-même fit montre de scepticisme à l'encontre de la théorie de Darwin jusqu'à ce qu'il écrive une critique de *De l'origine des espèces* pour le *Times* de Londres, qu'il conclut par ces mots : « Comme nous avons été stupides de ne pas y avoir pensé plus tôt. »

La controverse relative au darwinisme connut son apogée à l'occasion de la rencontre à Oxford de l'Association britannique pour l'avancement des sciences, en juin 1860, au cours de laquelle se produisit la confrontation célèbre entre Huxley, désormais convaincu, et l'évêque Samuel Wilberforce. Huxley paraissait avoir rallié la majorité de l'auditoire aux visions de Darwin lorsque l'évêque se leva et demanda sur un ton sarcastique : « On m'a rapporté que vous prétendiez descendre du singe. Dites-moi, est-ce du côté paternel ou maternel ? » Huxley répondit gravement et fort à propos, quoique au milieu des rires : « S'il me fallait choisir mes ancêtres entre le singe compatissant auquel vous faites allusion, et un homme qui, bien que doté d'un talent brillant et d'une grande influence, consacre son énergie à humilier un chercheur sincère de la vérité, je choisirais sans le moindre doute le singe. »

L'évêque Wilberforce et tant d'autres étaient en fait incapables de comprendre les propos de Darwin. Outre la question de la vérité biblique, l'Europe chrétienne était outrée à l'idée que l'être humain ne soit pas unique, mais le parent lointain de formes de vie inférieures. Ainsi que le démontre la remarque de l'évêque, la plupart des gens ne connaissaient qu'une version simplifiée à l'extrême des théories de Darwin, et s'imaginaient qu'elles impliquaient que l'être humain descende de la même sorte de simiens que nous connaissons à l'heure actuelle.

En fait, les savants modernes considèrent en général que l'aïeul tant des êtres humains que des singes était une créature nommée *Dryopithecus fontani*, qui apparut il y a quelque quarante millions d'années et habita la Terre pendant près de trente millions d'années. Les ancêtres les plus lointains de l'être humain doivent avoir suivi, durant cette période, une voie d'évolution distincte de celle des singes. Il est toutefois devenu impossible, depuis l'époque de Darwin, de considérer l'existence de l'être humain comme étant totalement indépendante du règne animal. L'être humain et les animaux appartiennent à un continuum vivant, certaines caractéristiques animales étant présentes chez l'être humain et certaines caractéristiques humaines chez l'animal. Les pulsions instinctives et primitives, qui gouvernent la vie des créatures inférieures, sont également des facteurs importants de la psychologie humaine ; à l'inverse, on rencontre un sentiment évoquant l'affection parentale chez de nombreux oiseaux et animaux. Les scientifiques ont découvert que maints animaux possèdent des moyens de communication semblables au processus de la parole élémentaire des êtres humains. Il ne fait aucun doute que ces recoupements expliquent pourquoi tant des personnes acceptent l'idée que les êtres humains peuvent transmigrer dans des animaux et vice versa.

Il n'en demeure pas moins que les êtres humains sont très différents des animaux, et la question la plus cruciale dans le cadre de la théorie de l'évolution consiste à déterminer à quelle époque et de quelle manière cette modification s'opéra. La discussion de ce sujet nous contraint à essayer de définir l'essence de l'humanité – à préciser la ou les qualité(s) propre(s) aux êtres humains.

L'*Australopithecus* compte parmi les créatures susceptibles d'avoir été les ancêtres de l'être humain moderne ; il vécut il y a deux millions d'années et est parfois qualifié d'« homme-singe ». Il est, croit-on, relié au *Pithecanthropus*, qui peupla la Terre il y a 400 000 à 500 000 ans ; à l'*Homo erectus* qui n'est pas âgé de plus de 100 000 ans ; et à l'*Homo sapiens*, qui apparut il y a environ 50 000 ans. Tous les hominiens sont désormais éteints, à l'exception de l'*Homo sapiens*. Que les types primitifs aient été les géniteurs de l'*Homo sapiens* est suggéré par les vestiges – crânes, dents et os pelviens –, qui révèlent qu'il s'agissait de bipèdes dressés qui utilisaient des outils, le feu et le langage.

On suppose que certains types de créatures évoquant le singe commencèrent à se dresser et à marcher sur leurs membres postérieurs peu après l'époque du *Dryopithecus*. L'*Australopithecus* a laissé des traces d'outils grossiers et le *Sinanthropus pekinensis*, qui vécut plus tard, des traces d'âtres. L'homme de Néandertal, qui appartient au groupe de l'*Homo erectus*, inaugura l'âge de la pierre connu sous le nom de moustérien, tandis que l'homme de Cro-Magnon – considéré comme un spécimen primitif de l'*Homo sapiens* – nous légua une quantité impressionnante de fresques rupestres. La communication verbale remonte probablement à plusieurs millions d'années.

Nos seules sources d'information relatives aux hominiens ou premiers êtres humains sont les fossiles, les outils de pierre et quelques autres vestiges. De nouvelles découvertes dans ce secteur enrichiront sans doute notre connaissance et révéleront peut-être l'existence d'autres types hominiens éteints. Aussi importants soient-ils, les résultats de nos fouilles ne lèvent qu'une toute petite partie du voile sur la vie préhistorique. Beaucoup plus important est le fait que quelque qualité essentielle des lointains ancêtres de l'être humain lui inspira l'idée de créer des outils, des armes et (plus tard) des objets d'art. Les philosophes ont donné à cette qualité le nom d'intelligence, de pouvoir de raisonnement, de conscience ou d'esprit. Bergson parle quant à lui de « conscience intellectuelle » et dit qu'elle est implicite aux ustensiles fabriqués par l'être humain.

Ce ne sont pas, en réalité, les outils ou les armes qui ont permis à l'être humain de survivre dans un environnement hostile, mais l'intelligence qui l'incita à les construire. Le même pouvoir mental l'amena à développer le langage et diverses compétences techniques. Plus important : il lui donna une conscience de soi et une connaissance d'un monde intérieur existant dans le moi.

Emmanuel Kant affirma de manière très éloquente que les lois morales dérivées du raisonnement pratique sont un élément indispensable de l'état humain. Il écrivit dans sa *Critique de la raison pratique* : « Deux choses remplissent l'esprit d'une admiration et d'un respect sans cesse nouveaux et grandissants, plus nous y réfléchissons : les cieux étoilés au-dessus de nos têtes, et la loi morale en nous. » Il poursuit ainsi : « La seconde (la loi morale), en revanche, élève infiniment ma valeur en tant qu'intelligence par ma personnalité, dans laquelle la loi morale me révèle une vie indépendante de l'animalité et même de l'ensemble du monde apparent [...]. » Il me semble que nous sommes en droit de dire qu'une capacité à raisonner et une loi morale innée nourrirent chez l'être humain primitif les qualités spirituelles qui lui permirent de percevoir l'unité avec ses congénères. Sans cela, le développement de la race humaine aurait été impossible.

La potentialité latente pour le développement de l'intelligence et de la conscience de soi doit avoir existé chez tous les êtres vivants dès les premières phases de leur évolution, mais son expression la plus élevée jusqu'à l'apparition de l'être humain fut l'instinct. La lumière de la raison était en quelque sorte dissimulée dans les limites d'un cerveau animal. Elle ne devint visible et efficace qu'avec l'être humain. Elle permit alors à ce dernier de se distinguer des singes et de poursuivre une voie évolutive propre.

Le *Dryopithecus* possédait-il ce que nous nommons l'intelligence et la raison ? Voilà une question à laquelle il est difficile de répondre. Même l'*Australopithecus* et l'homme de Néandertal ne paraissent pas avoir été très intelligents d'après les diverses reconstructions que nous observons. Il n'est toutefois pas impossible que cette conclusion soit erronée. Un anthropologue américain, Earnest A. Hooton, déclara qu'en étudiant le crâne d'un homme de Néandertal il pouvait dessiner soit le visage d'un chimpanzé, soit celui d'un philosophe. L'intelligence n'est pas toujours apparente en surface.

Il est permis d'observer à cet égard que le cerveau d'un *Australopithecus* est beaucoup plus grand que celui d'un chimpanzé – 500 $cm^3$ par rapport à 300-400 $cm^3$. La taille du cerveau atteint 1 100 $cm^3$ chez l'*Homo erectus*, voire 1 500 $cm^3$ chez certains hommes de Néandertal, et 1 350 $cm^3$ chez l'être humain moderne.

Même si nos ancêtres d'il y a dix millions d'années avaient une capacité mentale inférieure à celle de l'être humain moderne, ils n'en possédaient pas moins ce que nous pourrions appeler le « feu de l'intelligence ». Ils étaient considérablement plus évolués, sur le plan mental, que les ancêtres des singes, du fait justement qu'ils utilisaient des outils grossiers. La croissance ultérieure de l'intellect, quoique ayant nécessité plusieurs millions d'années, fut néanmoins beaucoup plus rapide que les progrès de l'évolution avant l'apparition des premiers hominiens. L'intelligence alimente l'intelligence : la possession de certaines facultés mentales conduit à la croissance rapide du lobe frontal du cerveau, où se déroule toute l'activité mentale supérieure.

Nous constatons, en comparant l'intellect d'un bébé humain avec celui d'un chimpanzé, qu'ils ne sont guère différents. Le bébé ne sait ni marcher ni parler, et semble vivre entièrement en fonction de ses instincts. Son cerveau contient, contrairement à celui du chimpanzé, tous les pouvoirs mentaux potentiels nécessaires à son avenir d'être humain. Il possède donc, quoique à un stade non développé, les qualités essentielles qui permettront sa croissance en tant qu'être humain. Cela ne vaut pas pour un bébé chimpanzé.

En d'autres termes, aussi immature ou barbare que paraisse un être humain, il est doté de l'ensemble des qualités humaines, tout au moins sous une forme potentielle. La lumière de l'intelligence et de la moralité était déjà apparue chez l'*Australopithecus*. Il se peut que sa structure cérébrale inhiba l'épanouissement de son intellect, mais son potentiel était peut-être égal au nôtre. La concrétisation de ce potentiel fut la croissance de la capacité cérébrale, qui rendit possible le développement de la culture humaine.

## *La nature du développement humain*

Les scientifiques concernés par l'évolution parlent, depuis l'époque de Darwin, en termes de mutation, de sélection naturelle et d'adaptation. Une mutation est l'apparition de variations fortuites dans le processus héréditaire, causée en général par des combinaisons inhabituelles de gènes. Supposons que parmi un groupe de créatures vivantes identiques naisse un type présentant certaines caractéristiques particulières. Si celles-ci ne sont pas appropriées à l'environnement, ce type disparaîtra, mais si elles conviennent mieux à l'environnement que les traits jusqu'alors « normaux » de l'espèce, ce type aura tendance à survivre et à transmettre son « idiosyncrasie » à sa progéniture, qui remplacera progressivement la norme antérieure. Un processus de sélection naturelle et d'adaptation aura pour conséquence que les types mieux adaptés aux circonstances survivront, alors que les autres périront.

Les darwiniens traditionnels considèrent ce processus comme étant plus ou moins accidentel. L'environnement est, selon eux, l'élément prédominant, et les individus les mieux adaptés survivent en raison de la relation fortuite qu'ils entretiennent avec lui. Le darwinisme ne se soucie pas vraiment de ce qu'il advient chez les créatures vivantes elles-mêmes.

Lamarck, le naturaliste français (1744-1829), insiste sur les activités indépendantes et spontanées des êtres vivants. Son idée était que l'évolution se produisait lorsque les créatures vivantes tentaient de s'adapter à leur environnement et transmettaient délibérément leurs caractéristiques acquises à la génération suivante. Lorsqu'un environnement requiert de nouvelles qualités, les êtres vivants s'efforcent de les développer de quelque manière que ce soit. Le changement dans les espèces est donc provoqué par une volonté d'adaptation. Cela signifie, en termes plus spectaculaires, que les créatures vivantes contrôlent leur destinée. La mutation n'est pas entièrement due au hasard, mais est dirigée – tout au moins dans une certaine mesure.

Un éminent biologiste japonais, le docteur Kinji Imanishi, croit que Lamarck était plus proche de la réalité que Darwin. Il écrit : « Une espèce d'êtres vivants augmente la fréquence des mutations en réponse à une modification environnementale. Elle encourage alors les mutations à se développer dans la direction la mieux appropriée. Il existe un grand nombre d'individus au sein d'une espèce, il est donc inévitable que des mutations fortuites se produisent, et que certaines n'aillent pas dans la bonne direction. Mais le nombre de mutations progressant dans la bonne voie s'accroît petit à petit, au point que les types bien adaptés deviennent majoritaires. Il ne fait aucun doute que le rythme du changement varie en fonction des espèces[65]. » Cette idée me paraît applicable à l'évolution dans son ensemble. L'être humain produisit de plus en plus de mutations tendant vers le développement du pouvoir cérébral et d'autres caractéristiques, au même titre que d'autres espèces engendraient des mutations dans une direction particulière.

Je me souviens d'un ouvrage très intéressant du docteur Yuichi Okamura, *Homo sapiens ?* (le point d'interrogation traduit les doutes de l'auteur quant à la valeur du qualificatif *sapiens*). L'auteur y discute de la divergence dans l'évolution des êtres humains et des singes. Selon Okamura, les êtres humains apparurent lorsque la température de la Terre s'abaissa au point que la taille des forêts, habitées par les ancêtres communs de l'être humain et du singe, se réduisit. La perte des espaces boisés signifiait un manque de subsistance, mais certains des hommes-singes eurent l'idée de descendre des arbres et de s'installer sur le sol. Ceux-ci devinrent les ancêtres de l'être humain[66].

La position de certains scientifiques diffère de celle d'Okamura sur des détails, mais la plupart s'accordent à reconnaître que les aïeux de l'être humain furent amenés à quitter les arbres à la suite d'une modification climatique et d'une famine conséquente. Cette attitude peut être considérée comme un ajustement à un changement d'environnement à une échelle globale. La solution adoptée présentait maints dangers, le sol sur lequel évoluaient désormais les proto-humains étant peuplé d'animaux féroces.

Si les hominiens étaient restés dans les forêts, ils seraient morts de faim ou auraient été considérablement décimés. Leur départ facilita l'évolution des autres espèces vers les singes, les orang-outangs et les chimpanzés que nous connaissons aujourd'hui. Il n'en reste pas moins vrai que les ancêtres de l'être humain furent les seules créatures qui s'efforcèrent de résoudre le problème environnemental par un effort de volonté. Du point de vue biologique, l'« instant de la décision » fut une mutation conduisant vers le développement de l'être humain. Cette mutation réussie continua à développer toujours plus de caractéristiques humaines et finit par révéler ce que nous considérons comme étant la lumière de l'intelligence humaine. Nous sommes en droit de penser que la première phase fut le résultat de mutations consécutives fréquentes, mais nous ne pouvons éviter de conclure que l'activité vitale menant vers

65. Kinji Imanishi, *Watakushi no Shinkaron*, Shisakusha Publishing Co, 1970, p. 179.

66. Yuichi Okamura, *Homo sapiens ?*, Tamagawa University Press, 1972, pp. 50-53.

l'évolution humaine était différente de celle caractérisant d'innombrables espèces qui apparurent et disparurent au cours de l'évolution dans son ensemble. L'impulsion ou l'instinct physique incita les autres créatures à produire une succession d'espèces nouvelles, mais la transition de l'animal à l'être humain ne fut pas un développement inconscient. Elle impliqua l'intervention d'une forme d'intelligence supérieure – une lumière qui ne brillait pas chez les autres espèces.

Teilhard de Chardin parla de la noosphère, de la sphère spirituelle, qui humanisa les ancêtres de l'être humain et les distingua des autres créatures. J'aime envisager cela comme étant un « esprit frontalier » primitif –, c'est l'une des expressions employées par Okamura pour décrire 1'« esprit » latent dans la vie humaine primordiale. Okamura parle aussi de « folie du génie », affirmant que « le choix de nos ancêtres de migrer (des arbres) vers une terre peuplée de tueurs aurait paru pure folie à un observateur objectif ».

Selon Okamura, les géniteurs de l'espèce humaine consacrèrent leur énergie et leurs compétences exceptionnelles à inventer et à fabriquer des armes : les seuls moyens dont ils disposaient pour vaincre les crocs et les griffes des fauves. Ces ustensiles de combat étaient en quelque sorte les outils nécessaires pour permettre à l'être humain primitif de remporter son combat pour l'existence. La spéculation et l'intuition – une sorte de génie – l'amenèrent à recourir aux bâtons et aux pierres pour se protéger, et l'emploi de ces objets ouvrit la porte à une croissance intellectuelle supérieure. Afin de faire un meilleur usage de ses armes, il s'attela à la tâche extrêmement difficile consistant à se tenir debout et à marcher sur ses membres postérieurs. Okamura qualifie cela de « concept révolutionnaire –, de génie pur ».

Les modifications climatiques et les menaces de l'environnement comptent parmi les stimuli qui furent nécessaires au développement des lointains ancêtres de l'être humain. Il est probable que, si les forêts n'avaient pas cessé d'être habitables, la volonté de les quitter ne se serait jamais affirmée. La question subsiste toutefois de savoir ce qui incita l'être humain à rechercher des conditions différentes, alors que les singes et d'autres créatures similaires n'en firent rien. Admettons qu'il s'agissait d'une sorte d'« esprit frontalier », mais comment se fait-il que seul l'être humain le possédât ?

Nous ne disposons quasiment d'aucune indication relative à la vie intérieure de formes de vie humanoïdes aussi primitives que le *Dryopithecus* et l'*Australopithecus*. Nous pouvons au mieux nous efforcer de formuler certaines hypothèses en nous fondant sur l'information relative à des types primitifs plus récents, les hommes de Néandertal et de Cro-Magnon. Notre savoir est toutefois en majeure partie conjectural, même dans ces cas.

J'ai déjà eu l'occasion de signaler que le docteur Solecki découvrit, lors de fouilles d'un site de Néandertal en Irak, du pollen autour d'une tombe, ce qui donne à penser que l'homme de Néandertal honorait ses morts, et entretenait des idées précises quant à la mort. L'être humain est la seule de toutes les créatures peuplant la Terre à être capable de concevoir de tels concepts. Les animaux se fondant uniquement sur l'instinct ne paraissent même pas avoir conscience de leur propre mort.

Lorsque l'être humain primitif développa la capacité de penser à la mort, il dut être profondément troublé. L'hostilité de son environnement signifiait pour lui qu'un mouvement imprudent risquait de se révéler synonyme de destruction immédiate. Il était presque totalement à la merci des calamités naturelles, qui devaient fréquemment décimer des groupes entiers. La durée de vie moyenne, même pour l'homme de Néandertal, semble avoir été inférieure à trente ans. La mort était donc une réalité plus pressante pour lui que pour l'être humain moderne. La peur de la destruction était probablement un élément important de la vie quotidienne, le danger de la mort étant omniprésent.

Les capacités intellectuelles se développant, l'être humain primitif dut en arriver à se demander si le défunt cessait tout simplement d'exister ou s'il se rendait en un autre monde situé au-delà de la perception des vivants. Il semble que l'homme de Néandertal croyait en la vie après la mort, bien qu'il soit possible qu'il l'ait considérée comme étant une sorte de sommeil éternel. Des chercheurs ont découvert dans le sud de la France, près du Moustier, un site du moustérien : la tombe d'un jeune homme de dix-huit ans qui avait été disposé sur le côté, les genoux repliés, la tête placée sur un oreiller d'éclats de silex. Les vestiges de deux adultes et quatre enfants trouvés dans d'autres tombes étaient dans la même position, le visage tourné vers l'est. Des ustensiles en pierre et des os d'animaux étaient ensevelis avec eux, sans doute pour qu'ils les utilisent à leur réveil.

L'une des découvertes les plus intéressantes du docteur Solecki fut le squelette d'un homme d'environ quarante ans, dont l'avant-bras avait été amputé. Cela donne à penser que les hommes de Néandertal connaissaient une forme de chirurgie primitive et, ce qui est plus important, qu'ils se souciaient, du moins dans certaines circonstances, de leurs vieux – en ce temps-là, un homme de quarante ans devait être trop âgé pour vivre seul. Il est certain qu'une sorte d'affection parentale est observée chez les animaux, mais un comportement coopératif orienté vers la protection des vieux et des faibles aurait été impossible si notre ancêtre n'avait pas possédé un principe de l'ordre de ce que Kant nomme la « loi morale intérieure ».

Je crois que l'être humain primitif spéculait sur le mystère de la vie et de la mort. Ses réflexions l'amenèrent à croire en une existence au-delà de la mort, et à explorer les profondeurs de sa propre vie. Le docteur Solecki emploie le mot « paradis » pour décrire le sentiment de l'homme de Néandertal à l'égard de la vie et de la mort humaines. Le « paradis » signifie, dans ce contexte, une existence supérieure soutenant et sous-tendant toutes choses dans l'Univers et contrôlant tous les phénomènes naturels. Il s'agit, en bref, de la vie cosmique. Les ancêtres de l'être humain, même dans ce passé lointain, respectaient cette réalité fondamentale, car elle leur donnait le pouvoir de surmonter les difficultés auxquelles ils se trouvaient confrontés, y compris les violents cataclysmes naturels. La contemplation de la mort doit avoir développé chez l'homme de Néandertal une connaissance intuitive de l'essence de sa propre vie et des modifications constantes advenant dans la nature. Sa volonté de savoir, en dépit de son manque de science et de logique, n'était nullement inférieure à la nôtre.

Les fleurs déposées sur les tombes étaient sans doute des expressions de l'affection et du respect, mais elles traduisaient peut-être le concept d'une présence universelle soutenant toutes les phases de la vie et de la mort. Ces premiers êtres humains croyaient peut-être que la mort était un retour au flux éternel de la vie –, une réunion avec la réalité fondamentale sous-tendant tous phénomènes. Rien n'interdit d'avancer qu'ils avaient conscience du fait que cette réalité fondamentale existait chez tous les êtres vivants, faisant d'eux un élément des quatre phases cosmiques de naissance, maturation, destruction et latence.

L'idée selon laquelle il peut y avoir une communion avec quelque réalité supérieure, plus durable que la vie individuelle, est essentiellement religieuse, et je partage l'avis des scientifiques qui affirment que l'homme de Néandertal éprouvait de fortes pulsions religieuses. Nous découvrons, lorsque nous envisageons l'homme de Cro-Magnon, qui est considéré comme étant un ancêtre direct de l'être humain moderne, une multitude d'œuvres d'art merveilleuses censées être des expressions de sentiments religieux ou de prières. Des œuvres telles les célèbres peintures d'Altamira témoignent non seulement de talents artistiques, mais encore d'une spiritualité complexe.

En général ces peintures rupestres semblent dotées d'une signification rituelle. Les hommes de Cro-Magnon auraient, par exemple, peint les murs des cavernes à l'occasion de cérémonies visant à assurer le succès de leurs chasses – des expéditions dont dépendait la survie de toute la communauté. Nous imaginons des rites pratiqués par des magiciens chantant pour assurer la bonne fortune et la fertilité à la tribu. Ces cérémonies, toutes primitives que nous les jugions, indiquent le désir du chasseur paléolithique d'exprimer son respect à l'égard de l'immense pouvoir de la nature. L'homme de Cro-Magnon était probablement à la recherche de quelque connexion ou identification aux forces universelles de la vie.

Ce qui vaut pour les hommes de Néandertal et de Cro-Magnon ne valait peut-être pas pour l'*Australopithecus*, deux millions d'années auparavant, mais je crois que même les premiers préhumains devaient, au moins à un niveau inconscient, avoir une certaine perception de la vie cosmique. Aussi longtemps qu'il y aura une étincelle d'intelligence humaine, il y aura inévitablement une conscience de la mort. Dès qu'apparaissent les lois, fût-ce les plus primitives, de moralité et de raison pratique, la sagesse humaine commence la quête de leur source.

Les sentiments religieux sont un élément nécessaire à l'humanité. Ils émergent en même temps que l'intelligence et cherchent à se fondre avec la vérité ultime. L'intelligence et la moralité sont communiquées par des moyens concrets tels que le langage et la production d'outils, qui laissent des traces ; mais les impulsions religieuses sont difficiles à déceler pour des observateurs ultérieurs, parce qu'il s'agit de processus totalement intérieurs.

Le sentiment religieux s'est développé en même temps que l'intelligence et les autres énergies intérieures. Mais le flux de la vie étant une réalité éternelle, le sentiment religieux de l'être humain individuel – ainsi que son désir de s'unir à l'ultime – doit être à l'origine de l'intelligence et de la moralité. La religion est, en effet, un aspect plus essentiel de la vie humaine que l'intelligence, la moralité ou la conscience. Ni l'intelligence ni la conscience ne sont à même d'ouvrir la grande porte de la vie ; la clé de l'existence humaine est l'impulsion religieuse innée qui naît de la vie universelle essentielle et aspire à y retourner. Cela est vrai aujourd'hui, et a été vrai tout au long de l'histoire humaine. Les hominiens n'auraient pu devenir des êtres humains sans l'intelligence, mais seul le sentiment religieux a pu leur permettre de développer l'intelligence et les autres capacités spirituelles ou mentales associées à notre espèce.

La force vitale est omniprésente, ses fonctions sous-tendant la naissance et la mort cycliques de tout phénomène vivant. La vie universelle agissait tout au long du processus des trois millions d'années nécessaires à l'évolution des créatures vivantes, et, là où il existe une vie universelle, il doit y avoir un sentiment religieux et une évolution continue.

Les fonctions dynamiques de la vie atteignirent leur zénith avec l'apparition de l'être humain. Cette force essentielle, s'adaptant à une énorme diversité de conditions externes, canalisa l'évolution vers la forme humaine. Cela signifie que chaque être humain entretient une communion profonde et intense avec l'entité infinie et éternelle qui constitue l'essence de la vie universelle. Le plan évolutif fondamental de la vie dans son ensemble et de l'être humain en particulier doit être valable à travers le macrocosme, même sur les planètes se situant au-delà de notre pouvoir d'observation. Le sentiment religieux, quoique fonctionnant de manière inséparable de maintes autres qualités humaines, est l'impulsion principale entraînant le développement de l'intelligence et de la moralité. C'est l'impulsion qui permit à l'être humain de faire son apparition dans le monde.

CHAPITRE 4

# L'éternité de la vie

## *De la sensibilité à la non-sensibilité*

La première transplantation cardiaque réussie, pratiquée en 1967 par le docteur Christiaan Barnard, souleva la question de savoir quand il est permis de considérer qu'un être humain est mort. L'idée de remplacer un cœur défectueux par un autre sain n'est qu'une extension logique du principe selon lequel on transfère des cornées ou des reins d'un individu à l'autre. Il existe toutefois une différence vitale : une transplantation cardiaque ne peut être pratiquée qu'au prix de la vie du donneur. L'objectif de cette intervention consiste, en un sens, à convertir la mort d'une personne en la vie d'une autre.

Le cœur devant être vivant, il doit être prélevé sur le donneur dès que possible. Mais s'il est prélevé avant le décès du donneur, le médecin est coupable de meurtre. Il est donc important de savoir avec précision à quel moment le donneur peut être considéré comme décédé.

Il est curieux de noter que les autorités médicales ne s'accordent pas totalement sur ce qu'est la mort ni sur les phénomènes représentant la cessation de la vie. On considère en général qu'un patient est décédé lorsque son cœur a cessé de battre, lorsque ses pupilles ne réagissent plus à la lumière et lorsque sa respiration a stoppé. À ce stade, le patient est toutefois « trop mort » pour que son cœur puisse être transplanté. Le docteur Barnard utilisa en conséquence comme critère final l'absence d'ondes cérébrales, acceptant par le fait le principe de la « mort cérébrale » par opposition à la « mort cardiaque ».

Je comprends l'attitude du médecin qui juge préférable de transplanter le cœur d'un patient qu'il estime condamné dans le corps d'un autre, plutôt que de laisser mourir les deux personnes. Je suis néanmoins réticent à l'encontre de l'application du principe de la « mort cérébrale ».

Le fait est que la cessation des ondes cérébrales dans le cortex ne signifie pas que le patient n'a plus aucune chance de survie. Les spécialistes de l'encéphalographie en particulier nient la validité de la « mort cérébrale », parce qu'ils savent que des patients, dont les électroencéphalogrammes (EEG) étaient plats pendant des heures, ont en définitive été sauvés. Un rapport de l'hôpital Toranomon de Tokyo révèle que, parmi quinze patients ne montrant plus aucune activité électroencéphalographique, dix décédèrent, cinq connurent une reprise de l'activité cérébrale et deux d'entre eux reprirent par la suite leurs activités professionnelles.

Même si la probabilité de survie n'est que de une sur cent, il n'est pas juste de décider que le cas du patient est désespéré. Il est clair que l'idée de la « mort cérébrale » se fonde sur une compréhension incomplète de la mort elle-même.

La « mort cérébrale » signifie la mort de cellules dans le cerveau. Or nous savons que les cellules de notre organisme meurent en permanence et sont remplacées par de nouvelles. Ainsi, les cellules cutanées sont renouvelées chaque jour, et celles des systèmes gastro-intestinaux et respiratoires subissent un métabolisme constant. Entre cinquante et soixante-dix milliards de cellules de notre organisme meurent chaque jour, et un nombre équivalent de cellules nouvelles naissent pour les remplacer. Ainsi que nous l'avons dit précédemment, le corps humain comprend quelque cent mille milliards de cellules, toutes engagées dans le cycle continu de naissances et de morts. Sans cette destruction et restauration constantes, la vie humaine ne peut être préservée. Nous pourrions dire, en conséquence, que la mort d'innombrables cellules est l'un des facteurs permettant la vie.

La vie et la mort d'un être humain sont des questions d'un ordre supérieur à celles relatives à la vie et à la mort des cellules. La vie est le processus consistant à harmoniser, à intégrer et à systématiser la vie et la mort de divers organes et cellules. C'est l'état dans lequel l'énergie vitale s'écoulant en abondance unifie toutes les fonctions intrinsèques du corps à chaque instant. Un organisme vivant, qui est une unité intégrée comprenant des phases physiques et spirituelles, est capable d'exercer une influence en dehors de lui.

La vie humaine s'exprime à travers tant le corps que l'esprit. Œuvrant en harmonie et en équilibre, nos éléments spirituels et physiques intègrent notre être tout en agissant sur notre environnement extérieur. Le bouddhisme considère que la vie est constituée de trois corps : le corps de manifestation (*ōjin*), le corps de rétribution (*hōshin*), et le corps de Loi (*hosshin*).

Les fonctions, qui harmonisent la création et la destruction des cellules et gouvernent le métabolisme, correspondent au corps de manifestation. Le corps de manifestation n'est toutefois pas limité au corps, c'est le mécanisme total formant et contrôlant l'aspect physique de la vie. Les cellules et les organes, quoique possédant un cycle de vie distinct, s'assemblent pour former le corps humain ; de même les diverses parties de notre vie physique s'intègrent pour constituer le corps de manifestation.

Le corps de rétribution n'est pas formé uniquement de la connaissance, de la philosophie et de la mémoire, mais de toutes les activités mentales qui contribuent à collecter le savoir, à le conserver et à contrôler les émotions et les impulsions.

Le corps de Loi est la force motivante essentielle de la vie, qui n'est perceptible que dans les activités du corps de manifestation et du corps de rétribution. Le corps de Loi est le cœur de la vie, ou le moi.

Tiantai dit dans *La grande concentration et pénétration* (*Maka Shikan*) : « La vie en tant que vérité est corps de Loi ; la vie en tant que sagesse est corps de rétribution et la vie en tant que fonctionnement est corps de manifestation. » Le corps de Loi est ce que nous verrions si nous étions à même d'appréhender la vie avec une objectivité complète et de comprendre sa nature fondamentale. C'est le noyau ou la force génératrice, qui permet le fonctionnement du corps et de l'esprit. Le corps de rétribution est la sagesse et d'autres éléments inhérents à l'esprit, tandis que le corps de manifestation est l'activité corporelle qui constitue l'aspect physique de la vie. Tous trois sont un et inséparables dans notre vie, chacun incluant nécessairement les deux autres.

Revenons-en au cas des personnes dont le cerveau devient inactif, mais dont les autres organes vitaux fonctionnent toujours. On a souvent tendance à qualifier ces individus de « végétaux ». Devons-nous considérer qu'ils sont vivants ou morts ?

Il est probable, dans de telles situations, que le cerveau soit mort, mais que le corps soit toujours vivant. On pourrait dire que la transition de la vie à la mort a été interrompue à mi-chemin. Sachez toutefois que, tant qu'elle n'est pas totale, il y a toujours vie. Il est important de se souvenir que la mort n'est pas instantanée. Elle paraît parfois très rapide, mais il y a toujours un changement graduel, un processus par lequel la force inhibitrice de la mort arrête les fonctions de la vie les unes après les autres. On rencontre d'innombrables analogies dans la nature.

Ainsi, une oasis dans le désert. Son eau est source de vie, celle-ci se traduit dans son voisinage sous la forme d'arbres verts, de végétaux florissants et de minuscules animaux. Mais que la source se tarisse et les plantes se dessèchent, les animaux meurent, et l'oasis elle-même retourne au désert. L'oasis est une forme de vie. Tant que l'eau émane de sa terre, les végétaux se modifient avec les saisons et les habitants y vivent génération après génération. Les végétaux, les animaux et les êtres humains individuels font tous partie de la vie totale de l'oasis. Ils correspondent aux cellules et aux organes du corps humain. La source est le cœur de la vie – le corps de Loi. L'eau est l'essence qui rend possibles les fonctions physiques et spirituelles. Que l'eau cesse de couler et l'oasis meurt.

Les « végétaux » humains ont un électroencéphalogramme plat, indiquant l'absence de vie dans le cerveau. Le cortex cérébral, le siège de la raison et de l'émotion, a cessé de fonctionner. Cela ne signifie pas cependant que toutes les cellules cérébrales sont mortes. Un nombre considérable d'entre elles peuvent être toujours vivantes, quoique l'énergie ou la capacité de coordonner leur fonctionnement fasse défaut. La force du corps de manifestation a disparu par rapport au cortex cérébral. La force intérieure du corps de manifestation imprègne, dans la vie normale, non seulement le lobe frontal, mais encore l'ensemble du cortex ; l'énergie du corps de manifestation est trop faible chez les « végétaux » humains pour affecter le cortex. La vie d'une personne dans cet état est semblable à une oasis se desséchant. Le flux de la source se réduisant, il atteint de moins en moins de lieux. La région s'assèche, en commençant par les limites extérieures.

Le moi toujours vivant s'efforce désespérément de maintenir assez d'énergie pour permettre aux éléments physiques et spirituels de survivre, mais sa force n'atteint que le bulbe rachidien, d'où il est à même de contrôler la respiration et la circulation sanguine, mais pas l'intégration de l'ensemble du système. Même dans cet état, il est quelque chose dans le corps humain qui fait l'impossible pour recouvrer son pouvoir vital. Je ne crois pas qu'il soit juste qu'un tiers mette un terme à cet effort. Ce « quelque chose » est, selon le point de vue bouddhique, la force combinée du corps de manifestation et du corps de rétribution, luttant pour chasser la mort.

Un être humain en état végétatif est incapable d'exprimer des émotions, mais le corps de rétribution est toujours présent. Les désirs, les impulsions, les sentiments, l'intelligence et d'autres facultés mentales se retirent de l'esprit conscient, mais subsistent dans l'esprit inconscient. Ils comptent au nombre d'un vaste ensemble de courants mentaux continuant à s'écouler dans les profondeurs de la vie. Aussi grave que soit l'état d'un patient, l'impulsion de survivre demeure. Cela vaut également après que toutes les activités du corps de rétribution se sont fondues dans la vie universelle. Le désir de continuer à vivre se manifeste comme l'énergie fondamentale qui est la vie même.

Certains individus éprouvent un désir plus fort de vivre qu'ils ne l'auraient jamais imaginé, tandis que d'autres connaissent le remords en approchant la mort et en se trouvant confrontés à la réalité de leur vie. Le moi vivant ressent parfois une faim intense de survivre et lutte pour s'accrocher, fût-ce à une existence amère et douloureuse, plutôt que de succomber à l'inconnu.

En revanche, certaines personnes connaissent un sentiment de tranquillité et d'épanouissement après que les ondes houleuses d'émotions et d'impulsions se sont épuisées, d'autres conservent une conviction qui vainc la peur de la mort. De telles sensations appartiennent à une dimension différente de celle de la douleur physique, de la détresse spirituelle ou des sentiments conscients de peine ou de haine. Elles se manifestent après la transition de toute activité consciente au domaine de l'inconscient. La vie se transformant en mort, le moi plus profond dans la vie régit les activités du corps de manifestation et du corps de rétribution, il a un sens de la vie qui n'est nullement affecté par des influences extérieures. Nous pourrions peut-être parler du sens de la vie du corps de Loi lui-même.

J'ai découvert avec beaucoup d'intérêt un texte de Masaru Kobayashi intitulé *Shi no gen-ei* (Le fantôme de la mort), paru dans un recueil d'essais consacrés à la mort et compilés par le docteur Michio Matsuda. Kobayashi étant un écrivain professionnel le récit de sa rencontre avec la mort est d'un réalisme et d'une précision exceptionnels. « Je reposais sur une table d'opération, rapporte-t-il. Dès que la douleur devint intolérable, je sentis que je me détachais de moi et que je m'éloignais. J'étais transporté à une vitesse prodigieuse à travers de vastes étendues d'espace[67]. » Il eut le sentiment de quitter la chaleur de la Terre et de pénétrer dans une atmosphère plus fraîche. L'espace l'entourant vira d'un bleu clair à un bleu foncé, puis à un noir de plus en plus impénétrable. Il perçut que la mort se trouvait à l'extrémité des ténèbres absolues.

L'expérience de Kobayashi fut peut-être influencée par sa connaissance de l'astronomie. Il est possible que l'expérience vécue à l'approche de la mort soit différente pour d'autres. Les âmes des morts devaient traverser, dans la tradition orientale antique, un fleuve mythique menant aux trois mondes du mal. Cette vision se fondait peut-être sur les sentiments éprouvés par les personnes qui paraissaient s'approcher de la mort. Le récit de Kobayashi étant celui d'un homme moderne me paraît plus

67. Masaru Kobayashi, *Shi no gen-ei*, in Michio Matsuda ed., *Watakushi no Anthology 7*, Chikuma Shobō, 1972, pp. 39-42.

acceptable que le folklore d'autrefois. Il présente bien des points communs avec la description que Lord Geddes donne de ses sentiments au moment où une crise de gastro-entérite faillit l'emporter. Nous avons vu que Geddes eut la sensation que la conscience attachée à son cerveau commençait à se détacher, et que la conscience reliée à son cœur, à ses reins et à ses autres organes s'était presque déjà désintégrée. En ce cas, le moi de la vie assistait à la perte de capacité à « incorporer » du corps de manifestation. On remarquera que Kobayashi rapporte qu'il sentit qu'il « se détachait ».

Les fonctions du corps de manifestation déclinant, la conscience qui accompagne les cellules et les organes se sépare progressivement de ces derniers et se fond dans le flux de la Terre et de l'Univers. La source de l'oasis a en quelque sorte perdu le contact avec l'extérieur et s'est retirée dans les courants souterrains du désert. Le corps de rétribution (*hōshin*) s'éteint comme le corps de manifestation (*ōjin*), et se fond avec le corps de Loi (*hosshin*) dans le grand flux de la vie cosmique.

La sensation de voler à travers l'espace que connut Kobayashi représentait peut-être le début de l'unification du moi individuel avec l'entité cosmique. La mort, en effet, n'est pas l'extinction de la vie, mais la fusion de la vie individuelle avec la vie permanente, plus grande de l'Univers.

Souvenons-nous de notre comparaison de la vie d'un être humain à un iceberg. La conscience et les activités physiques de l'être humain sont semblables à la partie visible de l'iceberg. Sous la surface s'étend le vaste inconscient. La mort est comparable à la fonte de l'iceberg dans la mer infinie. La mort venant, le sommet visible et la masse submergée de l'iceberg de la vie humaine se fondent dans la mer de la vie universelle. La vie humaine n'est pas pour autant détruite : de même que l'iceberg devient un élément potentiel intégral de l'océan, la vie humaine devient un élément potentiel intégral de la vie cosmique.

La sensation de froid éprouvée par Kobayashi correspond peut-être au passage du monde sensible au monde non sensible. Les êtres sensibles tels que nous les connaissons possèdent des émotions, des sentiments, des sensations et des pensées conscientes dont l'être humain est l'archétype. En revanche, les êtres non sensibles sont des entités de vie dans lesquelles les forces émotionnelles et conscientes sont inactives ou en sommeil. Les arbres, les roches, etc. en sont des exemples. Je suppose que la vie de Kobayashi oscillant entre le sensible et l'insensible, son moi plus profond perçut l'approche de ce dernier état comme une froideur croissante.

Lorsque notre vie subit la transition entre le manifeste et le latent – du sensible au non-sensible – ses aspects physique et mental s'unissent à l'Univers physique, qui est lui non sensible. Le froid de plus en plus intense éprouvé par Kobayashi doit donc représenter l'immensité de l'espace physique. Il est intéressant de noter que Kobayashi ne mentionne aucune émotion, ni solitude, ni douleur, ni tristesse. La seule sensation inextinguible semble être une contrariété indescriptible. Je l'interprète comme étant le sentiment vital du corps de Loi, qui devient plus net alors que tous les autres sentiments disparaissent. Kobayashi écrit que mourir avec cette impression de contrariété doit être ce qu'il y a de plus désespérant. Il faut peut-être voir dans le fait qu'il n'éprouvait ni tristesse ni douleur une indication du fait qu'il avait mené une vie épanouie et satisfaisante. Signalons que Kobayashi considérait auparavant la mort comme une destruction complète, le terme absolu de l'existence d'un être humain. Même une personne ayant mené une vie valable doit être saisie par un sentiment de contrariété ou de regret si elle s'imagine qu'elle va s'arrêter de manière définitive. Si Kobayashi avait cru en la vie éternelle, il n'est pas impossible qu'il eût ressenti de l'espoir plutôt que de l'ennui.

Si les êtres humains prenaient conscience du fait que la vie est une répétition perpétuelle de naissances et de morts – si cette conviction cessait de n'être qu'une philosophie pour devenir une partie intégrante de la vie –, ils acquerraient sans doute la force de surmonter la peur de la mort, ainsi que le sentiment de désespoir qui l'accompagne. Kobayashi reconnaît que, si la philosophie qu'il considérait comme son fondement spirituel n'était qu'une idée empruntée à autrui, elle ne l'aiderait nullement à affronter la réalité terrifiante de sa propre destruction physique. Cette idée doit être profondément ancrée dans l'être, faute de quoi elle se désintégrerait lors du passage du sensible au non-sensible.

Si nous parvenions à établir le concept de la vie éternelle comme un élément intégral de notre vie, et pas comme une simple idée intellectuelle, il deviendrait une arme puissante lorsque le moment d'affronter la mort serait venu. Mon espoir est que ce livre aidera mes lecteurs à se forger une attitude plus forte, plus positive à l'égard de l'éternité de la vie.

### *Le moi permanent*

Nichiren Daishonin écrit dans le *Sanze shobutsu sōkammon* (*La déclaration ultime des Bouddhas des trois phases de la vie*) : « L'Ainsi-Venu de l'illumination originelle doté des trois corps incarne dans sa chair le monde phénoménal des dix directions, [de sorte que] la nature de son esprit correspond au monde phénoménal des dix directions, et que son apparence physique et ses signes distinctifs positifs correspondent au monde phénoménal des dix directions[68]. » Il est clair d'après ces enseignements que l'« Ainsi-Venu de l'illumination originelle doté des trois corps » se réfère à nous-mêmes dans l'état d'éveil. Nichiren Daishonin ayant enseigné que la vie et la mort ne sont que deux aspects de la vie éternelle, il s'ensuit que les trois corps se rencontrent aussi bien dans la mort que dans la vie, car ils sont inhérents à la vie cosmique elle-même, que ce soit dans l'état sensible ou non sensible. Le corps de manifestation est uni à l'univers physique ; le corps de rétribution à l'univers spirituel et le corps de Loi, à la vie cosmique elle-même. Il ne faut pas oublier que, dans cette dernière, le spirituel et le physique ne font qu'un.

Au moment de la mort, les trois corps deviennent « un » avec le flux éternel de l'Univers. C'est pour cette raison qu'il est dit que la mort est inhérente à la vie. Il devient impossible, après la mort, de distinguer les activités du corps de manifestation et du corps de rétribution de l'ensemble, parce qu'elles sont dans l'état potentiel de latence (*kū*). Le corps de Loi, le moi, est également absorbé dans l'ensemble cosmique. Le bouddhisme de Nichiren ne prétend pas, à l'inverse d'autres religions, que le moi de l'individu accède au paradis ou erre d'un lieu à l'autre dans le monde invisible. La conviction bouddhique est qu'il est uni à la vie universelle.

L'historien Arnold Toynbee parle d'un « océan immortel », un emprunt à un poème de Wordsworth. « Nous pourrions envisager la personne humaine – qui est le seul type de personne que nous connaissions – comme étant une vague qui se dresse et retombe, ou une bulle qui gonfle puis éclate, à la surface d'un "océan immortel". Telle la vague ou la bulle, une personne humaine est éphémère en soi [...] La personne qui vit et meurt dans un organisme psychosomatique sur cette planète peut être une manifestation de la réalité spirituelle ultime[69]. »

Le professeur Toynbee dit encore : « Il semblerait s'ensuivre qu'à sa mort l'aspect d'un être humain que nous nommons son esprit ou son âme cesse d'être la personnalité séparée éphémère qu'il fut durant la vie de l'être humain désormais décédé, mais qu'il continue à exister en tant que réalité spirituelle ultime à laquelle, même durant son existence terrestre, il n'a jamais cessé d'être identique dans la vision spirituelle d'observateurs qui voient avec l'œil intérieur[70]. »

La « réalité spirituelle ultime » de Toynbee, qu'il décrit comme imprégnant l'Univers, est pour le moins semblable à la vie cosmique

68. *The Writings of Nichiren Daishonin*, volume 2, Soka Gakkai, 2006, p. 841.

69. *In* Rosalind Heywood, *Man's Concern with Death*, Hodder and Stoughton, 1968, p. 184

70. Arnold J. Toynbee, *Experiences*, Oxford University Press, 1969, p. 140.

bouddhique, et son analogie avec une vague se dressant et retombant à la « surface d'un "océan immortel" » est semblable à celle de l'iceberg que j'ai évoquée précédemment. Toynbee paraît cependant suggérer que la communion entre les vies individuelle et universelle se produisant lors du décès signifie l'extinction totale de l'individualité humaine, alors que nous croyons que l'individualité continue à exister dans un état latent. Si on nous demandait si une vie humaine est existante ou non existante dans l'état de mort, nous devrions répondre : « ni l'un ni l'autre », car elle est dans l'état latent de *kū*, qui transcende l'existence et la non-existence. La vie individuelle se transforme, au moment de la mort, d'existence perceptible en latence, mais, le *kū* lui-même ne pouvant être entièrement défini, nous ne sommes pas en mesure d'offrir une description complète de la manière dont le moi continue à exister dans cet état.

Nichiren Daishonin dit dans *Les enseignements oraux* : « *Kū* signifie le néant, mais pas le néant absolu. Ce néant transcende ce qui semble être l'existence. » Je considère que cela signifie que le *kū* est le vide potentiel combinant la perception ou vérité provisoire (*ketai*), la vérité de ce qui est latent (*kūtai*) et la vérité de la Voie du Milieu (*chūtai*). Notre corps de manifestation se fond, après la mort, avec la vérité provisoire ; notre corps de rétribution, avec la vérité de ce qui est latent, et notre corps de Loi, avec la vérité de la Voie du Milieu. Tous sont un, et tous sont identiques à la vie du Cosmos, mais la vie composée des trois corps possède toujours, même dans cet état, son individualité.

On est tenté de croire que si le moi conserve son individualité, il doit nécessairement occuper quelque espace défini, comme dans la vie normale. Il est toutefois impossible de considérer le *kū* comme étant limité à une dimension spatiale. La meilleure indication quant à la manière dont un individu existe après la mort est probablement la dernière sensation du corps de Loi qui émerge à l'approche de la mort. Cette sensation est, selon moi, gouvernée par l'état fondamental de la vie individuelle.

Nous revenons, en définitive, aux dix états d'existence discutés en détail dans la deuxième partie de cet ouvrage. Nous passons constamment d'un état à l'autre dans la vie, mais au fil des ans chacun a tendance à manifester une tendance essentielle vers un état particulier. À moins de connaître la révolution humaine qui fait de nous un bodhisattva ou un bouddha, nous retournons en permanence vers l'un des états d'existence inférieurs. Il y a ainsi des êtres humains dont la tendance essentielle les entraîne vers l'état d'enfer. Ils connaissent par moments d'autres états, mais reviennent en permanence à cette condition d'angoisse extrême. D'autres individus sont de même attirés par les états d'avidité ou d'animalité, ou de colère ou d'humanité, ou encore de bonheur temporaire.

Il est possible, tant qu'on est un être sensible, de modifier cette tendance. La voie est ouverte à la transformation de soi et à la création d'une nouvelle tendance vitale. Mais, avec la transition de l'être sensible à l'être non sensible, l'individu perd sa capacité à pénétrer tout autre domaine que celui qui est devenu fondamental pour lui. En devenant non sensible, il perd le pouvoir de répondre à des stimuli externes.

Les désirs et les émotions sont, en règle générale, conditionnés, durant la vie, par des facteurs extérieurs. Une personne souffrant d'une maladie connaîtra un soulagement en prenant le médicament adéquat – elle sera donc en mesure de quitter l'état d'enfer et de pénétrer dans celui d'humanité grâce à l'influence d'un facteur externe. Une personne assoiffée d'amour peut connaître la satisfaction de son désir, une autre aspirant à la connaissance peut trouver l'information qui la fera passer dans l'état d'étude.

La mort approchant, les moyens externes de modifier l'état d'existence se réduisent progressivement. Ni l'argent, ni le pouvoir, ni le statut social, ni l'amour ne réussissent à provoquer une modification fondamentale. Les trois phases de la vie subissant le passage du sensible au non-sensible, le pouvoir d'influencer l'environnement ou d'être influencé par celui-ci est perdu. La condition fondamentale connue dans la vie devient ainsi fixe. Un individu dont la vie est dirigée vers l'enfer s'enfonce encore plus avant dans l'abîme de l'angoisse après sa mort. Celui qui succombait en permanence au désir est encore plus torturé par un sentiment de frustration. Celui enclin fondamentalement à l'animalité connaît un état constant de terreur sombre.

En revanche, une personne dont la tendance fondamentale est l'humanité ou le bonheur temporaire surmonte la douleur physique de la mort et connaît un sentiment de satisfaction ou d'exaltation. Celle qui vit dans l'état d'éveil pour soi éprouve une satisfaction spirituelle même après la mort. Plus important : une vie se fondant sur la compassion et l'altruisme du bodhisattva conservera ces sentiments à travers l'expérience de la mort et de ses conséquences. Un tel individu sur le point de décéder pourrait offrir littéralement sa vie pour guider les vivants. Le moi consumé par la compassion considère que la mort est une sorte de défi du même ordre que la vie. Il s'agit, pour lui, d'une occasion rare de réaliser une bonne action pour l'humanité. La compréhension supérieure qu'il a atteinte peut l'inciter à considérer sa propre mort comme une expression de la compassion de la vie cosmique.

La bouddhéité est la source de la compassion, du courage et de la sagesse. Seuls ceux qui réussissent à établir l'état suprême de bouddhéité comme tendance centrale de leur vie sont à même de surmonter la peur de la mort au point d'utiliser cette dernière pour le salut d'autrui. Il est, précisons-le, impossible de feindre l'état de bodhisattva ou de bouddha. Si la compassion apparente d'une personne dans cette vie n'est qu'un leurre, la mort le révélera.

La mort fait tomber les masques. La souffrance et la douleur qui l'accompagnent mettent un terme à toutes philosophie et religion fausses. Les fausses émotions sont dévoilées et les désirs fondamentaux découverts. La mort révèle impitoyablement une nature mauvaise, même si l'individu avait réussi à la dissimuler durant toute sa vie. Mener une vie véritablement bonne est le seul moyen d'être assuré que son décès sera source de force et de vérité pour ceux qui survivent.

Nous perdons, après la mort, tout pouvoir de nous modifier. Une transformation volontaire est désormais impossible, les forces animant les trois corps sommeillent. Il va de soi qu'un individu se trouvant dans l'état de bodhisattva ou de bouddha n'a nul besoin de se modifier. En revanche, s'il est dans l'un des états mauvais, sa souffrance deviendra plus intense que durant la vie. Il ne passe plus d'un état à l'autre, il demeure dans celui vers lequel sa vie inclinait. S'il s'agissait de l'enfer, il connaîtra un enfer non pas personnel mais universel ; s'il s'agissait de l'avidité, il connaîtra une faim non pas occasionnelle mais permanente. Dans le Cosmos, comme dans nos vies individuelles, les dix mondes existent l'un dans l'autre, mais le défunt, qui est non sensible, ne connaît que celui vers lequel l'a conduit sa vie.

Nichiren Daishonin écrit dans *Réponse au moine séculier Soya* : « Les esprits affamés [état d'avidité] perçoivent le Gange comme du feu, les êtres humains [état d'humanité] le perçoivent comme de l'eau, et les êtres célestes [état de bonheur temporaire] comme de l'*amrita* [nectar][71]. » Le moi décédé découvre ce à quoi sa vie l'a préparé.

Les gens dans les six domaines d'existence inférieurs sont plus manipulés que manipulateurs. Il s'ensuit que la mort les privant de tout moyen d'action positive, ils sont entièrement soumis à la condition du domaine que leur moi habite. La situation est différente pour ceux qui évoluent dans les quatre états supérieurs, car ils ont acquis cette position non en étant soumis aux influences extérieures mais par leurs propres efforts. Eux aussi deviennent non sensibles à la mort, mais les mondes qu'ils habitent sont par nature dotés de la force vitale cosmique.

71. Écrits, 488.

Le moi dans l'état d'étude ou d'éveil pour soi ne détient plus comme avant son décès le pouvoir de rechercher et de pratiquer la Loi, mais il est toujours à même d'éprouver de la joie en raison des actes qu'il posa durant sa vie. Quel que soit le domaine qu'occupe le bodhisattva, il devient un lieu adapté à l'exercice de la compassion. La vie du bodhisattva se fond avec son monde cosmique – elle devient une partie intégrante de la compassion infinie qui œuvre pour soulager les êtres de la souffrance et pour leur apporter la paix. De la même manière, le moi dans l'état de bouddha devient un avec la source même de la vie cosmique, se fondant à la réalité ultime de l'Univers, considérant tous les phénomènes comme étant des actions du Bouddha, devenant identique au pays éternel de l'éveil.

La vie dans l'état de bouddha possède, même dans la mort, la sagesse infinie de la vie cosmique et le pouvoir d'exercer une compassion infinie, soit dans les profondeurs torrides de la Terre ou dans les icebergs les plus froids, ou au milieu d'océans démontés ou dans le changement continu des saisons, ou encore dans l'interaction complexe des ego et des désirs que nous nommons la société humaine. La bouddhéité est infinie et éternelle, dans la vie comme dans la mort.

### *Les conditions de la renaissance*

Sophocle écrivit : « L'idéal serait de n'avoir pas à naître, et, si on est contraint de venir en ce monde, de pouvoir le quitter aussi tôt que possible, c'est-à-dire de mourir jeune. » Voilà une vision qui séduirait maints pessimistes ; elle n'est en outre guère éloignée de la conviction du bouddhisme Hinayana, selon laquelle on n'accède au nirvana qu'en échappant au cycle de transmigration.

Le Sûtra du Lotus, qui est l'essence de la vérité, nous dit toutefois que la répétition perpétuelle de la naissance et de la mort est un principe essentiel de la vie. L'accession à la paix parfaite ne réside pas dans le fait de mourir, mais dans celui d'atteindre la bouddhéité de son vivant. Par ailleurs, la mort n'offre pas un soulagement des souffrances, car celui qui n'est pas arrivé au stade d'existence supérieur risque d'être destiné à connaître une angoisse encore plus grande durant la mort que durant la vie. Si Sophocle avait été un adepte du bouddhisme Mahayana, son désir aurait été tout différent : il aurait souhaité ne pas mourir, ou, à défaut, rester le moins longtemps possible dans l'état de mort.

Nichiren Daishonin écrit qu'un individu décédant dans un état d'angoisse extrême est condamné à souffrir les flammes de l'enfer le plus bas durant un millier de *kalpa*, voire plus. On considère en général qu'un *kalpa* est équivalent à huit ou seize millions d'années ; voilà une bien longue période, bien qu'ainsi que je l'ai précisé auparavant il s'agisse d'un temps subjectif et non conventionnel. Si la mort confine le moi à l'un des états du mal, l'angoisse est d'autant plus forte que la situation est sans issue. Même si le temps qu'on est amené à y passer est court dans l'absolu, le moi a le sentiment subjectif qu'il est interminable.

La mort étant un état heureux pour ceux qui se situent dans les domaines supérieurs de l'existence, on serait tenté de supposer que le moi dans l'état de bodhisattva ou de bouddha se plairait à y demeurer pendant une période indéfinie. Il en va en fait tout autrement : le sens des responsabilités à l'égard des autres – le sentiment de compassion infini pour autrui – incite le bodhisattva ou le bouddha à revenir sans tarder dans le monde des vivants. Une vie dont la tendance principale est la bouddhéité ne cesse jamais d'évoluer entre la vie et la mort.

Nichiren Daishonin écrit dans le *Sanze shobutsu sōkammon* (*La déclaration ultime des Bouddhas des trois phases de la vie*) : « Sans la moindre entrave, nous parviendrons au plus haut niveau de renaissance, la renaissance dans la Terre de la lumière paisible. Puis, sans délai, nous reviendrons dans le monde illusoire des neuf états, le monde des naissances et des morts, amenant ainsi notre corps à se répandre parmi les terres de l'ensemble du monde phénoménal des dix directions, et amenant ainsi notre esprit à entrer dans les corps de tous les êtres sensibles pour les encourager de l'intérieur et les diriger et les guider de l'extérieur. Par des compliments mutuels, venant de l'intérieur et de l'extérieur de nous-même, tandis que les causes et conditions fonctionneront en harmonie, nous utiliserons ainsi la compassion et la bienveillance de nos pouvoirs transcendantaux librement exercés pour octroyer largement aux êtres vivants des bienfaits sans limite[72]. »

Nous pouvons considérer que renaître « dans la Terre de la lumière paisible » se réfère à la mort de la personne qui fonde sa vie sur la bouddhéité. Nichiren Daishonin nous apprend que dès son décès cette personne revient dans le monde phénoménal avec ses cycles de vies et de morts. Elle éprouve vraisemblablement le sentiment de réintégrer le monde à peine est-elle morte. L'intervalle de temps subjectif doit être proche de zéro, or même durant cette transition éphémère elle vit une multitude de *kalpa* de béatitude parfaite.

On m'a demandé pourquoi il y avait une telle différence entre le temps passé dans la mort par le moi en enfer et le moi dans la bouddhéité. Nous

---

72. *The Writings of Nichiren Daishonin*, volume 2, Soka Gakkai, 2006, p. 860.

devons, pour répondre à cette question, envisager la relation entre la vie et la mort et la transition que nous nommons renaissance. Comment et pourquoi cette dernière se produit-elle ?

Nichiren Daishonin nous fournit une indication valable dans un extrait des *Enseignements oraux*, son commentaire du Sûtra du Lotus : « Le mot “ainsi” (*nyo*) et le mot “partirent” (*kō*)[73] correspondent aux deux phénomènes de la naissance et de la mort [...]. Le mot “ainsi” représente le principe selon lequel “tous les phénomènes sont inclus dans le cœur”, tandis que le mot “partirent” représente le principe selon lequel “le cœur est inclus dans tous les phénomènes” [74]. » En d'autres termes, la naissance signifie le rassemblement de l'ensemble des phénomènes de la vie universelle dans un esprit ou un moi, et la mort la dispersion ou la redispersion de ce moi dans le continuum universel.

J'ai recouru, dans ma description du *kū*, à l'analogie des ondes radio dans l'espace environnant, qui renferme des images, des sons et des données potentielles susceptibles d'être traduits en réalité uniquement à l'aide d'un récepteur adéquat. Le moi pénètre dans l'état de *kū*, au moment de la mort, dans lequel il se fond avec toutes sortes de forces potentielles, de même que les ondes radio se mélangent dans l'espace. Lorsque l'« appareil de réception » approprié est disponible, le moi peut réapparaître en tant qu'entité perceptible dans le monde ordinaire.

Josei Toda, le deuxième président de la Soka Gakkai, compara la relation entre la vie et la mort à une partie de go opposant deux experts. Il est souvent nécessaire que les joueurs s'interrompent pour la nuit et recommencent la partie le lendemain matin. Ils retirent alors les pierres noires et blanches du damier et les rangent dans leur boîte respective. Ils les replaceront au moment de reprendre la partie dans les positions qu'elles occupaient au moment de l'interruption. Les experts possèdent une image tellement précise du jeu qu'ils ne courent pas le moindre risque de commettre une erreur en replaçant les pierres sur le damier.

Toda dit que la mort est comparable à l'éclatement de la formation sur le damier au moment de se coucher, alors que la vie est l'ensemble de la partie. Les pierres quittent la scène de l'action durant la nuit, mais le jeu en soi demeure vivant dans l'esprit des joueurs. C'est une autre manière de formuler le commentaire de Nichiren Daishonin relatif à

---

73. « Ainsi » est le premier mot du Sûtra du Lotus (« Ainsi ai-je entendu ») ; « partirent », le dernier (« Tous les participants de la grande assemblée [...] s'inclinèrent en signe de respect et partirent »).

74. *Orally Transmitted Teachings*, Soka Gakkai, 2004, pp. 195-196.

la naissance et à la mort. De même que les pierres du go se retirent la nuit et reviennent au matin, le moi mourant se disperse dans l'Univers, pour y revenir dans un schéma en accord avec la tendance de sa vie antérieure. La substance de la vie est donc contenue dans les phases de dispersion et de condensation.

Lorsqu'une vie dans l'état d'enfer réapparaît dans le monde, ses activités conservent la même tendance. Il en va de même des vies dans l'état d'avidité et d'animalité, ou dans tout autre état d'existence. Il n'existe bien entendu aucune garantie du fait qu'une personne se situant dans l'un des états inférieurs ne renaîtra pas en tant qu'animal ou qu'amibe ou qu'un être curieux d'une autre planète.

En supposant que le moi renaisse sous la forme d'un être humain, demandons-nous comment cela se produit, car le phénomène de naissance illustre en un sens le principe exposé par Nichiren Daishonin.

Une vie humaine est conçue lorsqu'un spermatozoïde s'unit à un ovule. Le spermatozoïde ressemble à un têtard ; il a une tête et une longue queue qui lui permet de nager. Le flagelle se détache lorsqu'il entre en contact avec un ovule et seule la tête poursuit son chemin vers le noyau de l'ovule. Les deux éléments s'unissant, au cours du processus de fertilisation, ils produisent un zygote, qui est la plus petite forme de vie humaine. Le zygote amorce alors le processus de division qui lui permettra de devenir un embryon.

Les deux principes, spermatozoïde et ovule, sont deux cellules vivantes indépendantes et hautement spécialisées. Le zygote lui aussi est une cellule unique ; en apparence, il n'est pas différent sur le plan matériel d'un ovule non fertilisé, qui est beaucoup plus grand que le spermatozoïde. Pourtant, le zygote résultant de leur combinaison fonctionne de manière très différente de chacun de ses composants, car il est, lui, une vie humaine, contenant toute l'information fondamentale nécessaire pour déterminer le caractère de l'être humain qu'il va devenir. Ayant incorporé les éléments potentiels présents dans le spermatozoïde et dans l'ovule, il commence une activité nouvelle en tant qu'être sensible distinct.

Avant que l'ovule et le spermatozoïde ne s'unissent, la substance de la vie humaine demeure dans un état potentiel ou « mort », attendant l'occasion de se manifester. La fertilisation est le processus par lequel l'entité vivante individuelle est transformée de l'état latent *kū* en un organisme vivant. Le zygote est doté des trois corps, *ôjin*, *hôshin* et *hosshin*. Le zygote est « devenu », au sens où Nichiren Daishonin emploie ce terme : il peut être considéré comme étant la condensation de tous les phénomènes dans un cœur ou un esprit.

Le zygote est composé comme toutes les entités vivantes de matière universelle et il est indissociable de son environnement. Ses atomes et ses molécules proviennent de l'ovule et du spermatozoïde, qui sont des éléments physiques de ses parents. La conception se déroule dans le ventre maternel. La mère elle-même est reliée par une infinité de liens à son environnement. Ainsi, le zygote est-il relié depuis le début à l'environnement naturel et social dans lequel vit sa mère.

La fertilisation est en quelque sorte la cause externe de la renaissance. La cause interne est le potentiel inhérent au moi qui était dans l'état de *kū*. La force de cette cause interne – c'est-à-dire la force de son potentiel de renaissance – dépend de l'état d'existence dans lequel résidait le moi. Son énergie est relativement faible s'il était dans l'un des six états inférieurs ; mais elle est égale à celle de l'Univers s'il était dans l'état de bouddhéité. Cela explique l'énorme différence entre le temps qu'une personne en enfer passe dans la mort et l'intervalle quasiment inexistant qu'y séjourne un individu dans l'état de bodhisattva ou de bouddha. Le moi en enfer est presque trop faible pour réapparaître, mais dans le cas de la bouddhéité « la force mystique toute puissante de la compassion » entre en jeu.

Josei Toda dit dans un ouvrage intitulé *Jihi-ron* (Sur la compassion) : « L'ensemble de l'Univers est le corps véritable du Bouddha, et les phénomènes advenant dans l'Univers sont tous l'œuvre de la compassion. L'Univers lui-même étant compassion, nos actions quotidiennes sont l'œuvre de la compassion. Nous ne devons toutefois pas nous contenter en tant qu'êtres humains de nous comporter comme des animaux ordinaires ou comme des végétaux. Nous devons en revanche nous efforcer d'accomplir des actes d'un ordre supérieur de manière à mieux servir le Bouddha[75]. » La compassion est essentielle à la foi ; c'est également la source fondamentale d'énergie. Elle nous met en accord avec le Cosmos et guide nos actions, tant que nous sommes vivants. Elle devient l'énergie qui favorisera en définitive notre renaissance lorsque nous serons morts. L'énergie de la compassion au sein d'un moi sommeillant l'incite à acquérir la forme de vie lui permettant d'exprimer au mieux la compassion. Ainsi que le sous-entend Josei Toda, l'être humain est un instrument de compassion beaucoup mieux approprié que les végétaux ou les animaux.

Maintes personnes me demandent s'il n'est rien qu'un être décédé puisse faire pour influencer sa vie suivante. La réponse est, je le crains, négative. Le moi dans l'état de mort (de *kū*) est totalement incapable

---

75. Josei Toda, *Jihi-ron,* in *Toda Josei Shidō Shū*, Seikyo Press, 1976, pp. 181-182.

de motivations personnelles. La personne décédée doit attendre d'avoir en elle le pouvoir d'une telle compassion.

Le bouddhisme reconnaît toutefois un, et un seul moyen d'améliorer la condition d'une personne dans l'état de mort. C'est par les actions des vivants. Nous ne sommes pas en mesure de communiquer avec les morts ni de les rappeler à la vie par la magie, notre pratique du bouddhisme nous permet toutefois de puiser de la force vitale cosmique et de transférer cette énergie à des défunts aimés. Nous avons évoqué cette possibilité dans le cadre de notre discussion sur les dix états d'existence.

Un texte intitulé le *Sûtra Ubasokukai* dit : « Qu'un père décède et descende dans le monde de l'avidité, si son enfant lui adresse de la bonne fortune, il la recevra. » Cela signifie que le don d'énergie du fils, puisée dans la compassion cosmique ultime, sera alloué au père défunt, améliorant ainsi le sort de ce moi sommeillant. Plus une vie en sommeil reçoit ainsi de l'énergie, plus grand sera son potentiel de se remanifester en tant qu'être vivant, peut-être même dans un état d'existence supérieur. Nous pouvons dire que le cérémonie bouddhique pratiquée pour les défunts offre un moyen de salut que le Bouddha a accordé même à ceux qui étaient assez malheureux pour pénétrer la mort dans l'un des états d'existence inférieurs. L'énergie en question ne peut toutefois être invoquée que par le vivant.

## *Les implications pour notre vie actuelle*

J'ai consacré un assez long développement à la vision bouddhique de la vie éternelle, comparée avec l'idée selon laquelle la mort serait un terme et avec d'autres théories relatives à l'immortalité. Il me reste à exposer l'importance de ces théories pour les vivants. Si nos conceptions de la mort n'ont aucune importance sur la manière dont nous conduisons notre vie, ce ne sont que des spéculations oiseuses sur un sujet que nous ne pouvons connaître pleinement, par la force des choses.

Nous rencontrons des hédonistes et des pessimistes parmi les partisans de la théorie de l'unicité de la vie. L'hédoniste considère, en général, que la mort étant un terme nous devons nous employer à retirer un maximum de plaisir de la vie. Le pessimiste affirme souvent que même les plaisirs de la vie sont trop éphémères pour être satisfaisants, la mort est en conséquence préférable à la vie. Ces deux courants de pensée me paraissent assez courants dans le monde moderne. Une forme particulière de pessimisme rencontré de nos jours consiste à s'opposer au système ou à l'ordre établi, auxquels sont attribuées toutes les misères de la vie. Cette attitude résulte le plus souvent d'un sentiment de vide, qui s'empare alors d'une faille dans le système pour en faire la cause ou le symbole de l'insignifiance de la vie. Cela traduit plus un manque de racines spirituelles qu'un esprit rebelle.

Il y a bien entendu ceux qui, bien que rejetant l'idée d'une vie après la mort, s'efforcent de rendre leur vie actuelle aussi positive et noble que possible. Ces individus se consacrent à des œuvres qui contribueront, selon eux, au bénéfice de l'humanité. D'autres surmontent consciemment la peur normale de la mort en créant des œuvres qui survivront à leur passage sur Terre. Nous retrouverons ce type d'attitude chez un certain nombre de philosophes qui consacrent leur vie à rechercher la vérité et de médecins qui se dévouent pour soulager les souffrances du monde. Je me souviens à cet égard d'une déclaration du docteur Hideo Kishimoto, un historien des religions, qui décrivit sa propre confrontation à un cancer en phase terminale : « Lorsque, dans cet état, on oublie totalement le monde, les êtres humains et le temps, on se sent riche et des expériences spécifiques s'ouvrent dans les profondeurs de l'esprit. Ce doit être la sensation d'éternité, de transcendance et d'absolu. Lorsque cette expérience brillante imprègne l'âme dans son ensemble, on ressent l'éternité dans chaque instant. La réalité de l'éternité est maintenant, dans le moment présent[76]. »

Je pense, dans un contexte quelque peu différent, à l'auteur de la période Meiji (1868-1912), Chogyū Takayama, qui, étant convaincu qu'il continuerait à vivre dans son œuvre littéraire, consacra sa vie à la parfaire. On ne peut s'empêcher d'admirer des individus qui, quoique ne croyant pas à la vie en l'au-delà, mènent néanmoins des existences dignes et braves. Il est toutefois difficile pour la majorité des gens de se comporter de la sorte, ainsi que le fit remarquer Josei Toda. Il est possible que quelques individus atteignent des objectifs spirituels spécifiques sans avoir foi en l'éternité, mais c'est trop espérer de la part de simples mortels, qui sont enclins à chasser la peur de la mort de leur esprit où à adopter n'importe quel moyen de l'anticiper. En ce sens, ces rares individus sont dans un état d'étude ou d'éveil pour soi, incapables d'offrir aide à autrui. Toute philosophie promettant une vie épanouie et significative dans le présent à un individu, même s'il ne croit pas en la possibilité d'une vie après la mort, est appréciable, mais ne l'aide pas en général à surmonter sa peur de la mort.

D'aucuns, croyant en la finalité de la mort, éprouvent une étrange attraction à son égard. La tendance au suicide est, semble-t-il, forte

76. Hideo Kishimoto, *Shi o Mitsumeru Kokoro*, Kodansha, 1973, p. 113.

chez les auteurs. Nombreux sont ceux qui redoutent la perspective de devenir vieux et laids au point qu'ils mettent un terme à leur vie avant d'atteindre ce stade. En fait, l'« égoïsme » du suicide nuit plus à la valeur de leur existence que n'auraient pu le faire les ravages de l'âge.

Envisageons la croyance relativement courante dans le fait que l'immortalité signifie en fait accéder à un domaine paradisiaque. Il me paraît douteux qu'une telle conviction soit à même d'enrichir la vie d'un individu sur Terre. Je soupçonne en fait que l'inverse soit vrai le plus souvent, l'espoir d'un paradis futur paraissant encourager un sentiment de résignation face aux difficultés de la vie.

Un bon exemple est la doctrine de la foi dans la Terre pure, selon laquelle les croyants renaissent dans un paradis situé à l'ouest après leur mort. Au Japon, cette croyance n'a pas engendré l'espoir, mais un renoncement aux espérances de bonheur dans un monde perturbé, « impur ». Les croyants devinrent en quelque sorte des fuyards, recherchant l'utopie dans une vie future. Il me paraît significatif de noter que le taux de suicides fut particulièrement élevé au Japon au cours des périodes florissantes de cette foi.

Une vision de la vie, qui est en désaccord avec le bouddhisme, est l'idée selon laquelle tout être vivant subit un cycle de transmigration fixe et éternel. En d'autres termes, un être humain renaît toujours sous la forme d'un être humain, un chien sous la forme d'un chien, un épi de blé sous la forme d'un épi de blé. Quoi que fasse une personne, il lui est impossible de modifier sa destinée fondamentale. La théorie bouddhique de la cause et de l'effet, qui est essentielle à la foi, est en désaccord profond avec ce type de croyance.

Notons que l'éternité était, en un sens, circulaire pour Nietzsche ; il utilisait le terme *ewige wiederkunft* pour qualifier la récurrence éternelle des mêmes événements à d'énormes intervalles, tout en prétendant que l'être humain était capable de s'améliorer dans cette vie.

Il est abusif de décrire la transmigration comme étant un circuit fermé sur un plan unique. Nous devons l'envisager comme un cycle tridimensionnel ouvert : une spirale qui peut évoluer vers le haut ou vers le bas. La vie poursuivant son cycle de répétition éternelle de naissances et de morts, elle s'étend d'une manière libre et dynamique, toujours chargée du potentiel illimité d'amélioration de soi. Cette vision de la vie éternelle est en accord avec la philosophie de causalité du bouddhisme.

Les organismes vivants évoluent éternellement entre la vie et la mort, qui sont deux phases d'existence. Les causes formées par une personne deviennent manifestes en tant qu'effets à l'avenir. Si les individus appliquent cette loi simple à leur vie, il leur est possible de développer une attitude constructive, confiante à l'égard de leurs activités quotidiennes et de reconnaître la véritable valeur de la vie dans ce monde. Le futur n'existe pas en dehors du présent, et ne demeurera pas confiné à un plan unique fixe. Ce que nous serons et comment nous réagirons dans les vies futures dépendent de ce que nous faisons maintenant. Chaque action, chaque pensée jouent un rôle dans la construction de notre existence future, tant durant la mort que durant la vie. La loi de la causalité est valable pour chaque vie, parce qu'elle imprègne et façonne le grand flux éternel de la vie cosmique.

Quelles sont donc les implications pratiques de cette philosophie ? En quoi devrait-elle affecter notre conduite et nos attitudes ?

Elle nous fournit tout d'abord le courage d'affronter la vie et la mort. Elle nous permet d'envisager la mort non comme quelque inconnu terrifiant, mais comme une phase d'existence normale qui alterne avec la vie en un cycle éternel.

Elle nous enseigne ensuite à apprécier la vie que nous menons en ce moment et à essayer de la rendre aussi positive que possible. Si nous croyons au fond de notre être que notre comportement actuel crée et détermine nos existences futures, nous nous emploierons à nous épanouir et à tirer le maximum de chaque jour de notre vie.

Elle nous enseigne également que le seul moyen de réaliser le potentiel de l'espèce humaine consiste à mener une vie juste, bonne, bienveillante et compatissante. Le fait de savoir que chacune de nos activités peut être la source de notre développement et de notre transformation de soi nous aide considérablement. Il est réconfortant de savoir que la bonne fortune que nous amassons par notre comportement n'est nullement réduite par la mort, qu'elle est partie intégrante de la vie même et qu'elle enrichit notre moi éternel.

Enfin, ce mode de pensée nous permet de contrôler et de dominer nos désirs instinctifs et de les rediriger de manière à élever notre état d'existence. Nous apprenons à éviter les dangers de l'hédonisme et du pessimisme, et à trouver la joie et la vérité dans la compassion plutôt que dans un espoir éphémère de renaissance dans un paradis.

Certaines personnes ne connaissant que les doctrines du Hinayana ou de la Terre pure considèrent le bouddhisme comme une philosophie pessimiste ou nihiliste – une philosophie n'ayant d'autre dessein que de préparer les êtres humains à la mort. En fait, le bouddhisme Mahayana a pour ambition d'enseigner à tous les êtres humains à profiter de leur vie au sens le plus vrai du terme. Une phrase du Sûtra du Lotus exprime cela de manière très claire : c'est dans ce monde que les êtres humains peuvent vivre dans le bonheur et dans la paix. Loin d'être négatif, le bouddhisme de Nichiren affirme et célèbre la vie. L'enseignement bouddhique selon lequel la vie est éternelle n'est pas un expédient conçu pour persuader les gens d'accepter leur mortalité ; c'est une vision réaliste et infaillible de la vie établie à travers des myriades de luttes contre les souffrances de la naissance, de la vieillesse, de la maladie et de la mort. Il nous enseigne à affronter les dures réalités de la vie avec conviction et espoir ; à prendre plaisir à consacrer toutes nos actions et nos pensées au bien-être d'autrui parce que la compassion est la source ultime de la vie cosmique.

Chérir cet enseignement nous permet de transformer chaque difficulté en une source de pouvoir distillant la joie dans notre vie. Les épreuves auxquelles nous sommes confrontés deviennent des ingrédients pour le perfectionnement de notre caractère. Les contrariétés deviennent la terre fertile dans laquelle de minuscules nouvelles pousses naissent et fleurissent. Chaque perle de sueur répandue dans la lutte pour la protection de soi et l'amélioration de notre société devient la graine d'une énergie plus grande.

Le seul remède sûr pour les maladies assaillant la civilisation moderne consiste à établir les enseignements bouddhiques dans le cœur de chaque individu. Là réside la clé du XXI$^{e}$ siècle – le moyen qui nous permettra de concrétiser la victoire ultime de l'humanité.

# Glossaire

**Animalité** (jap. *chikushō*) : troisième des dix états d'existence. Le sujet est soumis à l'instinct, au désir et ne songe qu'à sa sauvegarde et à son profit immédiat. La sagesse du contrôle de soi lui fait défaut.

**Anryūgyō** (sanscrit : Supratisthitacāritra) : cf. bodhisattvas sortis de la terre.

**Asura** (jap. *shura*) : représente l'état de colère. Ce sont, dans la mythologie indienne, les démons qui luttent en permanence contre le dieu Taishaku.

**Avidité** (jap. *gaki*) : deuxième des dix états d'existence. Un état d'insatiabilité dans lequel le sujet est dominé par des désirs égoïstes de richesse, de gloire ou de plaisir.

**Bodhisattva** (jap. *bosatsu*) : un individu se trouvant dans le neuvième des dix états d'existence. La compassion (*jihi*) caractérise cet état. Les bodhisattvas recherchent l'éveil pour eux-mêmes et pour les autres.

**Bodhisattvas sortis de la terre** (jap. *jiyu no bosatsu*) : ces bodhisattvas apparaissent dans le XV^e chapitre du Sûtra du Lotus. Eux seuls ont pour mission de transmettre la Loi merveilleuse à l'époque de la Fin de la Loi. Les quatre principaux sont Pratiques-Supérieures (Jōgyō), Pratiques-sans-Limite (Muhengyō), Pratiques-Pures (Jōgyō) et Pratiques-Paisibles (Anryūgyō).

**Bonheur temporaire** (jap. *ten*) : sixième des dix états d'existence. Le sujet éprouve satisfaction et joie, comme lorsque la cause d'une souffrance disparaît, qu'un désir est satisfait ou qu'un objectif est atteint.

**Bouddha** : un individu éveillé.

**Bouddhisme** : les enseignements de Shakyamuni transmis par ses disciples.

**Cinq agrégats** (jap. *go-on*) : une analyse de la manière dont fonctionne la vie pour influencer et assimiler son environnement. Les cinq agrégats sont : la forme (*shiki*), la perception (*ju*), la conception (*so*), la volonté (*gyō*) et la conscience (*shiki*).

**Cinquante-deux phases de la pratique du bodhisattva :** ce sont les dix phases de la foi, les dix phases de sécurité, les dix phases de pratique, les dix phases de dévotion, les dix phases de développement, togaku (une phase presque égale à l'éveil) et l'éveil. Les bodhisattvas progressent au fil de ces phases jusqu'à atteindre la bouddhéité.

**Colère** (jap. *shura*) **:** le quatrième des dix états d'existence. Le sujet possède une conscience de soi et est mû par le désir de dominer les autres.

***Daichido-ron*** **:** un commentaire en cent volumes du *Maha-prajna-paramita Sûtra*, attribué à Nagarjuna et traduit en chinois par Kumarajiva (344-413).

**Daishonin :** titre donné au bouddha de l'époque de la Fin de la Loi.

**Deux véhicules** (jap. *nijō*) **:** deux types d'enseignements à l'intention des êtres dans les états d'étude et d'éveil pour soi.

**Dix états d'existence ou de vie :** (jap. *jikkai*) les états inhérents à la vie et manifestes dans les aspects physique et spirituel de toutes les activités : enfer, avidité, animalité, colère, humanité, bonheur temporaire, étude, éveil pour soi, nature du bodhisattva et bouddhéité. On parle également des dix mondes. Cf. les entrées individuelles pour chaque état.

**Dix facteurs de la vie** (jap. *ju-nyoze*) **:** les dix facteurs communs à toute vie dans chacun des dix mondes : apparence (*nyoze-so*), nature (*nyoze-sho*), substance (*nyoze-tai*), cause inhérente (*nyoze-in*), cause externe (*nyoze-en*), effet latent (*nyoze-ka*), effet manifeste (*nyoze-hō*) et cohérence du début à la fin (*nyoze-hommatsu-kukyōtō*). Ils précisent la substance et le fonctionnement de la vie.

**Dix mondes** : cf. dix états d'existence.

**Enfer** (jap. *jigoku*) **:** premier des dix états d'existence. Il se caractérise par la souffrance, le désespoir et une impulsion à se détruire ainsi que les autres.

**Époque de la Fin de la Loi** (jap., *mappō*) **:** la dernière des trois périodes définies par Shakyamuni pour la propagation de la Loi bouddhique après sa mort. Cette époque voit son enseignement décliner et sombrer dans la confusion et les disputes ; les êtres humains, dominés par les trois poisons (avidité, colère et ignorance), y perdent leur aspiration à l'éveil. Cette période est aussi le signe que la Loi bouddhique doit retrouver une nouvelle vigueur afin de se transmettre largement. Elle est supposée durer « dix mille ans et plus ».

***Eshō funi*** **:** caractère inséparable (*funi*) de l'existence subjective et de l'environnement objectif.

**Étude** (jap. *shōmon*) **:** septième des dix états d'existence. Le sujet s'efforce d'atteindre, par la transformation et le développement de soi, un monde durable de contentement et de stabilité.

**Éveil pour soi** (jap. *engaku*) **:** huitième des dix états d'existence. Le sujet apprend la manière de se transformer en s'efforçant consciemment de comprendre la vérité ultime de la vie.

**Fugen** (Sagesse-universelle) **:** un des bodhisattvas de l'enseignement théorique. Il représente la raison et l'étude.

***Gosho* :** les écrits de Nichiren. Comprend des lettres d'encouragements personnels, des traités sur le bouddhisme, et des retranscriptions d'enseignements oraux. Les œuvres complètes sont intitulées *Gosho Zenshu*.

**Hinayana :** littéralement « Petit Véhicule ». Il s'agit de l'un des courants principaux du bouddhisme. Cette doctrine conservatrice résulte d'un schisme dans la communauté des moines survenu environ un siècle après le décès de Shakyamuni. Considérant que le salut viendra d'une observation stricte des pratiques formulées à l'origine par le Bouddha, elle se répandit surtout en Birmanie, au Cambodge, au Laos, au Sri Lanka et en Thaïlande. Cf. Mahayana.

***Hōben* (chapitre) :** « Moyens opportuns », IIe chapitre du Sûtra du Lotus, clé de l'enseignement théorique (les quatorze premiers chapitres du Sûtra). Shakyamuni révéla que les dix facteurs sont communs à tous les états de vie de l'enfer à la bouddhéité. Ainsi, la bouddhéité n'est pas séparée des neuf états inférieurs et les bouddhas apparaissent dans le monde avec pour seul dessein de permettre à tout un chacun d'accéder à la bouddhéité.

***Hokke Gengi* :** « Sens profond du Sûtra du Lotus. » Ce commentaire du moine chinois Zhiyi (Tiantai) explique la profondeur du titre du Sûtra du Lotus, *Myōhō-renge-kyō*.

**Humanité** (jap. *nin*) **:** cinquième des dix états d'existence. Par la raison, le sujet contrôle ses désirs, fait montre d'un jugement sain, et vit en harmonie avec son environnement.

**Humaine (révolution) :** une transformation intérieure d'un individu sur le plan de la pensée, de la parole et des actes, qui mène à l'épanouissement du caractère et à une amélioration du karma.

***Ichinen sanzen* :** trois mille mondes en un instant de vie.

**Inclusion mutuelle des dix mondes** (jap. *jikkai gogu*) **:** principe selon lequel chacun des dix mondes (ou dix états d'existence) renferme le potentiel des dix. Ses implications principales sont qu'il est possible de modifier sa condition de vie fondamentale et que tous les mortels ordinaires possèdent de manière inhérente le potentiel de la bouddhéité.

***Jihi* :** compassion. La qualité suprême de la bouddhéité, la capacité à soulager la souffrance et à donner le bonheur.

***Jikkai* :** Dix mondes ou dix états d'existence.

***Jikkai gogu*** : inclusion mutuelle des dix mondes.

**Jōgyō** (sanscrit : Visistacārita) : bodhisattva qui représente le moi. Dans le XVe chapitre du Sûtra du Lotus, il fait le serment de transmettre la Loi de *Myōhō-renge-kyō* à l'époque de la Fin de la Loi. Dans le chapitre XXI, Shakyamuni lui confie tous ses enseignements. Cf. bodhisattvas sortis de la terre.

**Jōgyō** (sanscrit : Visuddhacārita) : bodhisattva qui représente la pureté. Cf. bodhisattvas sortis de la terre.

***Jū-nyoze*** : cf. dix facteurs.

***Juryō* (chapitre)** : « La durée de vie de l'Ainsi-Venu ». Ce chapitre clé du Sûtra du Lotus, le XVIe, traite de la bouddhéité de Shakyamuni en termes de cause et d'effet. Shakyamuni révèle qu'il a atteint la bouddhéité dans un passé extrêmement lointain et n'a depuis jamais quitté le monde terrestre. Il signifie que le Bouddha est un simple mortel doté des neuf mondes.

***Kalpa*** : une période de temps extrêmement longue. Les sûtras et d'autres traités la décrivent comme s'intégrant dans deux catégories de durée mesurable et non mesurable. Il y a trois types de *kalpa* mesurables : mineur, moyen et majeur. Un *kalpa* mineur est égal à environ seize millions d'années.

**Kannon** (sanscrit : Avalokiteshvara) : selon le XXVe chapitre du Sûtra du Lotus, le bodhisattva Kannon adopte trente-trois formes différentes pour sauver les êtres.

***Kū*** : l'état de latence. C'est, dans la vie, le domaine spirituel ou qualitatif qu'il est impossible de définir en termes d'existence ou de non-existence.

**« La durée de vie de l'Ainsi-venu »** (jap. *Nyorai juryō hon*) : Ce chapitre clé du Sûtra du Lotus, le XVIe, traite de la bouddhéité de Shakyamuni en termes de cause et d'effet. Shakyamuni révèle qu'il a atteint la bouddhéité dans un passé extrêmement lointain et n'a depuis jamais quitté le monde terrestre. Il signifie que le Bouddha est un simple mortel doté des neuf mondes.

***La réalité ultime de tous les phénomènes*** (*Shohō jissō shō*) : lettre écrite par Nichiren Daishonin à son disciple Sairen-bo, en 1273.

***Lettre de Sado*** : cette lettre tire son nom de l'île de Sado où Nichiren Daishonin se trouvait en exil lorsqu'il l'écrivit en 1272.

**Loi merveilleuse** (jap. *myōhō*) : la Loi de *Nam-myōhō-renge-kyō*, Loi ultime de la vie et de l'univers.

**Lotus (Sûtra du)** (sanscrit : *Saddharma pundarīka Sūtra*, jap. *Hokekyō*) : *Myōhō-renge-kyō* selon la traduction de Kumarajiva. L'enseignement ultime de Shakyamuni. Élaboré durant les huit dernières années de sa vie, il est généralement divisé en vingt-huit chapitres.

**Mahayana :** littéralement « Grand Véhicule ». L'un des courants principaux du bouddhisme. Les enseignements Mahayana mettent l'accent non seulement sur le salut individuel, mais encore sur l'importance de guider toute l'humanité vers l'éveil. Il se répandit en Asie centrale, en Chine, au Japon et en Corée. Cf. Hinayana.

***Maka Shikan* :** « La grande concentration et pénétration ». Cette œuvre capitale de Zhiyi fut compilée par son disciple, Chang-an. Elle révèle le principe des trois mille mondes en un instant de vie (*ichinen sanzen*).

**Makiguchi, Tsunesaburo** (1871-1944) **:** il se convertit au bouddhisme de Nichiren en 1928. Il fonda et devint le premier président de la Soka Kyoiku Gakkai (devenue ensuite Soka Gakkai) en 1930.

**Miaole** (711-782) (aussi Zhanran ; jap. Myoraku) **:** neuvième successeur de l'école Tiantai en Chine. Il est révéré en tant que restaurateur de l'école et auteur de trois commentaires philosophiques des œuvres de Zhiyi.

**Miroku** (sanscrit : Maitreya) **:** un bodhisattva dont les questions répétées incitent Shakyamuni à transmettre les enseignements contenus dans le chapitre XVI du Sûtra du Lotus. Il décéda avant Shakyamuni. Il est dit qu'il réapparaîtra dans ce monde 5 670 millions d'années après le Bouddha pour enseigner la Loi.

**Monju** (sanscrit : Manjushri) **:** un bodhisattva qui représente la vertu de la sagesse.

**Mont Sumeru :** la plus élevée de toutes les montagnes. Le monde est divisé, dans la cosmologie indienne antique, en quatre continents et le mont Sumeru occupe le centre du monde.

**« Moyens opportuns »** (jap. *Hoben-pon*) **:** IIe chapitre du Sûtra du Lotus, clé de l'enseignement théorique (les quatorze premiers chapitres du Sûtra). Shakyamuni révéla que les dix facteurs sont communs à tous les états de vie, de l'enfer à la bouddhéité. Ainsi, la bouddhéité n'est pas séparée des neuf états inférieurs et les bouddhas apparaissent dans le monde avec pour seul dessein de permettre à tout un chacun d'accéder à la bouddhéité.

**Muhengyō** (sanscrit : Annatacāritra) **:** un bodhisattva sorti de la terre qui représente l'éternité. Cf. bodhisattvas sortis de la terre.

**Munetchi (lac) :** littéralement « lac dépourvu de chaleur ». Il est habité par le roi dragon Anavatapta, ses eaux froides et claires fertilisent le Jambudvipa, le continent au sud du mont Sumeru (c'est-à-dire l'Inde).

***Myōhō-renge-kyō* :** titre du Sûtra du Lotus, mais aussi Loi bouddhique universelle (*Nam-myōhō-renge-kyō*) révélée par Nichiren.

**Myō-on** (sanscrit : Gadgadasvara, Son-merveilleux) **:** selon le chapitre du même nom du Sûtra du Lotus, ce bodhisattva propage le Sûtra du Lotus en se manifestant sous trente-quatre formes.

**Nagarjuna** (jap. Ryūju) **:** important philosophe indien du troisième siècle. Après avoir étudié la tradition Hinayana, il se consacra à l'étude et à la propagation du bouddhisme Mahayana. *Le Traité de la grande vertu de sagesse* (jap. *Daichido-ron*) est l'un des multiples traités qu'il écrivit, et une contribution majeure à la philosophie bouddhique.

***Nam-myōhō-renge-kyō*** **:** Nichiren Daishonin le définit comme la Loi fondamentale de l'Univers : c'est l'invocation du bouddhisme de Nichiren.

**Nichikan Shonin** (1665-1726) **:** le 26e grand-patriarche de la Nichiren Shoshu. Considéré comme un réformateur, il clarifie, dans *Les écrits en six volumes* (*Rokkan-sho*) et dans son exégèse des écrits de Nichiren, la doctrine de Nichiren en mettant en lumière ses enseignements essentiels.

**Nichiren Daishonin** (1222-1282) **:** le bouddha de l'époque de la Fin de la Loi. Fils d'un pêcheur, il se nommait Zennichimaro. Il commença à étudier le bouddhisme en 1233 et prit la tonsure à l'âge de seize ans. Après avoir atteint l'éveil et la maîtrise de tous les sûtras et de la littérature bouddhique, il adopta le nom de Nichiren (Soleil-Lotus) en 1253 et déclara l'établissement d'un nouveau bouddhisme. Il inscrivit le *Gohonzon*, objet essentiel de vénération pour observer l'esprit, afin de permettre à l'humanité d'atteindre la bouddhéité et de parvenir à l'établissement d'une paix durable.

**Nirvana :** dans les sûtras du Theravada, atteindre l'éveil en supprimant les désirs terrestres et en quittant le cycle de naissances et de morts (*samsara*). Dans l'enseignement de Nichiren, le nirvana désigne un état de vie éveillé dans le monde réel, fondé sur la foi dans le *Gohonzon*.

***Ongi kuden :*** « Les enseignements oraux ». Commentaire du Sûtra du Lotus transmis oralement par Nichiren, compilé par Nikko, son successeur immédiat.

**Quatre voies mauvaises :** les plus bas des dix états d'existence. L'enfer, l'avidité, l'animalité et la colère. Les individus subissent ces mondes de souffrance en raison d'un mauvais karma.

**Quatre états nobles :** les plus élevés des dix états d'existence : étude, éveil pour soi, bodhisattva et bouddha. Le sujet réfléchit à l'impermanence de tous les phénomènes et transcende les fluctuations des six états inférieurs.

**Roi-démon du sixième ciel** (jap. Dairokuten no ma-ō) : le plus puissant de tous les démons. Il réside dans le plus élevé des six domaines du monde du désir et se plaît à affaiblir la force vitale des autres.

**Shakyamuni** : le Bouddha historique. Il vécut en Inde autour du Vᵉ siècle avant J.-C. Prince de la tribu des Shakya, il renonça au trône à dix-neuf ans (ou vingt-neuf) et entreprit de trouver une réponse à la question des quatre souffrances : naissance, vieillesse, maladie et mort. Il accéda à l'éveil à l'âge de trente (ou trente-cinq) ans, après une profonde méditation et vécut encore cinquante ans. Il s'efforça de transmettre son éveil à tous, et ses enseignements sont si nombreux qu'on les nomme les « quatre-vingt mille enseignements ».

***Shiki-shin funi*** : caractère indissociable (*funi*) de l'aspect physique (*shiki*) et de l'aspect spirituel (*shin*) de la vie.

**Six états inférieurs** : enfer, avidité, animalité, humanité et bonheur temporaire. Ces états sont caractérisés par l'illusion ou la souffrance et contrastent avec les quatre états nobles.

**Taishaku** : un dieu tutélaire principal du bouddhisme. À l'origine, le dieu du tonnerre, il fut adopté par une déité protectrice.

**Tendai (école)** : nom japonais de l'école chinoise Tiantai (dont Zhiyi est à l'origine au VIᵉ siècle), fondée par Saicho (le grand maître Dengyo) au début du IXᵉ siècle.

**Theravada (école)** : « La voie des anciens ». L'un des courants importants du bouddhisme qui s'est formé en Inde à la suite du premier schisme de l'ordre bouddhique, environ un siècle après la mort de Shakyamuni. Forme de bouddhisme qui s'est répandu principalement dans le Sud-Est asiatique.

**Triple enseignement secret** (jap. *Sanju hiden-sho*) : œuvre majeure de Nichikan Shonin qui comprend des comparaisons du Mahayana véritable (le Sûtra du Lotus) et du Mahayana provisoire (les autres sûtras), de la première et de la seconde moitié du Sûtra du Lotus, du bouddhisme de Shakyamuni et de celui de Nichiren.

**Trois corps** (jap. *sanjin*) : le corps manifeste (jap. *ojin*) – corps physique d'un Bouddha dans ce monde – est celui à travers lequel un bouddha manifeste des actions clémentes pour sauver les êtres. Le corps de rétribution (*hoshin*) est la sagesse de percevoir la vérité. Le corps de Loi (*hosshin*) est la vérité de la vie d'un Bouddha.

**Trois perceptions ou trois vérités** (jap. *santai*) : la perception provisoire (jap. *ketai*) est concernée par la reconnaissance de tous les phénomènes de la vie. La perception de ce qui est latent (jap. *kūtai*) signifie l'observation de l'aspect spirituel de la vie. La Voie du Milieu (jap. *chūtai*) est la réalisation de l'essence éternelle et immuable de l'Univers.

**Trois principes d'individualité** (jap. *san seken*) : ils se manifestent dans les cinq agrégats de la vie (*go-on seken*), dans le domaine des êtres vivants (*shujō-seken*) et dans le monde de l'environnement (*kokudo-seken*).

**Trois mille mondes en un instant de vie** (jap. *ichinen sanzen*) : principe selon lequel chacun des dix états d'existence possède le potentiel des dix autres. *Ichinen* (un instant de pensée) indique l'essence vitale, *sanzen* (trois mille) les phénomènes qu'elle manifeste. La théorie fut élaborée par Zhiyi en Chine, qui se fonda sur le Sûtra du Lotus.

**Trois voies mauvaises :** enfer, avidité et animalité, les états d'existence les plus bas.

**Toda, Josei** (1900-1958) : il se convertit au bouddhisme de Nichiren en 1920 et assista Tsunesaburo Makiguchi lors de la fondation de la Soka Kyoiku Gakkai. Emprisonné avec Makiguchi par le gouvernement militaire durant la Seconde Guerre mondiale, il entreprit en 1945 la reconstruction du mouvement, rebaptisé Soka Gakkai, et devint son deuxième président.

**Vasubandhu** (jap. *Tenjin* ou *Seshin*) : érudit bouddhiste qui vécut en Inde au v^e^ siècle et écrivit le *Kusha-ron* (« Trésor de l'analyse de l'Abhidharma »). Il étudia à l'origine le Hinayana. Détracteur à cette époque du Mahayana, il fut converti par son frère aîné Asanga et écrivit par la suite maints traités clarifiant les enseignements Mahayana.

**Voie du Milieu** (jap. *chūdō*) : la Loi de *Nam-myōhō-renge-kyō*, la réalité ultime sous-jacente à tout phénomène.

**Yakuō** (Roi de la médecine) : un bodhisattva qui sert les êtres en leur procurant des médicaments pour soigner leurs maladies physiques et spirituelles.

**Zhiyi** (538-597) : (le grand maître Tiantai) moine chinois qui fonda l'école Tiantai (jap. Tendai). Ses trois ouvrages principaux fondés sur le Sûtra du Lotus sont : *Sens profond du Sûtra du Lotus* (jap. *Hokke Gengi*), *Commentaire textuel du Sûtra du Lotus* (jap. *Hokke Mongu*) et *La grande concentration et pénétration* (jap. *Maka Shikan*). Il élabore dans ce dernier le principe de « trois mille mondes en un instant de vie » (jap. *ichinen sanzen*).

**L'HARMATTAN ITALIA**
Via Degli Artisti 15; 10124 Torino
harmattan.italia@gmail.com

**L'HARMATTAN HONGRIE**
Könyvesbolt ; Kossuth L. u. 14-16
1053 Budapest

**L'HARMATTAN KINSHASA**
185, avenue Nyangwe
Commune de Lingwala
Kinshasa, R.D. Congo
(00243) 998697603 ou (00243) 999229662

**L'HARMATTAN CONGO**
67, av. E. P. Lumumba
Bât. – Congo Pharmacie (Bib. Nat.)
BP2874 Brazzaville
harmattan.congo@yahoo.fr

**L'HARMATTAN GUINÉE**
Almamya Rue KA 028, en face
du restaurant Le Cèdre
OKB agency BP 3470 Conakry
(00224) 657 20 85 08 / 664 28 91 96
harmattanguinee@yahoo.fr

**L'HARMATTAN MALI**
Rue 73, Porte 536, Niamakoro,
Cité Unicef, Bamako
Tél. 00 (223) 20205724 / +(223) 76378082
poudiougopaul@yahoo.fr
pp.harmattan@gmail.com

**L'HARMATTAN CAMEROUN**
BP 11486
Face à la SNI, immeuble Don Bosco
Yaoundé
(00237) 99 76 61 66
harmattancam@yahoo.fr

**L'HARMATTAN CÔTE D'IVOIRE**
Résidence Karl / cité des arts
Abidjan-Cocody 03 BP 1588 Abidjan 03
(00225) 05 77 87 31
etien_nda@yahoo.fr

**L'HARMATTAN BURKINA**
Penou Achille Some
Ouagadougou
(+226) 70 26 88 27

**L'HARMATTAN SÉNÉGAL**
10 VDN en face Mermoz, après le pont de Fann
BP 45034 Dakar Fann
33 825 98 58 / 33 860 9858
senharmattan@gmail.com / senlibraire@gmail.com
www.harmattansenegal.com

**L'HARMATTAN BÉNIN**
ISOR-BENIN
01 BP 359 COTONOU-RP
Quartier Gbèdjromèdé,
Rue Agbélenco, Lot 1247 I
Tél : 00 229 21 32 53 79
christian_dablaka123@yahoo.fr

Achevé d'imprimer par Corlet Numérique - 14110 Condé-sur-Noireau
N° d'Imprimeur : 124537 - Dépôt légal : décembre 2015 - *Imprimé en France*